Walter Neidhart

Erzählbuch zur Bibel

Band 3

Geschichten und Texte
für unsere Zeit neu erzählt

Mit didaktischen Hinweisen
von Rainer Starck und Klaus Hahn
und einem Nachwort von Gottfried Adam

D1722768

Kaufmann · TVZ

Die Deutsche Bibliothek – CIP-Einheitsaufnahme

Erzählbuch zur Bibel / Walter Neidhart. – Lahr: Kaufmann;
Zürich: TVZ.
    Teilw. hrsg. von Walter Neidhart und Hans Eggenberger. –
    Teilw. ausserdem im Verl. Benziger, Zürich, Einsiedeln, Köln. –
    Teilw. ausserdem im Verl. Patmos, Düsseldorf
NE: Neidhart, Walter

Bd. 3. Geschichten und Texte für unsere Zeit neu erzählt / mit
    didaktischen Hinweisen von Rainer Starck und Klaus Hahn
    und einem Nachw. von Gottfried Adam. – 1997
    ISBN 3-7806-2307-2 (Kaufmann)
    ISBN 3-290-17154-X (TVZ)

1. Auflage 1997*
© 1997 Verlag Ernst Kaufmann, Lahr
Alle Rechte vorbehalten · Printed in Germany
Hergestellt bei Präzis-Druck GmbH, Karlsruhe
ISBN 3-7806-2307-2 (Kaufmann)
ISBN 3-290-17154-X (TVZ)

Inhalt

Vorwort

Seit dem Erscheinen des 2. Bandes „Erzählbuch zur Bibel" (1989) habe ich noch weitere Nacherzählungen von biblischen Geschichten verfasst: einige für Erzählkurse mit ReligionslehrerInnen, andere auf die Bitte der Redaktion einer Zeitschrift, einen Rest ohne Anstoß von außen. Diese sind das Ergebnis einer lange dauernden, persönlichen Auseinandersetzung mit einem biblischen Text. Die Mehrzahl dieser Geschichten wurde in das vorliegende Buch aufgenommen, das als „Nachlese" verstanden sein will.

Inzwischen habe ich immer besser begriffen, dass und warum Leserinnen und Leser so verschieden auf Geschichten reagieren. Ich habe es als Erzähler nie in der Hand, bei allen dieselbe Reaktion auf meine Geschichte auszulösen. Das muss so sein. Leserinnen und Leser (sofern sie auf eine Geschichte nicht von vornherein negativ reagieren), machen bei der Rezeption aus ihr je eine andere Geschichte, denn sie sind Individuen mit einer jeweils eigenen Biographie.

Ob meine Version der biblischen Geschichte Anregungen für eine sinnvolle eigene Geschichte bietet, hängt davon ab, ob jemand gegenüber dem biblischen Text ähnliche Fragen hat wie ich: Inwiefern ist das Glaubensverständnis des biblischen Autors für mich verpflichtend, vorbildlich oder anregend? Wie kann ich erzählerisch mein von der Vorlage abweichendes Glaubensverständnis zur Sprache bringen? Wenn ich eine Geschichte erzähle, deren Wahrheit meiner Meinung nach nicht in den Fakten zu finden ist, die sie berichtet, wie mache ich das für Leserinnen und Leser deutlich, die nicht literarisch gebildet sind? Wie gehe ich mit neutestamentlichen Geschichten um, in denen bereits die Keime des späteren christlichen Antisemitismus wahrzunehmen sind? Welche Rolle spielen in meinen Geschichten Menschen, die für den biblischen Erzähler Feinde Gottes sind? Welche Bedeutung haben für mich diejenigen, die der Erzähler bloß als Statisten auftreten lässt?

In der jeder Geschichte vorausgeschickten Einleitung steht, welche von diesen Fragen mich bei den einzelnen Texten beschäftigt haben. Doch zum Verständnis meiner Weitererzählungen ist die genaue Kenntnis ihrer biblischen Vorlage wichtiger als das Lesen meiner Einleitungen. Diese sind eigentlich nur für diejenigen geschrieben, die wissen möchten, welche theologischen Überlegungen der Arbeit an meinen Weitererzählungen vorausgegangen sind. Zu danken habe ich diesmal besonders

- meinen Fakultätskollegen Christoph Barben-Müller, Rudolf Bränd-
  le und Klaus Seybold für das Lesen von Entwürfen und für wert-
  volle Verbesserungsvorschläge;
- meinen Kollegen von der KU-Praxis Gottfried Adam, Klaus Hahn
  und Rainer Starck, welche die Initiative zur Publikation dieser
  Nachlese ergriffen und viele Vorschläge für die Verwendung der
  Geschichten in Unterricht und Gemeindearbeit erarbeitet haben;
- dem Verlag Ernst Kaufmann und seiner Lektorin Renate Schupp
  für ihre Bereitschaft, diese Nachlese auf den Büchermarkt zu bringen;
- Frau Charlotte Zbinden für die Reinschrift des Manuskripts.

Basel, Januar 1997   W. Neidhart

Anmerkungen

Die vorgeschlagenen Lieder finden Sie in:

EG   : Evangelisches Gesangbuch
ML 1 : Mein Liederbuch 1, tvd-Verlag, Düsseldorf 1981
ML 2 : Mein Liederbuch 2, tvd-Verlag, Düsseldorf 1991
VLs   : Vom Leben singen – Neue geistliche Lieder, Strube Verlag, München, Berlin
ku-pr : ku-praxis, Gütersloher Verlagshaus, Gütersloh

Die Vorschläge zur Verwendung der Erzählungen in Gottesdienst, Konfirmanden-unterricht, Schule und Gemeinde wurden erarbeitet von Klaus Hahn (K. H.) und Rainer Starck (R. St.).

Folgende Texte wurden publiziert:

Die Berufung des Mose	Zeitschrift RL 2/1990
Die „Schattenfrauen" Davids	K.-P. Jörns (Hg.): Frauen und Männer der Bibel II, Göttingen 1993
Elias Wallfahrt zum heiligen Berg	Zeitschrift RL 3/1990
Der zerbrochene Krug	Zeitschrift RL 2/1991
Jeremia und Hananja	Zeitschrift RL 1/1991
Zwei Legenden aus dem Danielbuch	Katholische Akademie Hamburg (Hg.): Almanach 1992, Bibel-illustration für Kinder
Die Versuchung Jesu	Zeitschrift RL 3/1991
Die Berufung des Matthäus	Zeitschrift RL 4/1991
Die Heilung der besessenen Tochter einer heidnischen Frau	Zeitschrift RL 4/1990
Das Gleichnis vom barmherzigen König und vom unbarmherzigen Knecht	Fr. Wintzer/H. Schröer/J. Heide (Hg.): Frömmigkeit und Freiheit. Festschrift für H.D. Bastian, CMZ-Verlag, Winrich C.-W. Clasen, Rheinbach-Merzbach 1995

Jakobs Traum – weitererzählt

1. Mose 28,10–22

An diesem Text habe ich als Theologiestudent im ersten Semester die Quellenscheidung kennen gelernt. Es sind in ihm zwei Geschichten ineinander verwoben. Die heutigen Ausleger meinen nicht mehr wie damals, vor mehr als 50 Jahren, jeden Satz oder Satzteil einer bestimmten Quelle zuordnen zu können. Aber sie nehmen immer noch an, dass sich im Text mehrere Schichten voneinander unterscheiden lassen. Die früheste Schicht erzählt von der Entdeckung eines heiligen Ortes durch den Traum von der Himmelsleiter, auf der die Gottesboten vom Himmel herab- und wieder hinaufsteigen. Da Bethel schon vor der Besiedlung des Landes durch die Israeliten ein Heiligtum war, berichtet diese älteste Geschichte von der Gründung des Heiligtums durch einen uns Unbekannten. Die Israeliten haben dann nach ihrer Einwanderung das Heiligtum übernommen und den Gründer mit dem Erzvater Jakob gleichgesetzt. Eine jüngere Erzählung ordnet das Geschehen in den Zusammenhang der Familiengeschichte Jakobs ein. Sie berichtet, wie der Gott der Väter Jakob auf seiner Flucht in der ersten Nacht unter freiem Himmel im Traum erscheint und ihm verspricht, auf seinem Weg in die Fremde mit ihm zu sein. Später wurde dann noch das Gelübde Jakobs hinzugefügt, das nicht ganz zur Verheißung Gottes passt. Das Gelübde regelt und begründet Verpflichtungen der Kultgenossen von Bethel.

Der zusammengesetzte Charakter dieses Textes bleibt mir bewusst, wenn ich ihn heute lese und er macht sich auch in meiner Nacherzählung bemerkbar. Die Geschichte ist aber als Einheit überliefert. So haben heutige Hörer, meistens aus der Kindheit, sie in Erinnerung. Sie sollten also durch mein (vielleicht überflüssiges) Wissen über Quellenscheidung nicht irritiert werden.

Doch was sollen wir heute mit den mythologsichen Vorstellungen des Textes anfangen? Wir haben wohl noch nie im Traum eine Himmelsleiter gesehen und auch nicht gehört, wie Gott in einer ausweglosen Situation zu uns gesprochen hat. Oder haben wir es nur nicht gemerkt, wie Gott uns in irdischen Gestalten nahe war und uns seine Verheißung durch einen Mitmenschen kundgetan hat, so dass wir mit neuer Hoffnung unseren Lebensweg fortsetzen konnten?

Der Weg zum Himmel ist offen

Den ganzen Tag über war Jakob in schnellem Schritt gewandert, hatte immer wieder nach rückwärts geblickt, aber niemand verfolgte ihn. Als die Sonne unterging, war er todmüde. Er befand sich in einer einsamen Gegend.

Im Windschatten eines Felsblocks legte er sich auf den Boden, hüllte sich in seinen Mantel ein und versuchte einzuschlafen. Aber es war ihm ständig, als höre er näher kommende Schritte. Er hatte Angst vor seinem Bruder Esau. Der war fähig, seine Drohung auszuführen. Jakob stellte sich vor, Esau würde mit gezogenem Schwert aus der Dunkelheit auftauchen und sich ohne Erbarmen für das Unrecht rächen, das er, Jakob, ihm angetan hatte.

Schließlich übermannte ihn doch ein tiefer Schlaf. Er hatte einen wunderschönen Traum: Unter dem Nachthimmel sah er sich bei dem Felsblock stehen, in dessen Schutz er sich zum Schlafen niedergelegt hatte. Genau darüber war der Himmel geöffnet und ein helles Licht strahlte herab. Auf der Leiter stiegen himmlische Wesen herab und hinauf. Mit diesem Bild erwachte er. Doch er war nicht, wie wir heutige Hörer dieser Geschichte meinen, entzückt darüber, sondern tief erschrocken. Er dachte: Von diesem Fels aus führt ein direkter Weg in den Himmel. Wenn die himmlischen Wesen auf der Erde zu tun haben, benützen sie diesen Weg, um herunterzukommen und wieder zurückzukehren. Das ist also ein heiliger Ort und ich habe es nicht bemerkt. Ich habe mich an diesem Platz, den kein unheiliger Mensch betreten darf, schlafen gelegt. Ich habe eine Sünde gegen das Heilige begangen. Wie kann ich das nur wieder gutmachen?

Da kam ihm der Gedanke, dass er, wenn der Bruder ihn in dieser Nacht nicht töten würde, zehn Jahre oder noch mehr bei seinem Onkel in Haran bleiben könnte. Dann hätte der Bruder vielleicht seinen Rachedurst vergessen oder wäre gestorben und er könnte nach Hause zurückkehren. Dann würde er diesen Felsblock aufsuchen und hier ein Heiligtum mit einem Altar bauen. Denn zu beten und zu opfern, wo die unsichtbare Himmelsleiter stand, müsste sicher besonders wirksam sein.

Er nahm sich vor, am anderen Morgen den Ort, an dem er geschlafen hatte, mit Steinen zu kennzeichnen, damit er ihn später wiederfinden würde.

Die Vorstellung von einem künftigen Heiligtum bei diesem Felsen beruhigte Jakob. Er schlief noch einmal ein. Wieder hatte er einen Traum: Er lag auf dem Erdboden und eine fremde Gestalt stand vor ihm und redete ihn an: „Ich bin der Gott deiner Väter, der Gott Abrahams und Isaaks. Ich will mit dir sein und dich behüten allenthalben, wo du hingehst und dich in dieses Land zurückbringen."

Diese Worte hatte Jakob noch im Ohr, als er aufwachte. „… dich in dieses Land zurückbringen…" Das war eine gute Nachricht. Er malte sich aus, wie seine Lage sein würde, wenn er nicht mehr ein Flüchtling wäre, sondern ein Mann, der in der Fremde Vermögen und Ansehen erworben hat und in seine Heimat zurückkommt, gewiss mit Frau und Kindern, vielleicht schon mit Enkelkindern. Dann würde sich die

Familie hier niederlassen. Aus den Enkeln würden Männer und Frauen, die Kinder haben. Und schließlich würde seine Familie diese einsame Gegend besiedeln und den trockenen Boden bewässern und fruchtbar machen.

Dieses schöne Zukunftsbild Jakobs wurde gestört, weil in seinen Gedanken plötzlich Esau wieder auftauchte. Der lebte noch und wollte ihn umbringen. Jakob wusste sehr gut, warum. Er erinnerte sich an einen weisen alten Hirten, mit dem er als Kind oft auf dem Feld bei den Schafen gewesen war. Ihm hatte er immer erzählt, was er in der Nacht geträumt hatte. Der Hirte sagte dann: „Du träumst von dem, was du in der Tiefe deines Herzens wünschst und wovor du Angst hast." Genauso war es! Auch absonderliche Träume wurden ihm verständlich, wenn er sich fragte, was sie ihm über seine verborgene Hoffnungen und Ängste kundtaten. War das auch der Schlüssel für seinen Traum von der Gottesstimme, die ihm die Rückkehr in dieses Land versprach? War der Traum nur ein Bild für das, was sein Herz begehrte, jetzt, da er vor dem Schwert Esaus Angst hatte? Malte er sich bloß ein Gegenbild der Wirklichkeit aus, der er sich gerne entzogen hätte?

„Der Gott der Väter" – so hatte die Gestalt im Traum sich vorgestellt. Jakob kannte diesen Namen. So hatte sein verstorbener Vater Isaak, wenn er betete, Gott angeredet. Doch Jakob hatte den alten Vater betrogen. War es nicht zu kühn zu glauben, dass der Gott seines Vaters ihn trotzdem in der Fremde beschützen und ihn zurückführen werde? War das nicht eher das Wunschbild seines Herzens? Hatte wirklich der Gott seines Vater und seines Großvaters zu ihm gesprochen? Oder hatte seine Phantasie ihm einen Streich gespielt, weil er sich nach einem Schutz sehnte, den Menschen ihm nicht geben konnten?

Solche Zweifel plagten Jakob. Ruhelos lag er bald auf der linken, bald auf der rechten Seite neben dem Felsen. Doch gegen Morgen schlief er wieder ein und hatte einen dritten Traum: Er lag, mit dem Rücken auf einer harten Unterlage, in einem Raum mit weißen Wänden. Arme und Beine waren irgendwie befestigt, so dass er sie nicht bewegen konnte. Sein Körper, auch die Haare und die Stirn, waren mit Tüchern bedeckt. Über seinem Kopf sah er so etwas wie ein Licht, doch ganz anders als die Flamme einer Öllampe daheim im Zelt, eher wie das innere Licht einer großen weißen Schale, aus der, von vielen Punkten ausgehend, ein mattes Licht herabströmte, das keinen Schatten bildete. Um ihn herum bewegten sich drei oder vier unheimliche Gestalten, ganz in grüne Gewänder gehüllt. Auch ihre Gesichter und die Haare waren mit grünen Tüchern bedeckt. Man sah nur ihre Augen. Sie redeten untereinander in einer Sprache, die Jakob nicht verstand. Wer waren diese Gestalten? Männer oder Frauen? Waren es Götter oder böse Geister? Jakob merkte, dass sie etwas an seinem Bauch hantierten, nein, es war im Innern des Bauches. Er hörte ein Kratzen und Zerren. Jetzt spürte er einen brennenden Schmerz irgendwo unterhalb des Magens. Dann war ihm, wie wenn an einigen Stellen eine spitze Nadel das Fleisch durchstäche. Aber er war zu schläfrig um zu schreien und die Schmerzen verschwanden wieder wie der Lärm von Menschen in der Meeresbrandung. Nach einiger Zeit entfernten sich die grünen Gestalten. Nur eine beugte sich über das Gesicht Jakobs und sprach mit eine freundlichen Männerstimme: „Wir sind fertig. Es ist gut gegangen. Wir haben das bösartige Gewächs aus Ihrem Bauch ganz entfernt. Bis in einem Monat sind Sie gesund und können Ihre Arbeit wieder aufnehmen."

Daran erwachte Jakob. Ein seltsamer Traum! Was hatte er nur zu bedeuten? Hier versagte die Regel der Traumdeutung, die er vom alten Hirten gelernt hatte. Es war nur ein schrecklicher Alptraum gewesen, nichts von dem, was er für seine Person wünschte, auch nichts von dem, was mit seinen Ängsten zu tun hatte. Nur Befremdliches hatte er gesehen. Und was hatte dieser Traum mit dem Vorausgegangenen zu tun? Hatte der Gott der Väter durch die Stimme des grün verhüllten Mannes zu ihm gesprochen? War es wieder eine tröstliche Botschaft, die ihn für seinen Weg in die Fremde ermutigen wollte? Oder sollte der dritte Traum den zweiten korrigieren? War etwas Bösartiges in seinem Inneren? Musste dies entfernt werden? Und ging das nicht schmerzlos vor sich? Wer musste dieses Bösartige beseitigen? War das der Gott der Väter selber oder hatte er dazu seine Helfer?

Jakob überlegte sich noch eine andere Deutung: Hatte er im Traum ein Bild gesehen, das gar nicht für ihn bestimmt war, sondern für seine Nachkommen in einer fernen Zukunft? Galt das für eine Zeit, in der für viele Menschen einige in Grün gehüllte Gestalten zu Hoffnungsträgern würden? Wenn nur die Menschen jener Zeit dann merkten, dass der Gott der Väter sich auch kundtun kann durch irdische Helfer, die irgendwie verhüllt sind und vielleicht nicht einmal wissen, in wessen Dienst sie stehen!

Der dritte Traum blieb Jakob ein Rätsel. Er erhob sich vom Boden, suchte Steine zusammen und schichtete sie an dem Felsen, bei dem er geschlafen hatte, auf. Wenn er später je wieder einmal in seine Heimat zurückkehren sollte, würde er an diesem Steinhaufen den Ort seines Traumes wiedererkennen.

Zur Einführung der Erzählung im Gottesdienst oder bei Erwachsenen

Haben Sie im Traum schon einmal den Himmel offen gesehen? – Manchmal scheint die Welt zugenagelt wie mit dicken Brettern. Krisensituationen, in denen wir kaum einen Ausweg sehen. Vielleicht ist es die Mitteilung eines Arztes nach einer Untersuchung, eine schlechte Diagnose… Vielleicht gibt es einen Knick in der Berufslaufbahn… oder eine Beziehung droht auseinander zu gehen… Kennen Sie das auch? In solchen Situationen wird nachts viel gearbeitet. Die Arbeit spielt sich in Träumen ab. Oft weiß man am nächsten Morgen nicht mehr, was man geträumt hat. Aber dass man die ganze Nacht an den Problemen gearbeitet hat, das weiß man.

Manchmal beschäftigen einen Träume noch am nächsten Morgen und Tage danach. Man möchte sie festhalten. Manchmal kann man zwischen Traum und Wirklichkeit nicht unterscheiden. Im Unterbewussten kann das Aufbrechen von Mauern anfangen. Es lohnt sich, auf Träume zu achten, Lösungen festzuhalten, vielleicht aufzuschreiben.

In der Bibel spielen Träume eine große Rolle. Oft tritt Gott in Träumen zu Menschen in Beziehung. Für Jakob stand im Traum der Himmel offen – ein Bild für neue Hoffnung in schwieriger Lage.

Liedvorschläge

– Es kommt die Zeit, in der die Träume sich erfüllen (ML 1/B 74)
– Halte deine Träume fest (VLs/…)
– Wir träumen einen Traum (ML 1/B 77)

K. H.

Die Berufung des Mose

2. Mose 3,1– 4,17

Ein inhaltsreicher, ein unausschöpflicher Text – unzählige Male in Synagogen rezitiert, von jüdischen und christlichen Denkern meditiert und ausgelegt, von Wissenschaftlern analysiert, mit Hypothesen zerlegt und interpretiert, von unzähligen Bibellesern aktualisiert. Vieles ist darin zu finden: das Zeugnis von der Selbstoffenbarung Gottes und vom Geheimnis seines heiligen Namens, die Vorwegnahme der Gotteserscheinung am Sinai (Wortspiel Sinai–Sänä, hebr. Dornbusch), der Beginn der Befreiung Israels aus der Sklaverei in Ägypten, die Berufungsgeschichte von Mose. Zum Anführer des Volkes bei der Befreiung? Zum künftigen Gesetzgeber? Zum Mittler zwischen Gott und dem Volk? Zum Religionsstifter? Bevor der Text schriftlich fixiert wurde, ging er von Mund zu Mund. Viele haben ihn geformt und verändert. Die Frage nach seinem historischen Kern ist nicht zu beantworten.

Wenn ich diese Geschichte erzählen will, muss ich einen ihrer vielen Aspekte herausgreifen und die übrigen weglassen, um sie vielleicht bei Gelegenheit für eine andere Nacherzählung zu verwenden. Diesmal gehe ich davon aus, dass der Text eine Reihe von Motiven enthält, die auch in Berufungsgeschichten anderer Gottesmänner vorkommen, z. B. bei Gideon (Ri 6), Jesaja (Jes 6) und Jeremia (Jer 1): Der Berufene erhält den Auftrag; es erheben sich Einwände; die Einwände werden zurückgewiesen; die Berufung wird durch Zeichen bestätigt.

Dass ein seelischer Prozess so verläuft, leuchtet ein, aber wenn dies von verschiedenen Gottesmännern ganz ähnlich erzählt wird, habe ich es nicht mit historischen Fakten, sondern mit einem typischen Geschehen zu tun. Ich will ja auch, wenn ich erzähle, wie Mose sich seiner göttlichen Aufgabe bewusst wurde, nicht historische Fakten rekonstruieren. Ich will vielmehr mit einer Fiktion verständlich machen, was es bedeutet, wenn ein Mensch nach langen inneren Auseinandersetzungen zu der Überzeugung kommt, durch Gott zu einem außerordentlichen Werk berufen zu sein. Ich erzähle nicht von Erfahrungen, die jeder oder jede mit Gott machen kann, sondern von dem, was nur wenigen Auserwählten widerfährt, solchen, die berufen sind, die Geschichte Gottes mit den Menschen an einer entscheidenden Stelle zu gestalten.

Was Mose geleistet hat, wirkt sich bis in die Gegenwart aus: Auf seine Vermittlung werden die 10 Gebote zurückgeführt, die auch für uns Christen einen hohen Wert haben. Für Juden ist Mose der Inbegriff des Gottesbundes und der Tora, die für ihr ganzes Leben bestimmend sind. Politisch radikale Juden legitimieren heute mit Sätzen aus unserem Text (2. Mose 3,8.17) den Anspruch auf das Land Israel gegen die Palästinenser.

Diese Wirkungsgeschichte ist Grund genug, den Text wieder einmal zu erzählen. Doch er löst, so wie er überliefert ist, bei mir zahlreiche Fragen aus. Ich muss sie für mich klar beantworten, wenn ich nicht die Hörer verwirren oder sie in der Auffassung, die Bibel sei antiquiert, bestätigen will: Wie sollen wir die Worte verstehen, die als Reden Gottes formuliert sind? Sind das bloß Menschenworte, in den ein jüdischer Gläubiger sein Gottesverständnis umschrieben hat?

Sind sie als menschliche Worte ein Mittel, in dem und durch das Gott selber zu uns spricht? Ist jeder Satz, der die Gestalt der Rede Gottes hat, ein Wort aus Gottes Mund, so dass wir auch Einzelaussagen (z. B. die geographisch genau umschriebene Landverheißung) als Kundgabe seines noch heute gültigen Willens verstehen müssen? Oder sollen wir die Reden Gottes in Gestalt menschlicher Sprache nur in großen Linien als Worte aus Gottes Mund deuten, z. B. in V. 7–12 nur die Kundgabe der befreienden Absicht Gottes und seiner Treue zum Volk Israel? Ist jeder politisch-militärische Anspruch auf einen Streifen Land, der mit einer Weisung Gottes begründet wird, eine grobe Vermenschlichung Gottes und muss zurückgewiesen werden?

Was ist in der Rede über den Namen Gottes (V. 14–15) Wort Gottes für uns? Gilt für uns heute nur das Versprechen, dass „er sein wird, der er sein wird" oder „dass er da sein wird"? Oder ist, wie die Juden glauben, auch die Form des Gottesnamens (JHWH) verpflichtende Kundgabe Gottes für alle Zeiten? Und wie verhält sich der Gott, der sich hier seinem Knecht Mose als der Da-Seiende, der Redende, der Kommende offenbart, zu den Göttern und Göttinnen, die unter anderen Namen in anderen Völkern verehrt werden? Hat Gott einen einzigen Namen? Oder sind die vielen Gottheiten in den Religionen nur schwache menschliche Versuche, das unerforschliche Geheimnis des *einen* Gottes anzudeuten?

Wie gehe ich schließlich als heutiger Erzähler mit den magischen Vorstellungen des Textes um, mit dem Stab, der sich in eine Schlange verwandelt, mit der Hand, die plötzlich von einer Hautkrankheit befallen und ebenso plötzlich wieder gesund wird? Sind das für mich Allmachtswunder Gottes oder Phantasien eines Erzählers, für den magische Verwandlungen selbstverständlich waren?

Das alles waren für den biblischen Erzähler keine Fragen. Er lebte in einer religiösen Kultur, in der Priester und Propheten immer wieder Weisungen Gottes vernahmen und sie in der Ich-Form („Ich, der Herr, sage euch...") verkündeten. Für ihn war es nicht schwierig, sich eine Zwiesprache zwischen Gott und Mose vorzustellen, die den Austausch zwischen einem Herrn und seinem Knecht ähnlich war. Der Erzähler gehörte zu einem Volk, für welches das eigene Land eine Gabe Gottes war und niemand sah darin ein Problem, dass die Völker, die vor der Einwanderung Israels das Land besiedelt hatten, damals vertrieben, ausgerottet, zwangsweise assimiliert worden waren. Der Erzähler kannte Geschichten von Magiern, die noch ganz andere Dinge als Stäbe verwandeln konnten. Warum sollte Gott nicht dieselbe Fähigkeit seinem Knecht Mose verliehen haben?

So anders waren, im Vergleich zu mir, die Voraussetzungen des biblischen Erzählers. Achte ich nicht auf diese Differenzen, übernehme ich unverändert die Vorstellungswelt des biblischen Erzählers, so muss der Hörer meiner Geschichte ihre Wahrheit im Gestrüpp solcher für ihn fremden kulturellen, religiösen und politischen Meinungen suchen. Ich möchte die Geschichte für heute erzählen, für Menschen, die sich die Begegnung zwischen Gott und seinem Auserwählten nicht vorstellen wie ein Telefongespräch mit einem Chef; für solche, die daran zweifeln, dass Gott einem bestimmten Volk das Recht gegeben habe, mit Waffengewalt diejenigen, die nicht zum gleichen Volk gehören, aus dem Land zu vertreiben; für solche, die einem Zauberer eine Rolle im Zirkus, im Showbusiness oder bei den Parapsychologen zubilligen, aber die nicht meinen, dass sich Gottes Wirken unter uns in der Zauberei kundtue.

Die Geschichte vom Dornbusch und die Palästinenser

Mose weidete die Schafe und Ziegen seines Schwiegervaters Jetro, des Priesters der Midianiter. Den Umgang mit Tieren lernte er bald, obwohl er damit bisher nie zu tun gehabt hatte. Ließ er mehrmals den langgezogenen Hoo-Ruf ertönen und ging voran, so trotteten die Böcke und Leithammel sofort hinter ihm her. Muttertiere und Junge folgten. Der Hund trieb die paar Zurückgebliebenen an. Bei einem Weideplatz musste Mose nur mit dem Brr-Laut und dem Hinlegen der Tasche das Zeichen geben, dann wussten die Tiere Bescheid. Sie verteilten sich und suchten ihre Grasplätze. Mose wunderte sich, wie gut die Tiere seinen Willen verstanden und ihm gehorchten. Selten brauchte er den Hirtenstab, um zwei kampfwütige Böcke auseinander zu treiben.

Den Tag über weilten seine Gedanken oft bei den Seinen in Ägypten. Wie ging es wohl der Mutter in der Lehmhütte und der Pflegemutter im Palast? Oder war die Frau im Palast seine Mutter und die in der Lehmhütte die Amme? Lebte der Vater noch? Oder war er unter der Last der Backsteine, die er zum Bauplatz schleppen musste, zusammengebrochen? Hatten die anderen ihn im Sand verscharrt? Wer aus seinem Volk war seither noch von einem Aufseher zu Tode geprügelt worden? Wenn er bedachte, dass er selbst hier in Frieden und Sicherheit lebte, hatte er ein schlechtes Gewissen. Oft kam ihm die Idee: So wie er jeden Morgen die Tiere aus dem Pferch beim Midianiterdorf zusammentrieb und zu einem guten Weideplatz führte, so müsste ein Völkerhirt die Israeliten sammeln und ihnen vorangehen und sie aus dem Elend in Ägypten in ein gutes Land führen.

Ob *er* vielleicht ein solcher Hirt sein könnte, der das Volk aus der Sklaverei befreite? Er kannte beide Sprachen, die der ägyptischen Herren und die der Fronarbeiter. Er hatte gelernt, wie man eine Herde anführt. Er wusste Bescheid über den Weg aus Ägypten ins Midianiterland. Doch er wies den Gedanken von sich. Die Israeliten würden ihm, dem Unbekannten, gewiss nicht folgen wie die Tiere seines Schwiegervaters. Und der König von Ägypten, der die Israeliten aussaugte, ließ sie bestimmt nicht einfach so ziehen wie der Pferch, in dem die Herde über Nacht eingeschlossen war.

Moses Heimweg führte durch ein trockenes Tal, in dem die Tiere keinen Büschel Gras fanden. Da und dort wuchsen Sträucher mit schmalen graugrünen Blättern und langen spitzen Dornen. Nach der Regenzeit waren die Sträucher über und über mit goldgelben Blüten bedeckt und bewiesen, dass sie auch auf dürrem Boden leben und gedeihen konnten. Mose staunte über ihre Lebenskraft. Das Volk Israel in Ägypten war wie diese Dornensträucher. Es lebte und vermehrte sich, obwohl die Männer von früh bis spät mit Peitschen zur Arbeit angetrieben wurden, obwohl die Frauen tagelang auf den Feldern Häcksel für die Backsteine zusammenlesen mussten.

Am Abend, wenn Mose mit seinem Schwiegervater beim Feuer zusammensaß, sprach er wenig. Jetro merkte, dass er bedrückt war und fand heraus, welche Frage ihn umtrieb: Könnte er als Völkerhirte die Israeliten aus der Sklaverei herausführen? War es nicht sogar seine Pflicht? Jetro redete ihm diesen Gedanken aus.

„Ein Anführer muss seinen Gefolgsleuten in einer Sache ganz überlegen sein und sie damit bezaubern. Kannst du hinreißend reden? Kannst du so zwingend befehlen, dass sie dir gehorchen wie dein Hund? Bist du nicht eher schüchtern und zögernd? Kannst du vor ihren Augen Krafttaten vollbringen, so dass sie dich bestaunen und verehren? Kannst du einen Ochsen in Stücke zerreißen? Kannst du mit bloßen Händen einen Löwen erwürgen? Ich habe dich als einen Mann kennen gelernt, der einer Gefahr lieber ausweicht. Du bist keine Führernatur."

Mose war froh, dass Jetro so redete.

Aber am anderen Tag, auf dem Weg mit seiner Herde, hatte er doch wieder das Gefühl, er sei der Mann, der Israel befreien müsse. Er kam an einer Felsplatte vorbei. Auf ihr sonnte sich eine Schlange. Mose erkannte die Gefahr für die Tiere und schlug mit dem Stab auf das Tier ein, bis es leblos dalag. Beim Schlagen kamen ihm die Aufseher in Ägypten in den Sinn. Ein Stärkerer als er musste kommen und ihnen und ihrem König mit einem Stab aus Erz den Meister zeigen. Sein Stab war nicht aus Erz.

Beim Weiterwandern kam ihm noch ein anderes Bedenken: Die Israeliten hatten sich zu einem großen Volk vermehrt. Das Land Ägypten aber war ringsum von Wüste umgeben. Wenn ein Völkerhirt das Volk aus Ägypten herausführen würde, müssten sie während vieler Wochen durch die Wüste wandern. Er kannte zwar den Weg, aber wie sollten sie in dieser Zeit zu essen und zu trinken bekommen? Die Quelle im Midianiterdorf reichte für die wenigen Bewohner, aber nicht für ein ganzes Volk. Und jenseits der Wüste, wo es wieder Quellen und Flüsse gab, wohnten andere Völker. Wie sollte das Volk Israel ein fruchtbares Land mit genügend Wasser finden, das nicht schon von Menschen bewohnt war?

Fragen über Fragen! Dennoch kam Mose nicht los von dem Gedanken, ob es nicht seine Pflicht sei, die Israeliten zu befreien.

Ob Mose in dieser Ratlosigkeit nicht zu Gott um Erleuchtung gebetet hat? Ich meine, in jener Zeit sei ihm das Beten keine Hilfe gewesen. Er wusste nicht, an welchen Gott er sich hätte wenden können. Er war bei keinem daheim. Von der Mutter in der Lehmhütte hatte er gelernt, zum Gott Abrahams, Isaaks und Jakobs zu beten. Dieser Gott hatte einst die Vorväter Israels geführt und beschützt. Aber ihre Nachkommen waren ein großes und starkes Volk geworden. Hatte der Gott der Väter sie nicht längst vergessen? Waren sie in Ägypten nicht seinem Schutze entrückt?

Von der Mutter im Palast hatte Mose gelernt, zum Sonnengott Amun-Re zu beten. Er gab allem, was lebte, Licht und Wärme. Er ließ das Gras wachsen und die Bäume und alles, was der Bauer pflanzte. Doch was hatte der Sonnengott mit ihm persönlich zu tun? Auch die Giftschlange, die Mose vorhin erschlagen hatte, ließ sich von den Strahlen der Sonne erwärmen. Der Sonnengott kümmerte sich weder um die israelitischen Fronarbeiter noch um einen Viehhirten, den die Aufgabe, Völkerhirte zu werden, erschreckte und lockte.

Bei Jetro hatte Mose den Gott El kennen gelernt, zu dem die Midianiter beteten, damit die Muttertiere viele Junge und die Menschenmütter gesunde Kinder bekamen. Jeden Morgen in der Frühe ging Jetro zur Opferstätte, zog die Sandalen aus, wusch die Füße, betrat den heiligen Bezirk, fiel auf die Knie, berührte mit der Stirne den Boden, sprach ein Gebet, stand dann auf und sang mit erhobenen Händen den Lobgesang für El. Mose spürte, wie Heiligkeit von El ausging und mit welcher Ehrfurcht Jetro ihm diente. Aber er selber war ja ein Fremdling und El war der Gott der Midianiter. Dass El ihn über seinen künftigen Weg erleuchten werde, war nicht zu erwarten.

Doch einmal kam jener Tag, von dem seither so viele Erzähler berichtet haben, der Tag, an dem Mose das Vieh über die Steppe hinaustrieb und zum Gottesberg Horeb kam. Auf seinem Weg dorthin traf er den Hiwiter. Ihn haben die bisherigen Erzähler nicht erwähnt. Aber heute, da ich täglich von dem Volk, zu dem der Hiwiter gehörte, in der Zeitung lese, kann ich die Geschichte von Mose und vom Gottesberg nicht gut erzählen, ohne dem Hiwiter einen Platz darin einzuräumen.

Der Hiwiter lagerte mit seinen beiden Mauleseln an der Wasserstelle unter einem Palmbaum. Er war gesprächig und erzählte Mose gleich, dass er unterwegs nach Ägypten sei und dass ein spitzer Stein dem einen Tier eine Wunde im Vorderfuß geschlagen hatte. Jetzt musste er zwei Tage warten, bis das Tier den Weg fortsetzen konnte.

Mose redete wenig. Dass der Fremde in Kirjat-Arba, im Lande Kanaan, wohnte, nahm er zur Kenntnis. Der Ortsname war ihm bekannt. Dort hatte der Ahnherr Abraham einst seine Zelte aufgeschlagen und ein Stück Land zum Begräbnis seiner Ehefrau gekauft.

Mose verabschiedete sich bald und zog von der Wasserstelle weiter. Gegen Mittag kam er in die Nähe des Bergs Horeb. Es wuchsen dort Dornbüsche. Sie waren nicht wie die Sträucher im Tal mit goldenen Blüten übersät. Doch als Mose sich umsah, nahm er wahr, dass einer der Dornbüsche wie von einem strahlenden Feuerschein umhüllt war. Es war ein faszinierender Anblick. Der Busch brannte lichterloh und verbrannte doch nicht. Zweige und Blätter blieben unversehrt. Kein Rauch war zu sehen. Mose wollte untersuchen, was da vor sich ging. Er trat einige Schritte näher und spürte zugleich einen Schrecken in seinen Gliedern, der ihn lähmte. Es war, als ob das Feuer ihn erfassen und verzehren wollte.

Da hörte er eine Stimme, wie er sie noch nie vernommen hatte. Sie war durchdringend und gewaltig, wie die Stimme des Königs von Ägypten, wenn er Befehle gab, und tönte lieblicher als die seiner Mutter, wenn sie ihn als Kind tröstete. Die Stimme kam von außen und erfüllte die ganze Luft rings um ihn und doch hörte er, wie die Stimme auch aus der Tiefe seiner Seele zu ihm sprach. Sein Name wurde gerufen: „Mose! Mose!"

Und er antwortete: „Hier bin ich!"

Die Stimme sprach: „Der Ort, auf dem du stehst, ist heilige Erde. Bleib stehen! Ziehe deine Sandalen von den Füßen."

Mose gehorchte und fiel auf die Knie und berührte mit der Stirne den Boden. Und wieder hörte er die Stimme: „Ich bin der Gott deiner Väter, der Gott Abrahams, der Gott Isaaks und der Gott Jakobs."

Mose zitterte. ER, von dem er bisher nur vom Hörensagen wusste, sprach zu ihm. Mose zog seinen Mantel über den Kopf und hüllte sich ganz ein. Er empfand große Scheu und fürchtete sich, als müsste er gleich sterben. Aber gleichzeitig jubelte sein Herz darüber, dass dieser Gott ihn leben ließ und sich ihm zugewandt hatte. Dieser, nicht der Gott der Midianiter, nicht der Sonnengott, ER, zu dem er als Kind gebetet hatte, hatte etwas vor mit ihm: „Ich habe das Elend meines Volks in Ägypten gesehen und sein Wehgeschrei über seine Antreiber gehört. Ich kenne seine Schmerzen", so sprach die Stimme wieder. Was ihn, Mose, beschäftigte und ihm Sorgen bereitete, das kümmerte in noch viel höherem Maße diesen Gott!

„Ich will sie aus der Hand Ägyptens herausreißen und in ein gutes und fruchtbares Land führen, das von Milch und Honig überfließt. Ich will ihnen das Land der Kanaaniter, der Hethiter, der Peresiter und der Hiwiter geben."

Auch dieses Hindernis auf dem Weg zur Freiheit war damit beseitigt! Gott hatte daran gedacht, dass die Israeliten, wenn sie aus Ägypten befreit wurden, ein Land zum Wohnen bekommen mussten. Und es war ein gutes Land, das er für sie vorgesehen hatte.

Und dann vernahm Mose den Ruf, der ihm seinen Platz in diesem Befreiungswerk Gottes zuwies: „Geh jetzt, ich will dich zu Pharao senden. Du sollst ihm sagen: Lass mein Volk, die Söhne und Töchter Israels, herausgehen aus Ägypten."

Doch woher weiß ich das alles? Ich war damals am Gottesberg nicht dabei. Den Feuerschein über dem Dornbusch habe ich nicht selbst gesehen. Die Stimme, die sich Mose zu erkennen gab und ihn zum Anführer des Volkes machte, habe ich nicht selbst gehört. Auch der, der die Geschichte in der Bibel aufgeschrieben hat, erzählt nicht, was seine Augen gesehen und seine Ohren gehört haben. Er schrieb auf, was die Väter und Großväter erzählt hatten. Sie alle wohnten in dem Land, in dem Milch und Honig flossen, in dem Land, in dem vor ihnen die Kanaaniter, die Hethiter, die Peresiter und die Hiwiter gelebt hatten. Sie waren dankbar, dass der Herr alle diese Völker vertrieben oder ausgerottet hatte. Sie erzählten gern von Mose, wie er ihre Vorväter, die Söhne Israels, im Auftrag Gottes aus dem Sklavendienst in Ägypten befreit hatte. Sie wussten auch, wie lange sich Mose gegen den Auftrag gesträubt hatte. Aber der Herr war geduldig auf seine Einwände eingegangen und hatte ihn mit Kraft von oben ausgerüstet, um Zeichen und Wunder zu tun, damit die Israeliten glaubten, dass er vom Herrn gesandt sei.

Wenn in Israel davon erzählt wird, preisen die Menschen Gott dafür, dass er damals, beim brennenden Dornbusch, seinen geheimnisvollen Namen offenbart hat, diesen Namen, der so wunderbar und so heilig ist, dass kein gewöhnlicher Mensch ihn aussprechen darf. Wegen dieses heiligen Namens behalten noch heute die gläubigen Juden ihr Haupt bedeckt. Ich weiß, wie kostbar ihnen der heilige Name Gottes ist und wie hoch sie die Geschichte vom Dornbusch schätzen.

Auch Jesus hat an den Gott geglaubt, der Mose als Befreier des Volkes berufen hat. Darum ist auch uns Christen die Geschichte von der Stimme, die Mose am Gottesberg gehört hat, teuer. In ihr tut sich uns etwas vom Geheimnis des Gottesnamens kund. Die Gelehrten sind sich zwar nicht einig, wie das Wort „JHWH" aus der Ursprache zu übersetzen ist: „Ich bin, der ich bin". Oder „Ich werde sein, der ich sein werde". Oder: „Ich werde da sein und mit dir sein". Doch so oder so erschließt Gott sich in diesem Namen als einer, der mit uns zu tun haben will, aber nicht als einer, über den wir endgültig Bescheid wissen, nur weil Mose am Gottesberg einen Schein seiner Herrlichkeit gesehen hat.

Eben das ist für mich ein Grund, diese Geschichte weiterzuerzählen, obwohl viele sie bereits erzählt haben.

Als Mose am Gottesberg seiner Herde den Befehl zum Aufbruch gab, war er ein anderer Mensch. Die Zukunft stand klar vor seinen Augen: Er hatte den Auftrag von Gott, schwierig zwar, aber er war ausgerüstet mit Kraft von oben. Das Volk würde sich ihm anvertrauen. Auf dem Weg durch die Wüste würde für die Menschen gesorgt werden. Ein Land, das von Milch und Honig überfloss, stand für sie bereit.

Als Mose zu der Wasserstelle kam, wollten die Tiere trinken. Der Hiwiter lag noch immer dort. Er merkte, dass Mose etwas Besonderes erlebt haben musste. Leuchtete vielleicht sein Gesicht? Hatte er weiße Haare bekommen? War die Art, wie er mit den Tieren umging, anders geworden? Ich weiß es nicht. Der Hiwiter hatte ein besonderes Gespür für solche Dinge. Er fragte, was geschehen sei. Mose wollte nicht reden. Aber der Hiwiter ließ nicht locker und fragte so freundlich und beharrlich, dass Mose endlich stockend zu erzählen begann: vom Feuerschein über dem Dornbusch, von der heiligen Erde, die er betreten hatte, von der Stimme, die ihm kundtat, dass der Gott der Väter die Söhne und Töchter Israels aus dem Sklavendienst in Ägypten befreien wolle, und von dem Auftrag, den er als Völkerhirte bekommen hatte.

„Und wohin willst du das Volk führen? Ägypten ist ringsum von Wüste umgeben. In der Wüste könnt ihr euch wohl nicht niederlassen. Welches bewohnte Land wollt ihr erobern?"

„Unser Gott wird uns das Land der Kanaaniter, der Hethiter, der Peresiter und der Hiwiter geben."

„Und was ist mit den Völkern, die jetzt in diesem Land wohnen?"

„Gott wird sie von ihren Wohnsitzen vertreiben. Wenn sie ihm widerstehen, wird er sie mit Frauen und Kindern ausrotten."

Der Hiwiter war erschrocken: „Was ist das nur für ein grausamer und parteiischer Gott, dessen Stimme du gehört haben willst?"

„Er ist der Herr über die ganze Welt. Er hat uns erwählt und die anderen Völker verworfen. Kann er nicht tun, was er für gut hält? Darf er nicht über die Völker verfügen wie der Töpfer über seinen

Ton? Aus derselben Masse kann er ein herrliches Gefäß formen und den Rest als Abfall wegwerfen. Wer will ihm da dreinreden?" Der Hiwiter schwieg. Ihm fehlten die Worte. Er fragte sich, wie verschiedene Völker nebeneinander wohnen sollten, wenn eines von ihnen beanspruchte, dass sein Gott der Herr der ganzen Welt sei und dass er das Recht habe, alle anderen Völker als Abfall zu behandeln? Er stellte sich eine Welt vor, in der ein Volk behauptete, dass es in seiner Religion allein die Wahrheit besitze und dass alle andern Völker sich dieser Wahrheit unterwerfen müssten.

Mose hatte sich abgewandt und der Herde befohlen, ihm zu folgen. Er war zufrieden, dass ihm so schlagende Argumente gegen die Einwände des Fremden eingefallen waren. Das war für ihn eine Bestätigung der überlegenen Macht seines Gottes.

Zur Einführung der Erzählung im Gottesdienst oder in einer Erwachsenengruppe

Jahrelang mag alles glatt gehen in Beruf und Familie. Dann aber kommt mit zunehmender Routine und wachsender Kompetenz ein Gefühl von Leere auf und macht sich langsam breit. Nicht mit einem Mal, sondern nach und nach und versteckt im Zusammenhang mit Fragen wie „War das alles?" oder dem Empfinden von „Schon wieder..." oder „Eigentlich brauchst du eine neue Herausforderung". Das Phänomen der midlife-crisis wird oft beschrieben. In seiner positiven Ausrichtung ist es die Suche nach einer neuen Orientierung z. B. für die zweite Hälfte des Berufslebens, nach einer Aufgabe, in die Kompetenz und Erfahrung aus der zurückliegenden Zeit neu eingebracht werden können. Die Frage auch, wofür lebst du und wofür stehst du, wofür willst du noch einmal antreten. Die negative Begleiterscheinung dieser „Krise": Selbstzweifel und Einwände, Zögern – aus Erfahrung, manchmal auch aus Bequemlichkeit.

Wie beginnen Veränderung und Befreiung? Was ermutigt zu Aufbruch und Neuanfang? – Die Bibel ist voll von Geschichten, die davon erzählen. Eines ihrer Bücher heißt danach: Auszug, Aufbruch – Exodus. Es beginnt mit der Geschichte eines Neuanfangs. Der Berufung des Mose.

Keiner von uns ist Mose. Und seine Geschichte ist nicht wiederholbar. Die Frage ist, ob wir sie als ferne, unerhörte Geschichte zu den Akten legen oder ob wir uns daran erinnern lassen, was Mut machen und Hoffnung geben kann: Gottes Ruf. Ob wir ihn für uns und in unseren Lebensbezügen auch vernehmen?

Liedvorschläge für den Konfirmanden- bzw. Religionsunterricht

– Wenn das Rote Meer grüne Welle hat (ML 1/B 46)
– When Israel was in Egypt's land (Spiritual)

R. St.

Frauen um David

1. Sam, 2. Sam, 1. Kön 1–2

Der Herausgeber einer Reihe von Predigt-Meditationen, ein lieber Freund, bat mich um einen Beitrag zum Thema „David und seine Frauen". Ich stellte die dazu nötigen Texte zusammen. Es werden folgende Namen genannt: Michal, Ahinoam, Abigail, Haggit, Abital, Egla, Batseba. Noch von einer weiteren Frau, die enge Beziehungen zum König hatte, kennen wir Einzelheiten aus dem Leben: Abisag von Sunem. Als David alt und gebrechlich wurde und mit der Blutzirkulation Mühe hatte, suchte man eine besonders schöne Jungfrau, um ihn zu pflegen und ihn mit ihrem Körper zu wärmen und fand Abisag (1. Kön 1,14). Der Erzähler betont, dass David keine geschlechtliche Gemeinschaft mit ihr hatte. Sie gehört also nicht zur offiziellen Liste der Frauen Davids.

Hier werden nur die Geschichten Michals, Abigails und Batsebas erzählt. Was von diesen drei Königinnen berichtet wird, ist in einer Hinsicht gleich: der Erzähler interessiert sich nicht für diese Frauen als Menschen mit einem Eigenleben. Sie sind ihm wichtig, sofern sie David auf seiner Laufbahn zum König vorwärts gebracht und / oder ihm einen Sohn geboren haben. Sie sind wie Leuchtstreifen an den Kurven von Autostraßen, die das Scheinwerferlicht hell zurückstrahlen, aber unsichtbar bleiben, wenn kein Auto vorbeifährt.

Von feministischen Theologinnen habe ich gelernt, die Bedeutung dieser Frauen anders wahrzunehmen als bisher. Das hat mich dazu geführt, viele biblische Texte „gegen den Strich zu bürsten" und mich um Personen zu kümmern, die darin bloß eine Nebenrolle spielen. Das wollte ich auch mit den Texten über Davids Frauen tun: nicht dem Interesse und der Parteinahme des biblischen Erzählers folgen, sondern mich fragen, wie diese Frauen selbst als Subjekte ihre Beziehung zu David erlebt haben. Auch mit meinen Sympathien durfte ich dann nicht dem Erzähler folgen. Ich musste David kritischer sehen als er, nicht als den Helden auf dem Weg zu der ihm von Gott verliehenen Königsherrschaft, sondern als Mann, der viele Frauen verbrauchte. Meinem Freund habe ich mitgeteilt, dass ich nicht über „David und seine Frauen", sondern über die „Schattenfrauen Davids" schreiben möchte.

Wie ist das, was ich mit den Texten anfange, theologisch zu verantworten? Auch neutestamentliche Autoren haben bekanntlich eine Vorliebe für die Männer. Die beiden Stammbäume von Matthäus 1 und Lukas 3 führen nur die männlichen Ahnen von Jesus, nicht die ebenso zahlreichen Ahnfrauen auf. Matthäus 1 nennt zwar noch vier Stammmütter, unter ihnen Batseba, weil diese vier durch außerordentliche Umstände zu einem israelitischen Ehemann gekommen sind, aber auch diese Frauen sind für Matthäus nur als Gebärerinnen, nicht als Menschen wichtig.

Bei Jesus aber finde ich die Parteinahme für die Kleinen und die Geringen und die Offenheit für die Frauen, die im Widerspruch stehen zu dem, was im Patriarchat üblich ist. Bei Jesus finde ich die Auffassung, dass für Gott jeder und jede wichtig ist. Dass sogar die Haare auf dem Haupt eines jeden Menschen gezählt sind.

22

Meine Kritik an David passt nicht zu dem legendären Bild, das die spätere Heilsgeschichte von diesem König gemalt hat. Die historisch-kritische Forschung hat gezeigt, dass der Heiligenschein, mit dem die Juden und erst recht die Christen später diesen König geschmückt haben, nicht dem historischen David entsprechen. David war ein tief religiöser Mensch, aber religiös, wie man es damals im 10. vorchristlichen Jahrhundert war. Seine Religiosität ließ sich ohne schlechtes Gewissen mit politischem Kalkül, Machtstreben und Draufgängertum verbinden, das vor Blutvergießen nicht zurückschreckte. Ich kratze nur an der Farbe des Heiligenbildes, wenn ich ihn in seiner Beziehung zu Frauen als rücksichtslos darstelle.

Bei der Ausgestaltung der Geschichten konnte ich die novellistischen Formen einiger Texte übernehmen. Ich habe sie durch eigene Erzählelemente ergänzt, wenn für heutige Hörer historische Informationen zum Verständnis des Geschehens nötig sind. Was ich ferner aus dem Leben dieser Frauen erzähle über das hinaus, was die biblischen Erzähler nicht interessiert hat, stammt aus meinen Bemühungen, sie als Menschen mit Fleisch und Blut und mit einer Seele zu verstehen. Die Geschichten sind nicht historische Rekonstruktionen, sondern Versuche, Frauenschicksale, die mit dem historischen David verknüpft sind, heute nachzuerleben.

Von *Michal* kennt man vielleicht aus dem Religionsunterricht die lustige Geschichte, wie sie David zur Flucht verholfen hat (1. Sam 19,8f.). Dass sie wegen ihrer Kinderlosigkeit eine tragische Gestalt war, lässt sich aus 2. Sam 6,20–23 erschließen. Dieser Text deutet ihre Unfruchtbarkeit als Strafe für ihren Hochmut. Man stelle sich vor, wie die Diskriminierung von Kinderlosen durch solche Beschuldigungen verschärft wurde!

Die Geschichte von *Abigail* dürfte weniger bekannt sein. Sie setzt einige Kenntnisse über den Alltag der damaligen Herdenbesitzer in Juda und über das Leben Davids als Söldnerführer voraus. Bei dieser Frau ist auffällig, dass die Texte über ihr Schicksal nach der Heirat mit David schweigen. Nur ihr Sohn Kilab wird noch erwähnt (2. Sam 3,3; nach 1. Chron 3,1 hieß er Daniel). In den langen Kapiteln über die Kämpfe und die Nachfolge Davids (2. Sam 13–20 und 1. Kön 1) wird dieser Name nirgends erwähnt. War Kilab vorher gestorben? Die Überlieferung sagt nichts darüber. Mich interessiert, wie es dieser tüchtigen Frau eines Herdenbesitzers im königlichen Harem später ergangen ist.

Auch in der Geschichte von *Batseba* ist für den biblischen Erzähler nur der Mann wichtig: Was hat *er* bei diesem Ehebruch getan? Wie wurde *er* zur Erkenntnis seiner Schuld geführt? Wie hat *er* Buße getan? Was hat für ihn der Tod des Kindes bedeutet? Wie die Partnerin das alles erlebt hat, kümmert den Erzähler überhaupt nicht. Hier möchte ich einen Gegenakzent setzen.

Kritischen Auslegern ist aufgefallen, wie unterschiedlich das Bild Davids in der Thronfolgegeschichte und in der Ehebruchgeschichte (2. Sam 11–12) ist: In der Ehebruchgeschichte wird uns ein König gezeigt, der gesündigt hat und von einem Propheten der Schuld überführt wird, der Reue zeigt und Vergebung bekommt. In der Geschichte um die Thronfolge erleben wir einen König mit mancherlei menschlichen Schwächen, aber ohne negative Züge, und nirgends wird David in wichtigen Entscheidungen von einem Propheten geleitet (in 1. Kön 1,23 ff. wird er eher von Nathan überlistet).

Das Davidsbild der Ehebruchgeschichte entspricht den Idealen, die man sich in Prophetenkreisen von einem König und dem zu ihm gesandten Propheten macht.

Es ist möglich, dass die Ehebruchgeschichte mit ihrem präzisen Wissen über das intime Leben des Königs nicht auf den Bericht eines Augenzeugen, sondern auf die Erzählfreude von Propheten zurückgeht. Ich habe diese Geschichte darum nicht wie die Vorlage aus der Sicht des allwissenden Berichterstatters, sondern aus der einer Beteiligten nacherzählt.

Nach 1. Kön 1 hat sich Batseba in den Jahren vor dem Tod Davids intensiv für ihren Sohn eingesetzt, damit er und nicht der vor ihm erbberechtigte Adonija die Nachfolge antrete. Es ist gut denkbar, dass Batseba dieses ehrgeizige Ziel für ihren Sohn schon lange vorher verfolgt hat. Die Schluss-Szene in 2. Kön 2,19 ff., in der sie auf einen Thron zur Rechten ihres regierenden Sohnes gesetzt wird und eine Bitte für Adonija vorbringt, habe ich weggelassen. Ich hätte sonst auch noch Adonija und Abisag als nacherlebbare Personen in die Geschichte einführen müssen, was den Spannungsverlauf, wie mir schien, gestört hätte.

Müsste ich auch erzählen, wie die drei Frauen ihr Nöte jeweils vor Gott gebracht und bei ihm Trost gesucht haben? Damit würde ich wohl nur das Vorurteil bestätigen, Frauen fänden sich leichter mit ihrer schwächeren Position ab, weil sie „von Natur aus" religiöser seien als Männer.

Beachten, was im Schatten ist

Michal

„Ich war doch kinderlos und unfruchtbar, war verbannt und verstoßen" (Jes 49,21).

Als Michal klein war, pflügte ihr Vater Saul, damals noch Großbauer, selber mit den Rindern den Acker (1. Sam 11,5). Jetzt war er siegreicher Heerführer und König über Israel geworden. Und sie träumte davon, einmal einen tapferen Helden zu heiraten und ihm gesunde Söhne zu gebären. Dann trat ein solcher Held in leibhaftiger Gestalt im Hause König Sauls auf: David, bewunderter Kämpfer gegen die Philister, Anführer einer Schar von Söldnern. Auch Saul rühmte ihn. Doch man sprach davon, Merab, die ältere Schwester Michals, sei zur Frau Davids auserkoren. Michal musste also verzichten. Sie weinte lange in der Nacht und gab ihren Mädchentraum auf.

Eines Tages entschied Saul, dass Merab einen andern zu heiraten habe. Michal wusste, wie der Vater sich von wechselnden Launen leiten ließ. Sie grub den Mädchentraum wieder aus und erzählte den Mägden, wie sehr sie in David verliebt sei. Der Vater hörte davon (1. Sam 18,20). Es kam ihm nicht ungelegen. Er ließ David melden, eine Heirat mit Michal käme in Frage. Der Brautpreis bestehe aus 100 Vorhäuten von Philistern. Der König wollte, so hat man vermutet, mit dieser fast unerfüllbaren Forderung dem ehrgeizigen David eine Falle stellen. Doch vielleicht war das unter Männern, für die das Töten von Feinden das höchste Lebensziel war, ein üblicher Ansatz für den Brautpreis.

David ließ sich nicht lumpen. In einem Gefecht erledigte er gleich 200 Feinde (1. Sam 18,27). Da, wie ich annehme, das Herausschneiden von Vorhäuten bei männlichen Leichen recht umständlich ist, hat er ihnen wohl die Schwänze ganz abgeschnitten und diese, blutverschmiert, dem König vor die Füße gelegt. Darauf wurde die Hochzeit mit Michal gefeiert.

Der neue Schwiegersohn weckte Ängste bei Saul: „Er trachtet nach der Krone und will mich beseitigen. Ich muss ihm zuvorkommen." Dem Speer aus der Hand Sauls, der durch die Luft fuhr, konnte David knapp ausweichen. Die Spitze fuhr krachend an die Wand. David floh nach Hause.

Michal wusste, was zu tun war. Sie hatte bemerkt, dass das Haus auf der Straßenseite von Leibwächtern Sauls umstellt war. Sie ließ David durch ein Fenster auf der Rückseite, die zur Stadtmauer gehörte, an einem Seil hinunter und er floh in die Nacht hinaus. Wollten die Leibwächter David beim Verlassen des Hauses umbringen? Oder würden sie demnächst ins Haus eindringen? Michal nahm die Holzfigur des Gottes El-Bethel in der Zimmerecke vom Sockel, legte sie ins Bett Davids und deckte sie bis an die Nase zu. Über den Kopf der Figur legte sie ein Geflecht von Ziegenhaar. So sah es aus, als läge ein Mensch im Bett. Beim Morgengrauen polterten die Leibwächter an die Tür und verlangten, dass David herauskomme. „Er ist krank und kann das Bett nicht verlassen", rief Michal hinunter. Das wurde dem König gemeldet. Der befahl, David samt dem Bett zu bringen. Die Krieger drangen in die Wohnung ein. Was im Bett lag, kam ihnen merkwürdig vor. Aber als Soldaten hatten sie gelernt, Befehle auszuführen ohne nachzudenken.

Michal musste mitkommen. Sie stellten das Bett vor Saul hin. Beim Zurückschlagen der Decke lag die Holzfigur da. Da entbrannte der Zorn Sauls: „Warum hast du mich betrogen und meinen Feind fliehen lassen?"

„Er hat mir gedroht: Ich bringe dich um, wenn du mir nicht bei der Flucht hilfst." Da unterließ es der Vater, Michal zu bestrafen (1. Sam 19,8 ff.)

David war in die Wüste Juda geflohen und sammelte dort seine Söldner. Saul zog mit seiner Mannschaft zum Kampf gegen ihn aus, doch ohne Erfolg. David vermied die offene Schlacht. Es ärgerte Saul, dass die Tochter immer noch mit diesem Rebellen verheiratet war.

Darum gab er sie Palti aus Gallim zur Frau (1. Sam 25,44). Palti gewann Michal lieb. Sie aber erwiderte seine Gefühle nicht. Er war nicht ein Held wie David.

Als die Philister dann wieder zum Krieg heranrückten, kam es zur Schlacht beim Gilboa-Gebirge. Auf beiden Seiten gab es viele Tote. Auch drei Söhne Sauls wurden erschlagen. Als Saul sah, dass die Schlacht verloren war, stürzte er sich ins Schwert. Abner, der Heerführer Sauls, machte den jüngsten Sohn Sauls, Ischbaal, zum König über das Land Israel, soweit es von den Philistern nicht erobert war.

David war mit seinen Söldnern nach Hebron gezogen. Dort wählten ihn die Ältesten des Stammes Juda zum König über ihr Gebiet. Jetzt waren zwei Könige im Land, Ischbaal im Norden, David im Süden. Zwischen den Kriegern Abners und den Söldnern Davids gab es kleine Gefechte.

Abner fand, es wäre besser, David würde König über das ganze Land. Er ließ im Geheimen fragen, wie David darüber denke. Davids erste Bedingung war: „Gib mir meine Frau Michal zurück. Ich habe für sie einen hohen Brautpreis bezahlt." Da ließ Abner Michal in Gallim holen. Ihr Mann Palti ging hinter ihr drein und klagte und weinte. Als Abner das sah, sprach er zu ihm: „Geh nach Hause!" Da kehrte Palti um (2. Sam 3,13 f.).

Die Knechte Abners brachten Michal zu David. Das Wiedersehen war frostig. David hatte inzwischen zwei Frauen aus Juda geheiratet, Ahinoam und Abigail. Beide hatten reiche Güter in die Ehe gebracht und David bereits Söhne geboren. Michal besaß nur sich selber. Sie bekam zwar fortan unter den Frauen des Königs den Ehrentitel „die Erste". Im Frauenhaus wurde ihr das schönste Zimmer zugewiesen. Aber David besuchte sie selten. Als sie im dritten Jahr noch nicht schwanger war, spürte sie, wie man sie verachtete.

Nach vielen Wirren waren Abner und Ischbaal durch Mörderhand umgekommen. Die übrigen Stämme Israels hatten David zu ihrem König gemacht. Er nahm den Krieg gegen die Philister wieder auf und besiegte sie endgültig. Dann eroberte er die Stadt der Jebusiter, die bisher nicht zu Israel gehört hatte und machte sie zur Hauptstadt. Er baute dort eine Königsburg mit einem neuen Frauenhaus.

Die Bundeslade, dieses Zeichen der Gegenwart des Herrn aus der Zeit der Wüstenwanderung, stand damals in Kirjat Jearim. Dorthin pilgerten die Gläubigen, um zu beten und zu opfern. David wollte die Lade in einem heiligen Zelt in seiner Stadt aufstellen. In festlicher Prozession wurde sie in Kirjat Jearim abgeholt. David ging an der Spitze des Zuges und führte, nur mit einer leinenen Hose bekleidet, die alten wilden Tänze auf, die man früher zur Ehre Gottes getanzt hatte (2. Sam 6,14 ff., 20f.).

Aus den Fenstern ihres Hauses schauten die Königinnen zu, wie der König vor der Lade tanzte. Manche Zuschauer fanden: „Es schickt sich nicht für einen König, in dieser Bekleidung auf der Straße wilde Sprünge zu machen." Andere meinten: „Doch! Es ist gut, dass David den Herrn so ehrt, wie das zur Zeit unserer Vorväter Brauch war." Später behauptete man, Michal habe dem König Vorwürfe gemacht, er habe sich beim Tanzen vor Knechten und Mägden unanständig entblößt. Weil sie so hochmütig sei, habe sie keine Kinder bekommen. Eine Dienerin erzählte ihr, was im Volk über sie geredet wurde. Das machte sie traurig. Sie hatte mit David kein Wort über den Tanz gesprochen. Seit dem Tag der Prozession hatte sie ihn nicht mehr gesehen.

Einmal noch wurde es ihr zum Verhängnis, dass sie im Frauenhaus „die Erste" hieß. Das war, als Absalom, der Sohn Davids, den ihm Maacha geboren hatte, einen Aufstand gegen den alten König machte und ihn mit seiner Leibwache aus der Stadt vertrieb. Die Frauen hatte David zurückgelassen. Um aller Welt zu beweisen, wer jetzt die Königsherrschaft über das Land ausübe, ließ Absalom auf dem flachen Dach des Frauenhauses ein Prunkzelt errichten und darin ein weiches Lager ausbreiten. Die Zuschauer auf dem Platz vor der Burg sahen zu, wie der neue König am heiter hellen Tag im Schlafgewand das Zelt betrat und wie die Diener die Königinnen, eine nach der anderen heranführten. Jede blieb im Zelt, bis Absalom den Beischlaf mit ihr vollzogen hatte (2. Sam 16,21 f.). Michal kam als erste an die Reihe. Als sie aus dem Zelt kam, fühlte sie sich tief geschändet. Es wurde finster in ihrer Seele.

Absalom mit seinen Truppen wurde zwar bald nachher vom Heer Davids besiegt und auf der Flucht erstochen. David kehrte im Triumph in seine Stadt zurück und nahm wieder Besitz vom Frauenhaus. Doch Michal konnte sich darüber nicht freuen. Sie sann oft über den Tod ihres Vaters nach und wünschte, dass sie ein Schwert besäße. Dann könnte sie wie ihr Vater freiwillig aus dem Leben scheiden. Zugleich wusste sie aber, dass ein Schwert ihr nichts nützen würde, weil sie nicht den Mut hätte, sich damit ein Leid anzutun.

Abigail

„Verachte nicht eine kluge Frau, liebenswürdige Güte ist mehr wert als Perlen" (Sir 7,19 nach Zürcher Bibel).

Unter den Viehzüchtern Judas ging der Streit über David hin und her.
„Ein Bandit! Lebt mit seinen Söldnern von Raub und Mord und von dem, was er von uns erpresst."
„Ein tüchtiger Bursche! Hat Talent zum Führen einer Truppe und war bisher uns gegenüber anständig."
„Unsinn! Eine richtige Landplage ist er. Soll ich einen Räuber noch dafür bezahlen, dass er mich bisher nicht bestohlen hat?"
„Immerhin, er hält uns die Amalekiter vom Leib. Das kostet eben etwas."
„Als König wäre er viel fähiger als der launische Saul."
Der reiche Bauer Nabal wusste Bescheid. Er bestieg seinen Maulesel und ritt heim nach Karmel (1. Sam 25). Die Mähne des Tiers berührte seinen dicken Bauch. Es war viel zu tun auf seinem Hof. Für den nächsten Tag hatte er die Schafscherer bestellt. Die Arbeit musste vorbereitet werden. Es durfte nicht geschehen, dass ein Scherer, wenn er mit einem Tier fertig war, unbeschäftigt auf das nächste warten musste. Nabal musterte die Gehege, die seine Knechte für je 100 Schafe aufgestellt hatten. Hier verlief der Zaun krumm: „Grad machen!" Dort war ein Eckpfosten wacklig: „Tiefer einschlagen!" Da bekam ein Hirte mit dem Spazierstock Schläge auf den Rücken. Er hatte einen Pfosten beim Einschlagen so beschädigt, dass er nicht mehr zu gebrauchen war.

Nabal war mit sich zufrieden. In den zehn Jahren, seit er den Hof von seinem Vater übernommen hatte, war die Zahl der Ziegen auf 1000, die der Schafe auf 3000 angestiegen. Er besaß 15, nicht bloß 12 Knechte wie sein Vater. Nur sein Name gefiel ihm nicht. Seine Mutter war aus Theman gebürtig gewesen. In ihrer Sprache bedeutete Nabal „edel, vornehm". So hatte sie ihm diesen Namen gegeben. Im Hebräischen hieß Nabal aber „töricht". Wegen seines Namens musste er manches Spottwort einstecken.

Abigail, die Hausfrau, bereitete mit den fünf Mägden das große Festessen nach der Schafschur vor. Eine heizte den Backofen, zwei kneteten Teig für Brote und Kuchen, eine zerlegte die geschlachteten Schafe, zwei putzten Gemüse für die Suppe. Abigail mischte Wein in Krügen. Die Männer sollten sich nach der strengen Arbeit nicht nur satt essen, sondern an Speise und Trank Vergnügen haben, so verlangte es der Brauch.

Der Hirte, den die Schläge Nabals noch schmerzten, schlich in die Küche und beklagte sich bei der Herrin. Sein Rücken tue weh, ihm sei Unrecht geschehen. Abigail gab ihm gute Worte: „Dass der Meister reizbar ist, weißt du. Sonst mag er dich ja gern. Und ich weiß, wie tüchtig du bist. Nimm die Prügel für ein ander Mal, wenn du eine Dummheit gemacht hast, und er hat's nicht bemerkt." Halb zufrieden trollte sich der Knecht davon.

Am anderen Morgen waren die Schafscherer schon früh auf zehn Plätzen an der Arbeit. Bei jedem stand ein Hirte und hielt ein Tier bereit, um es sofort auf den Boden zu legen, wenn ein fertig Geschorenes aufstand, sich schüttelte und blökend auf die Weide rannte. Einige Hirten stopften die anfallende Wolle in Säcke und trugen sie, wenn sie prall gefüllt waren, in die Scheune.

Gegen Mittag kündete wildes Hundegebell an, dass jemand sich dem Hof näherte. Es waren zehn junge Männer, unbewaffnet. Jeder hatte einen leeren Sack über der Schulter. Der vorderste begrüßte Nabal höflich: „Schalom mit dir, Nabal, und Schalom mit deinem Haus, im Namen unseres Anführers David, dem Sohn Isais. Wir haben gehört, dass du heute Schafschur hast. Deine Hirten haben lange Zeit neben unserem Lager die Herden weiden lassen. Wir haben ihnen nie ein Haar gekrümmt, nie auch nur ein Lamm weggenommen. Frag sie selber, ob wir nicht immer anständig mit ihnen waren. Darum hoffen wir, dass auch du jetzt mit uns anständig bist und uns zum Anlass deines Festes aus deinem Überfluss etwas spendest." Bei diesen Worten hatten die Zehn die Säcke von der Schulter genommen.

Nabals Gesicht lief rot an: „Was fällt euch ein! Einen David kenne ich nicht. Es gibt heute genug Knechte, die ihrem Herrn davongelaufen sind. Warum sollte ich euch etwas von dem abgeben, was ich für die Schafscherer und das Gesinde bereitgestellt habe? Ihr unverschämte Bande, macht, dass ihr zum Teufel geht!" Mit einem Befehl hetzte er die Hunde auf die Fremden. Die machten sich schleunigst davon.

Die Knechte wussten, welche Gefahr ihnen jetzt drohte. Einer entfernte sich unbemerkt und berichtete der Herrin den Vorfall: „David hat Boten geschickt. Sie wollten von uns etwas zum Beißen bekommen, als Belohnung dafür, dass sie mit uns anständig waren. Das stimmt. Sie waren um uns herum wie eine Mauer. Kein Räuber und kein wildes Tier haben der Herde Schaden angetan. Der Meister aber hat die Leute mit Schimpf und Schande davongejagt. Unserm Haus droht Unheil. David wird mit den Kriegern kommen und sich an uns allen rächen. Vielleicht kannst du noch etwas dagegen tun."

Kurze Zeit später sehen wir Abigail auf einem Maultier unterwegs von Karmel zum Lager Davids. Hinter ihr, von Mägden geführt, drei schwer beladene Esel. Auf deren Rücken befand sich verpackt in Säcken, Körben, Tüchern und Schläuchen einiges vom Überfluss auf dem Hofe Nabals: fünf geschlachtete und zerlegte Schafe, 200 Brote, Wein in Fülle, viel Gebäck, Kuchen, Früchte, so viel, dass einige Hundert davon satt werden könnten.

Abigail hatte richtig vermutet: David war schon unterwegs nach Karmel. Zorn erfüllte ihn bis in die Fingerspitzen. Er würde seine verletzte Ehre rächen. Er würde alles, was auf diesem Hof männlich war, ausrotten und die Frauen der Lust seiner Krieger preisgeben.

Bei einer Wegbiegung stießen die beiden Gruppen aufeinander: Hier Abigail im Festgewand, die Mägde, die beladenen Esel, dort der zornige David und einige hundert Krieger mit Schwertern und Spießen. Die bildeten sogleich einen dichten Ring um die Frauen.

Abigail glitt von ihrem Reittier herab, ging in die Knie und verneigte sich vor David bis zur Erde. Dann schaute sie ihm gerade ins Gesicht.

„O Herr, lass mich doch reden. Ich bin deine Magd. An dem, was passiert ist, bin ich schuld. Mein Mann ist ein Tor, wie sein Name sagt. Ich habe die jungen Leute, die du gesandt hast, nicht gesehen. Ich hätte sie gewiss nicht mit leeren Händen weggeschickt. Doch jetzt hat Gott dich durch mich bewahrt, unschuldiges Blut zu vergießen und dir selbst zu holen, was du forderst. Ich bitte dich, nimm dieses Geschenk, das ich dir mitgebracht habe, für deine jungen Leute an."

Sie winkte den Mägden und diese übergaben die drei Esel David. Abigail spürte, wie ihre Worte wirkten. Der wilde Löwe knurrte noch ein wenig. Jetzt half schmeichelndes Zureden. Sie verfluchte die Feinde Davids, wünschte ihnen im Namen Gottes den Untergang und sprach davon, dass Gott David zum König über das ganze Volk machen werde. Dann sollte er sich nicht mit schlechtem Gewissen an diesen Tag erinnern müssen, weil er im Zorn unschuldiges Blut vergossen hatte.

David fand mehr und mehr Gefallen an der knienden Frau. Sie war wohlgebaut, hatte stolze Augen ohne Furcht und einen Mund, den er gern geküsst hätte. Ihre Worte waren klug und besänftigten seinen Männerzorn. „Dank sei Gott, dass er dich mir entgegengeschickt hat. Du hast mich daran gehindert, Blutschuld auf mich zu laden. Wahrhaftig, ohne dich wäre keiner der Männer auf eurem Hof heute Nacht mit dem Leben davongekommen. Aber jetzt geh in Frieden in dein Haus zurück." Damit gibt David das Zeichen zum Rückmarsch.

Das Festessen war in vollem Gang, als Abigail mit den Mägden wieder zu Hause ankam. Essensvorräte waren noch reichlich da. Keinem Gast musste ein Wunsch versagt werden. Nabal ließ sich, als alle übrigen schon satt waren, noch einmal eine Lammkeule abschneiden und aß sie mit Genuss. Dem Wein sprach er reichlich zu. Schließlich schlief er am Tisch ein. Vier Knechte trugen ihn auf sein Bett.

Spät am anderen Morgen, als er den Rausch ausgeschlafen hatte, erzählte ihm Abigail von der Begegnung mit David und seinen Kriegern. Da durchzuckte ein schmerzhafter Krampf seinen ganzen Körper. Er griff an die Brust, röchelte, aber konnte kein Wort mehr herausbringen. Gelähmt blieb er liegen. Nach zehn Tagen war es zu Ende mit ihm.

David, der inzwischen mit seinen Söldnern in den Dienst der Philister getreten war und als ihr Vasallenfürst in Ziklag wohnte, vernahm von diesem Todesfall und war zufrieden: „Jetzt hat der Herr mich an Nabal gerächt. Mir blieb erspart, unschuldiges Blut zu vergießen."

Nach Ablauf der Trauerzeit sandte er Boten zu Abigail und ließ fragen, ob sie seine Frau werden wolle. Abigail verneigte sich vor den Boten und sprach: „Ich bin die Dienerin eures Herrn. Ich komme gern, um seinen Kriegern die Füße zu waschen." Sie packte ihre Sachen auf die Esel und zog mit ihren Mägden zu David. Der war bereits mit Ahinoam verheiratet. Abigail wurde seine zweite Frau.

Das schönste Ereignis in Abigails Lebens war die Geburt ihres ersten Kindes, eines Sohns mit Namen Kilab (2. Sam 3,3). Er kam in Hebron zur Welt, wo David mit den Seinen hingezogen und zum König über den Stamm Juda gesalbt worden war. Davids erste Frau Ahinoam hatte ihm zwar schon ein Jahr vorher einen Sohn mit Namen Amnon geboren. Doch wer konnte wissen: Wenn Amnon etwas zustieße, könnte Kilab die Königskrone erben.

Abigail nährte und umsorgte den Kleinen und war glücklich. David indessen tat sich weiter als Kriegsherr hervor. Er eroberte Jerusalem, die Stadt der Jebusiter und machte sie zur Hauptstadt über Juda und Israel. Er ließ sich dort ein Haus bauen und wohnte seitdem mit seinen Frauen und Kindern und seinem ganzen Anhang in Jerusalem.

Im neuen Frauenhaus in Jerusalem der „Stadt Davids" war alles viel fürstlicher. Abigail wohnte in weiten Gemächern. Im Innenhof des Palastes ging sie täglich mit Kilab auf dem Rücken spazieren. Diese glücklichste Zeit ihres Lebens war zu Ende, als ihr Sohn sechs Jahre alt war. Von da an wurde er den Fürstenerziehern übergeben. Er lernte lesen, schreiben, rechnen, reiten, fechten und regieren. Er wohnte nicht mehr im Frauenhaus und besuchte die Mutter nur ab und zu und das immer seltener. Eines Tages wurde ihr die Nachricht überbracht, dass Kilab bei einer militärischen Übung auf einem Felspfad ausgeglitten und in eine Schlucht hinuntergestürzt war – tot! Der Schmerz über den frühen Tod ihres einzigen Kindes lähmte sie. Es schien ihr, als habe ihr Leben jeden Sinn verloren.

Die Tage verliefen eintönig: am Morgen lange schlafen, sich von den Mägden baden, frisieren, salben lassen, schöne Kleider anziehen und mit den anderen Frauen schwatzen und die Zeit hinbringen. David kam nicht oft für eine Nacht zu einer der Frauen in diesem Flügel des Palastes.

Er hatte inzwischen jüngere Frauen dazugeheiratet. Abigail dachte oft daran, wie sie einst in Karmel gelebt hatte. Da war sie von früh bis spät tätig gewesen. Sie hatte dafür gesorgt, dass Nabal und die fünfzehn Knechte und fünf Mägde zu essen, zu trinken und etwas anzuziehen hatten, griff selbst ein, wenn etwas bei einem Schaf oder einer Ziege schiefging und musste zurechtbiegen, was ihr Mann, dieser Tor, verschlampt oder in seinem Zorn beschädigt hatte.

Als David sie dann endlich wieder einmal für eine Nacht besuchte, wollte sie mit ihm über die Sinnlosigkeit ihres Lebens reden. Sie hatten wie früher der Liebe gepflegt. David schien zufrieden zu sein und lag neben ihr. Abigail nahm ihre ganze Frauenklugheit zusammen, um ihm beizubringen, dass sich mit ihrer Lebensweise etwas ändern müsste. Sie legte ihm dar, wie langweilig ihr Dasein im Frauenhaus war und wie sie damals in Karmel die Aufgaben und Pflichten einer Hausfrau bewältigt hatte. Sie bat ihn, dass er sie als Verwalterin auf einem seiner vielen Gutshöfe im Lande einsetze.

David lächelte überlegen: „Du redest, wie die törichten Weiber reden. Willst du mich auf deinen ersten Mann eifersüchtig machen? Verwalter ist ein Männerberuf. Frauen sind dafür nicht geeignet. Sollen deine zarten Hände wieder Risse und Schwielen bekommen und deine Fingernägel schwarze Ränder? Sollen deine Kleider wie damals in Karmel nach Ziegen und Schafen stinken? Du bist zu Höherem berufen. Als Gattin des Königs sollst du mit deinem Dasein seine Pracht und Herrlichkeit darstellen."

Abigail wollte antworten, ihn noch einmal dringlich anflehen, ihn an das erinnern, was er ihr durch ihre erste Begegnung zu verdanken hatte. Doch David hatte sich schon umgedreht und schnarchte.

Einige Wochen seit dieser Nacht waren vergangen. Da bemerkten ihre Mägde beim Spaziergang im Innenhof, dass sie hinkte. Jetzt stellte sie es auch selber fest, dass ihr rechtes Bein nicht mehr voll beweglich war. Die Lähmung verschlimmerte sich in den nächsten Wochen und befiel auch das andere Bein. Ein Priester, der sich auf Heilkunst verstand, besuchte sie, vollzog an ihr die vorgeschriebenen Riten und gab ihr Salben zum Einreiben. Es war alles vergebens. Sie blieb an beiden Beinen gelähmt. Die Mägde trugen sie am Morgen ins Bad, pflegten sie, kleideten sie und setzten sie in den Lehnstuhl am Fenster. Dort blieb sie den ganzen Tag sitzen und schaute den Vögeln zu.

Als nach vielen Jahren die schrecklichen Tage des Aufruhrs von Absalom anbrachen, war es ihr Glück, dass sie gelähmt auf dem Lehnstuhl saß. Sie war eine der zwei, welche die Krieger Absaloms nicht holten und aufs Dach des Frauenhauses brachten, wo der Thronräuber im Prachtzelt die Frauen seines Vaters in Empfang nahm.

Batseba

„Dem Herrn aber missfiel, was David getan hatte" (2. Sam 11,27).

Uria war stolz auf seine Frau. Immer wieder hörte er es von seinen Offizierskameraden: „Du hast die schönste Frau im ganzen Land." Doch Batseba war nicht ganz zufrieden, dass sie mit Uria verheiratet war. Er war ihr zu brav und zu korrekt. Ihr Vater Eliam gehörte zur Kammer der Dreißig. Ihr Großvater war der königliche Ratgeber Ahitofel, wegen seiner Weisheit berühmt (2. Sam 11,3; 2. Sam 23,34). Uria hingegen gab sich zufrieden mit seinem Grad als Hauptmann. Er tat nichts für seine weitere Karriere. Dass sie bis jetzt noch kein Kind von ihm hatte, war gewiss nicht nur ihre Schuld. Während Wochen und Monaten war er im Feld bei der Truppe. Kam er, selten genug, zu einem Urlaub nach Hause, gab es meistens irgendein Reinheitsgesetz, das ihm verbot, mit seiner Frau ins Bett zu gehen. Und Uria war den Gesetzen pedantisch gehorsam.

Mit dem Krieg gegen die Ammoniter ging es nicht vorwärts. Die Israeliten belagerten ihre Hauptstadt Rabba. Ab und zu gab es Kämpfe gegen einen Trupp, der den Belagerungsring durchbrechen wollte. Meistens hieß es aber in den Nachrichten vom Kriegsschauplatz: „Im Osten nichts Neues." Der König war diesmal daheim geblieben und hatte die Führung des Heers dem Feldherrn Joab überlassen. Erste Anzeichen des kommenden Alters legten das nahe (2. Sam 11,1).

Es war in diesen Wochen unerträglich schwül in der Stadt Davids. Wenn gegen Abend der kühle Westwind einsetzte, ging alles auf die Gasse oder auf die flachen Dächer der Häuser. Batseba ließ sich das abendliche Bad auf der Dachterrasse zubereiten. Die Magd trug das

Wasser, Krug um Krug, die Treppe hoch und leerte es in den Bottich. Die Brüstung auf der Terrasse war hoch genug. Batseba war vor den Blicken der Nachbarn geschützt. Hätte sie daran denken müssen, dass jemand, der vom Dach der höher gelegenen Königsburg herabschaute, sie im Bad sehen könnte? Oder fand sie, ihr Leib mit seinen Formen und Rundungen sei ein solches Kunstwerk, dass sie dem von ihr verehrten König nicht verwehren wollte, sich daran zu freuen? Sie genoss das kühle Wasser im Bottich und ließ sich nachher von der Magd gründlich abtrocknen und mit wohlriechenden Ölen einreiben. Das Bad war gerade fertig, als es unten an die Tür klopfte. Zwei Boten des Königs richteten aus, Batseba möge sogleich zu einem Privatbesuch in die Burg kommen.

Der König empfing sie herzlich. Sie speisten zusammen. Das Gespräch zwischen ihnen war bezaubernd. Sie bewunderte seinen Geist und seinen Witz und war über sich selber erstaunt, dass ihr so viele kluge Antworten in den Sinn kamen. Dann führte der König sie freundlich in sein Schlafzimmer und verbrachte die Nacht mit ihr.

Vor Tagesanbruch begleiteten die beiden Diener Batseba hinab in ihr Haus. Ob sie sich nicht Vorwürfe machte, dass sie die Ehe gebrochen hatte? Doch wer wüsste nicht, wie schnell die Gesetze der Moral verblassen, wenn die ganz große, die einmalige Liebe auflodert?

David hatte Batseba mit der Bitte verabschiedet, ihm auch die nächste Nacht zu schenken. Diese wurde ebenso schön wie die erste und die dritte Nacht stand den ersten beiden in nichts nach. Dann blieb Batseba zu Hause.

Als ihr in den nächsten Tagen ständig übel war und sie erbrechen musste und als nach drei Wochen die Monatsregel ausblieb, wusste sie Bescheid. Sie schrieb dem König einen Brief, dass sie schwanger sei. Der antwortete nicht.

Nach einigen Tagen erzählte ihr die Magd: „Uria ist auf Urlaub und hält sich in der Burg auf." Er musste wohl militärische Fragen mit dem König besprechen. Dass er bei dieser Gelegenheit nicht bei ihr übernachtete, wunderte sie nicht. So war er eben.

Bald darauf bekam sie aus dem israelitischen Lager Bericht, ihr Mann sei im Kampf von einem feindlichen Pfeil tödlich getroffen worden. Das ging ihr wie ein Stich durchs Herz: „Ich bin schuld an seinem Tod. Ich hätte die Einladung des Königs nicht annehmen oder doch sein Schlafzimmer nicht betreten dürfen. Der Herr hat mich mit dem Tod meines Mannes bestraft." Dann verwarf sie den Gedanken wieder: „Der Herr kann doch nicht meinen Mann für etwas, das ich verschuldet habe, büßen lassen."

Sie fühlte, wie sie trotz allem Uria lieb hatte, wie er ihr fehlte. Den Gedanken, dass sie irgendwie schuldig sei, wurde sie nicht los. Sie weinte und rief laut das „Weh mir! Weh mir!", wie es Brauch war. Sie zerriss ihren Rock, zog das Kleid aus Sacktuch an, setzte sich auf den Boden, streute Asche auf das Haar, klagte und fastete während sieben Tagen. Ihre Verwandten und Freunde besuchten sie und nahmen Anteil an ihrem Schmerz. Auch der König ließ ihr ausrichten, dass er mit ihr um den tapferen Uria trauere.

Als die Trauerwochen vorbei waren, überbrachte ihr der Diener die Bitte des Königs, sie möge seine Frau werden. Sie willigte ein und übersiedelte ins Frauenhaus auf der Burg. Vieles war für sie jetzt neu: die Dienerinnen und Diener, die das Leben bequem machten, der Innenhof, wo man sich zum Plaudern traf, die anderen Königinnen, die sich für sie und das Kind in ihrem Leib interessierten.

Batseba lernte auch, dass es in der Burg eine Gerüchteküche gab, in der viele Gifte zubereitet wurden. Darum war sie nicht sonderlich beindruckt, als eine der Frauen des Königs sie fragte: „Weißt du eigentlich, wie es mit dem Tod deines Mannes zugegangen ist? David ließ ihn auf Urlaub heimkommen in der Meinung, er gehe dann zu dir und niemand merke, dass dein Kind von einem anderen gezeugt worden war. Als Uria sich aber weigerte, zu Hause zu schlafen, schrieb der König einen Brief an den Heerführer, Uria müsse in einem Kampf zuvorderst eingesetzt und dann von den Kameraden im Stich gelassen werden. Uria hat diesen Brief, ohne zu wissen, was darin stand, selber dem Heerführer überbracht und ist so umgekommen. David hat ihn ermorden lassen."

Das war gewiss eine böswillige Verleumdung! Der König hätte doch mit einem Machtspruch ihre erste Ehe auflösen können, wenn er von Anfang an an eine Ehe mit ihr gedacht hätte. Er hatte viele Feinde im eigenen Haus. Sie bewarfen seinen Namen mit Schmutz, schoben ihm die Schuld für Missstände im Lande zu und schwärzten ihn jetzt noch als Mörder an.

Batseba kümmerte sich nicht darum. Sie freute sich, dass sie bald Mutter sein würde. Und als sie gar einen Sohn gebar, war sie restlos glücklich. Der König besuchte sie und nahm den Säugling, sichtlich erfreut, in die Arme. Doch vom zweiten Tag an verweigerte das Kind die Brust der Mutter. Es schrie fast unaufhörlich und war oft ganz blau im Gesicht.

Die königliche Hebamme pflegte den Kleinen, badete ihn im Absud von wirksamen Kräutern und sprach Segensworte über ihm. Batseba war sehr besorgt. Außerdem beunruhigte sie, was man im Frauenhaus über David erzählte: „Der Prophet Nathan ist zu ihm gekommen und hat lange unter vier Augen mit ihm gesprochen. Seither ist der König wie verstört, wie einer, der um einen Verstorbenen trauert. Er hat sein Kleid zerrissen, isst nicht, trinkt nicht und will von Regierungsgeschäften nichts wissen."

Batseba wusste nicht, was das bedeutete. Trauerte David schon um das Kind? Es war doch noch gar nicht tot! Sie wollte David fragen. Heimlich schlich sie sich an den Wachen vorbei zu den Gemächern des Königs und öffnete leise die Tür. Der König kniete auf dem Boden, klagte und betete laut: „O Herr, meine Sünde ist groß. Du strafst mich mit der Krankheit dieses Kindes. Vergib mir doch meine Sünde. Reinige mich. Lass es wieder gesund werden." Batseba erschrak, schloss die Tür und stahl sich, von niemandem bemerkt, zurück ins Frauenhaus. Hatte David den Mord, von dem das Gerücht redete, doch begangen? Oder fühlte er sich nur auf die gleiche Weise schuldig wie sie selbst? Sie betete ebenfalls, dass das Kind gesund werden möge und fragte sich, ob Gott wirklich das unschuldige Kind für das bestrafte, was die Eltern Böses getan hatten.

Am siebten Tag seines Lebens starb das Kind. Jetzt war für die junge Mutter die Zeit der Totenklage gekommen. Sie zog das Kleid aus Sacktuch an, streute Asche aufs Haar, weinte und klagte: „Weh mir! Weh mir!" Die anderen Königinnen kamen und bezeugten ihr Mitgefühl. Eine von ihnen erzählte: „Hast du gehört, wie der König die Nachricht vom Tod deines Kindes aufgenommen hat? Er stand auf, nahm ein Bad, salbte sich, zog neue Kleider an, verlangte ein reichliches Mal und macht jetzt einen Ausritt mit den Offizieren."

Batseba war befremdet. Wie konnte David so herzlos sein? Ihr war das Kind entrissen, das sie so liebte, dem sie die beste Mutter sein wollte. Ihr zerbrach fast das Herz und der Vater des Kindes vergnügte sich bei einem guten Essen und beim Ausreiten.

Ihre Besucherin wusste, wie David sein Verhalten den Dienern erklärt hatte: „Als das Kind noch lebte, habe ich gefastet und gebetet, weil ich hoffte, der Herr sei mir gnädig und lasse das Kind am Leben. Jetzt, da es tot ist, warum soll ich fasten? Kann ich es zurückholen? Ich werde einmal zu ihm gehen, aber es kommt nicht zu mir zurück."

Batseba fand, so leichtfertig könne nur ein Mann über den Tod seines Kindes hinweggehen. Sie, die Mutter, kam damit nicht so schnell zurecht, schon weil ihre schmerzenden Brüste sie an die gestaute Milch erinnerten.

Aber nach einigen Wochen ließ auch ihr Schmerz nach. David besuchte sie mehrere Nächte hintereinander. Sie wurde von neuem schwanger und bekam einen Sohn, der ganz gesund war. David gab ihm den Namen Salomo, weil er ihm den Schalom des Herrn wünschte (2. Sam 12,24).

Auch Nathan, der Prophet, wollte das Kind sehen und nannte es Jedidja, das bedeutet „Liebling des Herrn". Dieser Name verstärkte bei Batseba den Wunsch, der schon vorher in ihr erwacht war: Ihr Sohn sollte einmal auf dem Thron seines Vaters als König regieren. Dieser Wunsch war fast unerfüllbar, das wusste sie. Denn obwohl drei Söhne Davids früh verstorben waren, hatte Salomo noch drei ältere Halbbrüder – Amnon, Absalom, Adonija (2. Sam 3,2 ff.), Söhne anderer Frauen Davids, die als Thronerbe zuerst in Frage kamen. Dennoch betete Batseba jeden Tag, der Herr möge die Geschicke so lenken, dass schließlich ihr Sohn gekrönt würde. Von dem Priester Zadok erfuhr sie, dass nach seiner Ansicht die anderen Prinzen als Nachfolger Davids ungeeignet seien, dass er vielmehr auf Salomo hoffe. Auch Nathan, der Prophet, sei dieser Meinung. Von da an schickte Batseba auf jeden Neumondtag dem Priester ein Opferlamm, damit er es darbringe. Das regelmäßige Opfer sollte ihr Gebet um Schalom für Salomo unterstützen.

Es war für Batseba ein erster Schritt zu ihrem fernen Ziel, als Amnon, einer der drei Prinzen, damals schon ein junger Mann, seine Halbschwester vergewaltigt und sie nachher voller Verachtung wegjagte. Um die geschändete Ehre Tamars zu rächen, ließ ihr leiblicher Bruder Absalom den Täter bei einem Fest erschlagen (2. Sam 13,28f.).

David trauerte leidenschaftlich um seinen erstgeborenen Sohn. Absalom musste vor dem Zorn seines Vaters ins Ausland fliehen. Batsebas Hoffnungen aber stiegen.

Nach drei Jahren kehrte Absalom zurück und lebte wieder in der Königsburg, nur halb mit dem Vater versöhnt. Er plante Böses: Heimlich schürte er die Unzufriedenheit der Leute mit der Herrschaft Davids, versprach, dass alles besser würde, wenn er an die Macht käme, imponierte durch die Schönheit seiner Gestalt, die Pracht seines Auftretens und die Leutseligkeit im Umgang mit den Menschen.

Zu gegebener Zeit ließ er sich von den Ältesten in Hebron krönen und marschierte an der Spitze eines Heeres gegen die Hauptstadt, um David zu stürzen. Nur die Leibwache hielt noch zu David. Mit ihr allein war die Stadt nicht zu verteidigen. So verließ David mit seiner Truppe und mit wenigen Getreuen die Stadt und floh ins Ostjordanland. Die Königinnen blieben im Frauenhaus zurück.

Auch sie hörten vom Heranrücken Absaloms. Maacha, die Mutter Absaloms, fühlte sich als stolze Siegerin. Batseba war niedergedrückt.

Von ihren schönen Hoffnungen war nur noch ein Schutthaufen übrig. Am schlimmsten für sie war, dass sie gehört hatte, ihr Großvater stehe auf der Seite Absaloms. Ahitofel, der, wie man sagte, so weise war, dass er auch im himmlischen Rat hätte mitreden können, hielt also die Sache Davids für verloren. Dann hatten auch sie und ihr Sohn nichts mehr zu hoffen. Am Ende trachtete Absalom ihm gar nach dem Leben?

Nach dem festlichen Einzug Absaloms meldete sich ein Diener Ahitofels bei Batseba und forderte sie auf, ihm zu folgen. Er führte sie durch eine gaffende Menge, die sich vor dem Palast drängte und brachte sie in die leere Wohnung Ahitofels. Er hieß sie, dort zu bleiben bis zum anderen Morgen. Erst als sie wieder im Frauenhaus war, verstand sie, was geschehen war: Ihr Großvater selber hatte Absalom den Rat gegeben, durch Inbesitznahme der Königinnen dem Volk zu beweisen, wer jetzt König im Land sei (2. Sam 16,21f.; 17,1ff.). Doch seiner Enkelin wollte er diese Schande ersparen. Deshalb ließ er sie in seine Wohnung bringen.

Batseba war gerührt, aber auch beschämt. Sie musste wieder an ihren ersten Mann denken, wie sie sich an seinem Tod schuldig gefühlt hatte. Vielleicht hätte sie in der vergangenen Nacht die Strafe für ihr Tun erleiden müssen und ihr Großvater hatte dies abgewendet. Durfte sie sich darüber freuen?

Sie war noch in Gedanken beim Großvater, als der Diener von gestern wieder kam und ihr die schreckliche Nachricht brachte, Ahitofel habe sich erhängt (2. Sam 17,23). Batseba war entsetzt. „Um Himmels willen, warum denn das?"

„Weil der neue König einen Rat Ahitofels nicht befolgt hat."

Auf die Frage Absaloms, was nach dieser Aktion mit den Frauen der nächste Schritt sei, hatte Ahitofel ihm geraten: „Jetzt sofort, solange David verwirrt und ermüdet ist, die Verfolgung aufnehmen und ihn schlagen."

Absalom aber, wohl ein wenig unsicher, wie der Entscheidungskampf mit dem Vater enden würde, hatte sich für den Vorschlag eines anderen Ratgebers entschieden: „Warte lieber noch einige Tage, bis alle Israeliten von Dan bis Beerseba sich mit den Waffen hier versammelt haben. Schlag erst dann los. David und seine Leibwache sind tüchtige Krieger. Wenn sie jetzt gleich in einem Gefecht gegen deine Vorhut siegten, würde das deiner Sache schaden. Viele würden dich verlassen und sich David zuwenden."

Ahitofel sah voraus, dass das Unternehmen Absaloms scheitern würde, weil er sich für den Rat des anderen Ratgebers entschied. Er hatte auf das falsche Pferd gesetzt, wollte nicht auf der Seite des Verlierers sein und machte Schluss mit seinem Leben.

Batseba war traurig über den Tod des Großvaters, schöpfte aber wieder neue Hoffnung auf den Sieg Davids. Tatsächlich, in der Schlacht, einige Tage später, wurde das Heer Absaloms in die Flucht geschlagen und er selber getötet. David kehrte als Sieger in die Stadt zurück (2. Sam 19,10ff.). Jetzt war Batseba ihrem Ziel beträchtlich näher gekommen. Nur noch *einer* der Davidssöhne war älter als Salomo: Adonija, der Sohn der Haggit. Batseba benützte fortan jedes Zusammensein mit David, um ihn zu bewegen, Salomo und nicht Adonija zu seinem Nachfolger zu bestimmen.

David war in dieser Zeit schon alt und gebrechlich. Er äußerte manchmal lobende Worte über Salomo, doch er liebte auch Adonija und scheute vor einer Entscheidung zwischen den beiden Söhnen zurück. Auch Nathan bemühte sich vergeblich, den König für Salomo zu gewinnen. Adonija wusste, durch wen sein Erbrecht angefochten wurde. So ergriff er die Initiative und lud den Heerführer Joab, den Priester Abjatar, Würdenträger des Hofs und alle Königssöhne außer Salomo zu einem Opferfest an der Rogelquelle in der Umgebung der Stadt ein. Im Lauf des Festes sollte er gekrönt werden.

Das erfuhr Nathan und schickte sofort Batseba zum König, damit sie noch einmal dringlich um die Entscheidung für Salomo bitte. Dann betrat er selbst das Zimmer und meldete, dass draußen an der Rogelquelle ein Fest stattfinde, an dem Adonija gekrönt werden solle. Das wirkte auf David: „Ich schwöre dir beim Namen des Herrn, dass kein anderer als dein Sohn Salomo mein Nachfolger werden soll."

Batseba warf sich vor David nieder und bedankte sich mit dem Wunsch: „Mein Herr und König David möge ewig leben!"

Dann wurde Salomo auf Befehl des Königs durch den Priester Zadok und durch Nathan zum König gesalbt. Er setzte sich auf das Maultier des Königs und wurde, von der Leibwache begleitet, mit dem Ruf „Es lebe König Salomo!" und mit dem Schall von Widderhörnern durch die Straßen der Stadt geführt. Batseba hatte das Ziel ihres Lebens erreicht.

Als die Gäste am Fest bei der Rogelquelle den Schall der Hörner und den Ruf aus der Stadt hörten, verschwanden sie schnell in alle Winde. Adonija flüchtete als Asylsuchender zum Altar des Herrn und flehte um sein Leben.

Salomo begnadigte ihn vorläufig. Aber als bald nachher David gestorben und begraben war, ließ er ihn umbringen, denn er hatte Angst, dass Adonija immer noch König werden wollte.

Batseba wurde als Mutter des regierenden Königs hoch geehrt. Sie bekam den Titel „die Königsmutter" (1. Kön 2,19). Sie war stolz, dass ihr Sohn, der aus ihrem Leib gekommen war, das höchste Amt im Lande innehatte. Sie vergaß auch nicht, dass sie das dem Herrn zu verdanken hatte. Er hatte ihre Gebete erhört und die Geschicke der Erbprinzen so gelenkt, dass am Ende Salomo der Erste wurde.

Zur Einführung der Erzählung bei Erwachsenen

Es gibt sie auch heute – „Schattenfrauen". Frauen, die Ihren Männern mit ihrer selbstlosen Arbeit für Haushalt und Familie den Rücken freihalten und ihnen so ihre Berufskarriere erst ermöglichen. Sie schaffen die Voraussetzungen dafür, dass er ungestört seine Bücher schreiben kann. Oder Pfarrfrauen etwa, die dem „Herrn Pfarrer" Alltagssorgen und Probleme mit den Kindern abnehmen, damit er ganz für seine Gemeinde da sein kann und als Pfarrer beliebt ist, weil er immer Zeit hat. Sekretärinnen, die Übersicht im Aktenchaos herstellen, an Termine denken und vor unliebsamen Störungen abschirmen. Als Frauen ihrer Männer werden sie vielleicht im Vorwort eines Buches erwähnt oder erhalten beim Stellenwechsel ein Abschiedsgeschenk. Der Sekretärin wird vielleicht mit Blumen oder einer Gratifikation gedankt. Aber interessiert sich jemand für sie selbst, für ihr Leben, das vielleicht nur ein Leben „im Schatten" ihrer Männer ist?

Die Erzählungen lassen drei der vielen Frauen um David aus seinem Schatten treten: Michal, Abigail und Batseba.

Liedvorschläge

– Einander brauchen mit Herz und Hand (ML 1/C 11)
– Frauen-Lebens-Lied (ku-pr 33, S. 84)
– Gottes Geist ist Geist für alle… (Vers 3: „… Geist der Frauen").
– Spielt nicht mehr die Rolle, die man euch verpasst" (ML 2/B 216)

K. H./R. St.

Elias Wallfahrt zum heiligen Berg

1. Kön 19,1–18

Immer wieder hört man von Gewalttaten und Terroranschlägen, die im Namen einer Religion ausgeübt werden: Islamisten in verschiedenen Ländern, radikale Hindus und jüdische Extremisten in Israel erschießen ihre Feinde und sind überzeugt, im Auftrag ihres Gottes zu handeln. Bis vor kurzem herrschte in Nordirland zwischen Protestanten und Katholiken ein blutiger Krieg. Noch im letzten Jahrzehnt propagierten christliche Gruppen in USA die Meinung, es sei Gottes Wille, den atheistischen Kommunismus in Russland durch einen nuklearen Schlag zu vernichten. Auch im Christentum ist also der Glaube daran, dass die Frommen unter gewissen Bedingungen mit Waffengewalt die Feinde Gottes vertreiben oder ausrotten müssen, nicht erledigt.

Darum ist es nicht überflüssig, sich kritisch mit solchen Texten der biblischen Religion auseinanderzusetzen, in denen radikale Intoleranz und religiöser Fanatismus herrschen. Das ist beispielsweise bei den Geschichten um die Propheten Elia und Elisa der Fall. Damals regierte in Israel die Dynastie der Omriden (Omri, Ahab, Ahasja, Joram). Die Omriden waren mit Phönizien verbündet. Im Königshaus wurde neben der Verehrung Jahwes, des Gottes Israels, die man weiterführte, auch der Kult des Fruchtbarkeitsgottes Baal ausgeübt. Die Vornehmen im Lande hatten das Nebeneinander von zwei gegensätzlichen Kulten übernommen. Im Volk hielt man allerdings an Jahwe als dem einzigen Gott fest, der die Verehrung anderer Götter neben sich verboten hatte. Elia und Elisa führten den Kampf gegen die Religionspolitik des Königs Ahab. Dieser ging vermutlich bald mit Gewalt gegen die radikalen Jahweverehrer vor. Der Kampf wogte jahrelang mit Siegen und Niederlagen hin und her. Historisch gesichert ist, dass Jehu, ein hoher Offizier, 845 v. Chr. eine Revolution ausgelöst, mit einem schrecklichen Blutbad die königliche Familie und die Baalsverehrer ausgerottet und Israel vom Kult fremder Götter gereinigt hat.

Gesichert ist ferner, dass der Funke zur Revolution vom Propheten Elisa ausging. Er ließ durch einen Schüler Jehu zum König salben. Alles Übrige, was wir über diesen Kampf der Religionen wissen, stammt aus Geschichten, die über längere Zeit hinweg durch mündliches Weitererzählen verändert wurden. Zahlreiche Brüche im Ablauf der Ereignisse in unserem Text weisen darauf hin: Elia muss vor der mächtigen Königin Isebel mit ihren Rachewünschen außer Landes fliehen (V. 3–4), obwohl er nach 1. Kön 18,34ff. einen totalen Sieg über die Baalspriester erlangt hatte. Sein Todeswunsch (V. 4) ist nach dem Triumph vor der Volksversammlung auf dem Karmel unverständlich. Elia klagt, er sei unter den Jahweverehrern allein übrig geblieben (V. 14), die Israeliten hätten die Altäre Jahwes zerstört und seine Propheten verfolgt (V. 10), obwohl nach 18,39 das ganze Volk sich feierlich zu Jahwe als dem einzigen Gott bekannt hatte. Von der Verfolgung des Propheten durch die Königin (V. 2) ist nachher im ganzen Abschnitt nicht mehr die Rede, weder in dem, was der Engel zu Elia spricht, noch in dem, was er am Gottesberg direkt aus Gottes Munde vernimmt.

Vielleicht wurde ursprünglich nur von einer Wallfahrt Elias zum heiligen Berg und von einer ihm zuteil gewordenen wunderbaren Speisung erzählt. Die 40 Tage und Nächte informieren nicht über die Dauer der Wanderung, sondern erinnern an die Zeit, die Mose auf dem Sinai zugebracht hat. Die Nachricht von der Verfolgung Elias und von der Abkehr des Volks von Jahwe könnte hinzugekommen sein in einer Zeit, in welcher der Erzähler und seine Hörer tatsächlich verfolgt waren und sich fragten, ob sie den Kampf nicht aufgeben müssten. In einer solchen Situation bekommt die Szene mit dem lebensmüden Gottesmann unter dem Ginsterstrauch einen tiefen Sinn.

Die Gotteserscheinung auf dem Horeb verrät theologisches Nachdenken über die Frage: Wie gibt sich Gott kund, wenn er auf Erden erscheinen will? In Geschichten aus der Mosezeit und in Psalmen findet man die Vorstellung, dass Gott sich in außerordentlichen Naturerscheinungen, Sturm, Blitz, Donner, Erdbeben ankündige und gegenwärtig sei (2. Mose 19,16ff., Ri 5,4, Ps 18,8–16, Jes 63,19b–64,1). So stellten sich auch die Baalsverehrer die Ankunft ihres Fruchtbarkeitsgottes vor. Er war die furchterregende und zugleich segnende Kraft, die im Gewitterregen erfahrbar wird. Der Erzähler von V. 11–12 möchte jedoch den Gegensatz zwischen Jahwe und Baal betonen. Nach seiner Auffassung darf Jahwe nicht mit den grandiosen Naturkräften gleichgesetzt werden. Er steht als Gott über diesen innerweltlichen Elementen. Das stille, sanfte Säuseln soll seine Jenseitigkeit bildhaft umschreiben.

Die Weisungen, die Elia bei der Gotteserscheinung vernimmt (V. 15–18), sind als Antwort auf ein Problem zu verstehen, durch das Gläubige in der Zeit nach Elia in einer bestimmten Lage angefochten waren. Zwischen dem Wortlaut der Weisungen und den Texten, die über deren Ausführung berichten, bestehen nämlich Differenzen: Die Salbung von Hasael zum König von Syrien wird in 2. Kön 8,7–15 als Tat Elisas, die Salbung Jehus zum König als Tat eines Schülers von Elisa (2. Kön 9,1–3) erzählt. In 19,15–18 werden also Aktivitäten Elisas und seiner Schüler auf einen Befehl Gottes zurückgeführt, den Elia empfangen hat, ein Prophet mit höherer Autorität. Elisa und seine Schüler haben nur ausgeführt, was dem Meister von Gott befohlen wurde. Inhaltlich geht es in den Weisungen um ein Strafgericht über Israel. Hasael, Jehu und Elisa sollen das Gericht mit dem Schwert ausführen und unzählige Menschen töten. Der einzige Trost ist dabei, dass nicht ganz Israel ausgerottet wird: Noch 7000 sollen übrig bleiben, weil sie Jahwe treu geblieben sind. Vielleicht haben Gläubige in Israel das durch Hasael und durch den Revolutionär Jehu angerichtete Blutbad miterlebt und gefragt, warum solche schrecklichen Ereignisse geschehen mussten. Darauf antwortet dieser Text: Gott selber hat es befohlen. Was ihr als sinnloses Abschlachten von Menschen empfindet, ist Gottes gerechte Strafe.

Wurde tatsächlich, wie ich vermute, damals in Israel nach der Rechtmäßigkeit des Tötens von Baalsverehrern gefragt, so wäre es möglich, dass auch das, was in 1. Kön 18,40 von der Tötung der 450 Baalspropheten durch Elia selber erzählt wird, erst beim Weitererzählen der Geschichte vom Gottesurteil auf dem Karmel hinzugefügt wurde. Man behauptete damit, dass Elia das Vorbild sei für das Gerichtshandeln Jehus an den Baalsverehrern.

Freilich, die Vermutung, dass ein solches Strafgericht bei Israeliten damals Fragen nach seiner Rechtmäßigkeit ausgelöst habe, lässt sich durch keinen Text aus jener Zeit begründen. Erst in einem ungefähr 100 Jahre jüngeren Text wird das „Blutbad von Jesreel" durch das Haus Jehu scharf verurteilt (Hos 1,4), doch die Aussage ist so knapp, dass wir über die Gründe bei Hosea nichts wissen.

Für mich ist klar: Wer meint, Gott habe ihn beauftragt, einem Andersgläubigen Gewalt anzutun oder ihm Schmerzen zuzufügen, ist ein religiöser Fanatiker, kein besonders religiöser Mensch. Er ist von einem gefährlichen Wahn besessen. Sein Gottesbild ist abzulehnen, auch wenn er es mit biblischen Texten begründet. Weil die Bibel aber da und dort lobend von religiösen Fanatikern erzählt, müssen wir uns mit solchen Texten beschäftigen und lernen, sie abzulehnen.

Will ich heutigen Menschen diese Problematik auf der Ebene einer Erzählung klar machen, muss ich von einem Israeliten erzählen, der etwas von der Revolution erlebt hat und sich empört, dass Elisa das Blutvergießen als Auftrag Gottes legitimiert. Da ein solcher Mensch nirgends in der Bibel vorkommt, muss ich ihn erfinden. Das halte ich für erlaubt, weil dieser von mir phantasierte Zeitgenosse von damals meine Auseinandersetzung mit dem Gottesverständnis von Elisa zur Sprache bringen kann. Was ich dann an Einzelheiten über das Erleben dieses Menschen erzähle, ist nicht erfunden, sondern dem schockierenden Bericht der Bibel entnommen (2. Kön 9–10).

Diese Fiktion ermöglicht zudem, die Gotteserscheinung am Horeb in eine Rahmengeschichte einzubetten. Ich erzähle dann nicht, als wäre ich Augenzeuge am Horeb gewesen und hätte selber die Blitze gesehen und Donner und Sturm gehört. Ich erzähle, wie Menschen von damals die Geschichten gehört und wie sie aus ihr eine bestimmte Wahrheit vernommen haben.

Religiöser Fanatismus – von Gott befohlen?

Unter den Prophetenschülern in Bethel war Jizkar einer der eifrigsten. Früh am Tag erhob er sich. Seine Stimme klang laut und klar beim morgendlichen Lobgesang. Den ganzen Tag saß er aufmerksam zu den Füßen des Meisters und nahm die Lehren, die er hörte, in sein Herz auf. Die Taten, die der Herr durch den Meister Elisa und durch dessen Lehrer Elia gewirkt und mit denen er seine Macht bewiesen hatte, konnte er alle erzählen. Wenn die Prophetenjünger zu Ehren des Herrn tanzten, war Jizkar mit Leib und Seele dabei und der Geist des Herrn erfüllte ihn.

Oft sandte Elisa die Prophetenjünger in Städte und Dörfer, um zu verkünden, dass der Herr allein Gott ist. Sie wurden deswegen verprügelt und mit Steinen beworfen. Zwei von ihnen waren schon umgebracht worden. Denn seit die Söhne Omris regierten, wurde neben dem Gott, der Israel aus Ägypten herausgeführt hat, auch der Baal von Sidon verehrt. Wer über Baal spottete und ihn verachtete, wurde verfolgt. Im Haus der Könige beteten sie zu Jahwe um Frieden und Schutz vor den Feinden und zu Baal um Gedeihen und Fruchtbarkeit. Die Vornehmen im Lande taten es gleich: Auf dem Altar des Herrn opferten sie, damit das Land stark und reich werde, auf dem Altar Baals opferten sie, damit ihr eigener Besitz sich mehre und sie ein langes Leben hätten. Und so machten es viele Bauern auf dem Dorf. Warum sollte nicht jeder Gott einen Bereich haben, in dem er besonders mächtig war?

Eben darum wurden die Prophetenjünger in die Dörfer geschickt. Dagegen sollten sie predigen. Jizkar ging mutig nach Bethderek, rief die Bewohner des Dorfs zusammen und predigte ohne Furcht: „Jahwe ist allein Gott. Baal ist ein Machwerk aus Menschenhand. Er hat Augen und sieht nicht. Er hat Ohren und hört nicht. Er hat einen Mund und redet nicht. Mit seinen Händen kann er nicht helfen und mit seinen Füßen nicht kommen und uns beistehen." Dann sprach er das Gebet um die Erscheinung des Herrn im Feuer, wie er es gelernt hatte: „Reiß doch den Himmel auf und komm herab, so dass die Berge zittern vor dir. Komm wie ein Feuer, das Reisig entzündet, wie ein Feuer, das Wasser zum Sieden bringt. Mach deinen Feinden deinen Namen bekannt, so dass die Völker zittern vor dir" (Jes 63,19b f.).

Jizkars Worte waren so gewaltig, dass die Zuhörer das fressende Feuer sahen und die Nähe des Herrn spürten. Sie fürchteten sich und erkannten ihre Sünde. Darum eilten sie zum Dreschplatz hinaus, wo der Altar Baals stand. Den zerstörten sie und verbrannten die Säule aus Holz, die man dort zu Ehren von Astarte, der Gemahlin Baals, errichtet hatte.

Jizkar dankte dem Herrn für diese Wirkung seiner Predigt. Niemand hatte die Hand gegen ihn erhoben. Niemand hatte ihm ein Haar gekrümmt. Sie waren zurückgekehrt zum Glauben an den Gott, der nicht duldet, dass neben ihm andere Götter verehrt werden.

Jizkar trat den Heimweg an. Unterwegs kam er an einer großen Herde von Schafen und Ziegen vorbei. Abseits waren die Zelte, in denen die Hirten mit Frauen und Kindern wohnten. Dort ging er hin, um auch ihnen seine Botschaft zu verkünden. Der Älteste der Sippe begrüßte ihn und nannte seinen Namen: „Ich bin Jonadab, der Sohn Rechabs."

Als Jizkar ihm sagte, welche Botschaft er den Leuten verkündigen wollte, winkte Jonadab ab: „Das ist nicht nötig, dass du unsere Sippe ermahnst, allein den Gott anzubeten, der zu Mose geredet hat. Das tun wir ohne Unterlass, wie unser Ahnherr Rechab es gelehrt hat. Damals, als wir mit den anderen Israeliten ins Land Kanaan einwanderten, hat Rechab uns gelehrt, dem Gott, der uns durch die Wüste geführt hat, auch mit unserer Lebensweise treu zu bleiben. So haben wir keine Häuser gebaut, keine Saat bestellt, keine Reben gepflanzt. Das ganze Leben lang wohnen wir in Zelten und sind umherziehende

Fremdlinge geblieben in dem Land, das der Herr uns zugeteilt hat. Wir trinken niemals Wein, weder wir, noch unsere Frauen, Söhne und Töchter. Nie wird jemand von uns diesen neumodischen Gott Baal verehren."

Jizkar war beeindruckt von der Treue dieser Sippe zum Gott der Väter. Es gab also außer ihnen, dem Meister Elisa und seinen Schülern in Bethel, noch viele, die ihre Knie nicht vor Baal beugten und nicht sein Standbild küssten.

Auch die anderen Prophetenjünger waren von ihrem Predigtdienst im Lande zurückgekehrt und erzählten mit Freuden von ihren Erfahrungen. Nur wenige waren auf Widerstand gestoßen und hatten Ärger bekommen. Es herrschte eine gute Stimmung im Hause. Alle waren zuversichtlich, dass das ganze Volk sich bald wieder dem Herrn allein zuwenden würde.

In diesen Tagen wurde Jizkar an Leib und Seele krank. Am Morgen konnte er sich nicht vom Lager erheben. Er war wie gelähmt und innerlich leer und ausgebrannt. Ein Geist der Trübsal erfüllte ihn. Er sagte: „Ich verdiene es nicht, am Leben zu bleiben. Ich bin der schlechteste aller Menschen. Gott hasst mich. Wenn ich doch nur sterben könnte."

Warum war er krank geworden? Hatte er sich mit seinen Predigten in den Dörfern zu viel zugemutet? War er nachträglich über seinen Mut erschrocken, so dass seine Seele davon krank wurde? Oder war er nicht mit ganzem Ernst Prophetenjünger? Kam jetzt zum Vorschein, dass er sich innerlich sträubte, Prophet zu werden?

Elisa kam zu ihm, setzte sich an sein Lager, betete mit ihm, legte ihm die Hände auf den Kopf. Doch sein Zustand besserte sich nicht. Sein Aussehen war wie das eines Sterbenden. Der Meister war ratlos, die Brüder machten sich Sorgen.

Da dachte Elisa an eine Geschichte von seinem Meister Elia. Bisher hatte er sie den Schülern nie erzählt. Denn Elia war für sie alle ein Vorbild und diese Geschichte zeigte einen Schatten auf dem Bild Elias. Elia setzte sich ans Lager des Kranken und begann zu erzählen:

„Es war in der Zeit, als mein Herr und Meister Elia den Kampf gegen den Götzen Baal und seine Gemahlin Astarte aufgenommen hatte. In diesem Krieg gab es Siege und Niederlagen. Einmal, ihr wisst es, beschloss die Volksversammlung auf dem Berg Karmel, dass der Herr allein verehrt werden soll in Israel. Alle Baalspriester wurden getötet an diesem Tag. Doch das Blatt wendete sich bald. Die Königin Isebel verfolgte die Propheten des Herrn und ließ viele ermorden. Elia musste fliehen. Niemand wollte ihm Unterschlupf gewähren. Alle fürchteten sich vor der Königin. Elia kam nach Beerseba und wanderte von dort einen ganzen Tag lang in die Wüste hinein nach Süden. Am Abend legte er sich bei einem Ginsterstrauch in den Sand und sprach: ‚Es ist genug, Herr, nimm mein Leben von mir. Mein Eifer für deine Ehre hat nichts genützt. Lass mich sterben, o Gott. Ich will nicht mehr Prophet sein.'

Elias Glaube war müde geworden. Auch sein Leib war müde. So schlief er ein.

Mitten in der Nacht kam ein Engel, rührte ihn an und sprach: ‚Steh auf und iss.'

Als Elia um sich blickte, sah er neben sich im Mondschein auf einem ausgebreiteten Tuch ein Brot und einen Krug mit Wasser. Er aß und trank. Das Brot war köstlich wie saftiges, gut gebratenes Fleisch. Das Wasser schmeckte herrlicher als Wein. Nachdem er satt war, spürte er erst recht seine Müdigkeit. Er legte sich wieder hin und schlief ein.

Da weckte ihn der Engel des Herrn ein zweites Mal und sprach: ‚Steh auf und iss, du hast noch einen weiten Weg vor dir.'

Elia aß noch einmal mit neuem Hunger von der himmlischen Speise und nahm vom köstlichen Trank. Jetzt erfüllte ihn die Kraft Gottes. Er brach auf und wanderte den langen Weg bis zum Gottesberg Horeb, 40 Tage und 40 Nächte, ohne müde zu werden. Dort gab der Herr ihm einen neuen Auftrag als Prophet."

Während dieser Erzählung Elisas lag Jizkar mit geschlossenen Augen da, ohne sich zu bewegen. Hatte er überhaupt zugehört?

„Ich möchte sterben. Ich bin nicht fähig, Prophet zu sein."

Doch nach einigen Tagen veränderte sich sein Zustand. Er wurde unruhig, erhob sich vom Lager, verlangte Speise und Trank und begann zu reden. Mit Tränen in den Augen klagte er, wie traurig er sich fühle, wie er als Prophetenschüler versagt und die Strafe Gottes verdient habe. Ab und zu hörten die anderen Schüler in seinen Klagen den Satz: „Ich habe noch einen weiten Weg vor mir."

Seine Brüder merkten, dass er ins Leben zurückgekehrt war. Beschäftigte ihn die Geschichte von der Speisung Elias durch den Engel? Würde der Herr ihn wie Elia von seinem Todeswunsch heilen?

Es ging noch Wochen, bis Jizkar völlig von seinem Leiden genesen war. Dann war er wieder beim Loben und Beten und Lernen so eifrig wie früher. Er konnte nicht begreifen, was in ihm in den vergangenen Wochen vorgegangen war.

In jener Zeit führte Hasael, der König der Syrer, Krieg gegen Israel. Hasael war ein grausamer Kriegsmann. Alle Feinde, die er besiegt hatte, ließ er erbarmungslos niedermetzeln. Das Volk Israel hatte viel zu leiden. Einmal belagerte das Heer der Israeliten Ramoth in Gilead, wo die Syrer sich verschanzt hatten. Im Nahkampf war der König Joram verwundet worden und wurde zur Heilung in seinen Palast nach Jesreel gebracht. Jehu, der Oberst der Streitwagen, übernahm das Kommando über das Heer.

Eines Tages ging von Mund zu Mund das Gerücht: „Jehu hat sich von der Armee zum König über Israel ausrufen lassen. Mit einer Abteilung Streitwagen ist er blitzschnell nach Jesreel gefahren, ist in den Palast eingedrungen und hat seinen Herrn und König Joram und dessen Mutter, die Königin Isebel und auch den verbündeten König von Juda ermordet."

Mit Entsetzen erzählten die Leute vom Blutbad, das er angerichtet habe. Jemand behauptete: „Die Revolution ist vom Propheten Elisa ausgegangen. Er hat einen seiner Jünger nach Ramoth in Gilead ins Lager gesandt, um Jehu zum König zu salben."

Die Prophetenschüler wussten nichts davon. – Oder hatte einer der Ihren den geheimen Auftrag von ihrem Meister erhalten und ihn ausgeführt, ohne dass die anderen es merkten? Den Meister deswegen zu fragen, wagten sie nicht.

Was an den Gerüchten zutraf, konnte Jizkar feststellen, als er bald darauf mit zwei Brüdern wegen eines nötigen Einkaufs nach Jesreel reisen musste. Unterwegs erzählten ihnen andere Reisende von den schrecklichen Gewalttaten Jehus: Wie er vom fahrenden Streitwagen aus mit dem Pfeil seinen Herrn und Königs, der im eigenen Streitwagen vor dem Verräter herfloh, in den Rücken traf und tötete, wie er durch die Höflinge die Königin Isebel aus dem Fenster stürzen ließ, wie die Pferde ihren Leib zertraten und die Hunde ihr Fleisch fraßen und wie Jehu kaltlächelnd zusah.

Als die Prophetenjünger in der Stadt Jesreel ankamen, bot sich ihnen vor dem Tor des Palastes ein scheußlicher Anblick: Auf beiden Seiten des Portals lag, von Fliegenschwärmen bedeckt, je ein mannshoher Haufe von blutbesudelten, durch Geier und Ratten halb zerfressenen Menschenschädeln. Auch Köpfe von Kindern waren darunter. Ein Wanderer, mit dem sie den letzten Weg gemeinsam gekommen waren, klärte sie auf:

„Das sind die Prinzen und die anderen Mitglieder der königlichen Familie, die sich gerade in Samaria aufhielten, als der Aufstand ausbrach. Jehu hat die Ältesten von Samaria und die Erzieher der Prinzen in einem Brief höhnisch aufgefordert, sie mögen doch im Interesse ihrer Schützlinge gegen ihn kämpfen. Aber sie hatten alle Angst vor

Jehu. Um zu beweisen, dass sie ihm gehorsame Untertanen sein wollten, trieben sie alle Verwandten des Königs zusammen, machten sie nieder, legten ihre Köpfe in Körbe und brachten sie hierher. Und Jehu ließ die Köpfe zu beiden Seiten am Eingang des Palastes aufschichten, als Zeichen seines Sieges über die Königsfamilie."

Jizkar starrte noch auf diese schrecklichen Reste einer Abschlachtung von Menschen. Da traten Soldaten aus dem Tor des Palastes und stellten sich links und rechts der Straße auf. Eine Signaltrompete ertönte und heraus trat ein Mann in Offiziersuniform mit dem königlichen Diadem auf der Stirn. Die Herumstehenden sanken auf die Knie und riefen: „Hoch lebe unser König Jehu!"

Auch Jizkar war auf die Knie gegangen. Er traute seinen Augen kaum: Auf der rechten Seite Jehus marschierte ein alter Mann in schlichtem Hirtengewand. Jizkar erkannte ihn. Das war Jonadab, der Sohn Rechabs. Die beiden reichten einander die Hand zum Abschied. Jehu sprach: „Also abgemacht. Du sorgst dafür, dass die Deinen sich mir unbedingt unterwerfen und keiner das Recht der neuen Ordnung anzweifelt."

Der Alte antwortete feierlich: „Jawohl, das verspreche ich dir. Und du fahre fort in deinem Eifer für den Herrn. Du bist sein Werkzeug. Der Herr wird dich segnen und dir Sieg geben über alle deine Feinde."

Jonadab neigte sein Haupt und wandte sich zum Gehen. Jehu kehrte in den Palast zurück.

Jizkar war verwirrt über das, was er gehört hatte. Er eilte hinter Jonadab her und holte ihn ein.

„Ehrwürdiger Vater, erlaube mir eine Frage. Wie ist es möglich, dass du Jehu, den Verräter und Mörder seines Herrn, segnest?"

„Er ist das Werkzeug des Herrn. Die Propheten haben das Gericht des Herrn über das götzendienerische Königshaus angekündet. Jehu führt aus, was Gott befohlen hat."

„Aber Jehu tötet nicht nur die Schuldigen, sondern schlachtet alle aus dem königlichen Hause, auch unschuldige Kinder."

„Törichter Mensch, weißt du nicht, dass der Herr ein eifersüchtiger Gott ist und dass er heimsucht der Väter Missetat an den Kindern bis ins dritte und vierte Glied derer, die ihn hassen?"

Und Jonadab wandte sich ab.

Auf dem Rückweg nach Bethel redete Jizkar nichts mit seinen beiden Genossen. Er konnte die Welt, in der er lebte, nicht mehr verstehen. Er brachte das Geschehene mit seinem bisherigen Glauben an Gott nicht zusammen. Dass der Herr seine Gegenwart durch Sturm,

Blitz und Donner ankündigt, hatte er geglaubt. Dass er seine Feinde durch einen Blitz oder einem Erdbeben durch eine einstürzende Mauer tötet, hatte er angenommen. Zwar wusste er, dass der Blitz einmal einen Hirten erschlagen hatte, den niemand als einen besonderen Sünder kannte. Doch vermutlich war der Hirte im Verborgenen ein Gottesfeind gewesen. Solche Ereignisse hatten Jizkar bisher nicht angefochten.

Dass der Herr sein Gericht auch durch Menschen ausführt, dass also ein Mensch im Auftrag Gottes andere Menschen tötet, das wusste er aus Geschichten, die ihm erzählt wurden. Er hatte daran nicht Anstoß genommen. Aber jetzt hatte er zum ersten Mal einen solchen Mörder gesehen, der behauptete, als Werkzeug Gottes zu handeln. Zum ersten Mal hatte er mit eigenen Augen wahrgenommen, wie blutig es zuging, wenn die regierende Königsfamilie gestürzt und alle, die mit ihr zu tun hatten, ausgerottet wurden, Erwachsene und Kinder. Zum ersten Mal stand er vor der Frage, ob alle diese Menschen wirklich im Auftrag Gottes durch Menschen getötet wurden, ob Gott tatsächlich gewollt hatte, dass alle Prinzen in Samaria, auch die Kinder, geköpft und dass ihre Schädel unter der glühenden Sonne von Geiern und Ratten gefressen wurden. Das erste Mal zweifelte Jizkar an vielem, was er über Gott gelernt hatte. Meister Elisa lehrte, dass Gott auch barmherzig und gnädig sei, geduldig und von großer Güte. Wie war es möglich, dass der barmherzige Gott das Abschlachten von Menschen durch Menschen befahl? Jizkar beschloss, seine Zweifel Elisa vorzulegen. Bisher hatte er nicht gewagt, die Lehren des Meisters offen in Frage zu stellen. Das wollte er jetzt tun.

Als Elisa von den Erlebnissen der drei Schüler in Jesreel und von den Fragen Jizkars hörte, blieb er eine Weile stumm, als müsse er sich die Antwort auf eine schwierige Frage erst überlegen. Dann sprach er: „Als du vor einigen Wochen schwer krank warst – du erinnerst dich, Jizkar – habe ich dir eine Geschichte von meinem Lehrer Elia erzählt. Sie hat eine Fortsetzung, die ich verschwiegen habe, weil das, was darin vorkommt, damals noch geheim bleiben musste. Heute kann ich es erzählen:

Nach der langen Wanderung durch die Wüste gelangte Elia zum Gottesberg Horeb. Er fand die Wegspur zum Gipfel und stieg hinauf. Nach zwei Stunden kam er zu der Höhle, in der Mose auf die Erscheinung des Herrn gewartet hat. Hier will auch ich warten, dachte er, betrat das Innere und setzte sich.

Draußen vor dem Eingang der Höhle brach ein heftiger Sturm los. Er heulte und lärmte und wirbelte Staub und kleine Steine in die Luft und die prasselten an die Felsen. Aber der Sturm ging dem Herrn voraus. Der Herr war nicht im Sturm.

Nach dem Sturm kam ein Erdbeben. Geröll begann zu rutschen und rollte den Hang hinab. Felsblöcke brachen ab und polterten in die Tiefe. Aber der Herr war nicht im Erdbeben.

Nach dem Beben kam ein fürchterliches Gewitter. Es donnerte und blitzte so anhaltend, dass der ganze Berg von Feuer umhüllt war. Aber der Herr war nicht im Feuer.

Dann kam ein stilles, sanftes Säuseln. Jetzt hüllte Elia sein Gesicht in den Mantel, trat hinaus und stellte sich an den Eingang der Höhle. Er wusste: Jetzt wird der Herr zu mir reden."

In diesem Augenblick der Erzählung tat Jizkar etwas, das bei den Prophetenjüngern verpönt war. Er unterbrach die Rede des Meisters:

„Das bedeutet doch, dass der Herr gar nicht ein Gott ist, der mit Blitz und Donner und Strafgewalt seinen Willen auf Erden durchsetzt, sondern einer, der mild und barmherzig ist."

Sanftmütig wies ihn Elisa zurecht: „Sei nicht vorlaut, Jizkar. Nur die Toren müssen alles, was ihnen einfällt, sofort aussprechen. Du täuschst dich. Der Herr hat Sturm, Erdbeben und Feuer vor sich hergesandt, um sein Kommen anzuzeigen. Die tödlichen Kräfte seiner Schöpfung sind alle seine Diener. Und er ist kein milder, sanfter, sondern ein strenger Gott. Das siehst du aus der Anweisung, die er Elia gegeben hat.

Als Elia nämlich vor der Höhle stand, vernahm er die Stimme des Herrn: ‚Was willst du hier?'

Elia klagte ihm noch einmal sein Elend: ‚Mit Leidenschaft habe ich für dich, Herr Zebaoth, gekämpft, aber von denen, die dir treu sind und keine Götzen anbeten, bin ich allein übrig geblieben und jetzt trachten sie auch mir nach dem Leben.'

Da antwortete der Herr: ‚Du bist nicht allein. Noch siebentausend sind in Israel, die ihre Knie nicht vor Baal gebeugt haben. Du kennst sie nur nicht. Dein Kampf ist noch nicht vollendet. Geh zurück nach Israel. Salbe dort Jehu, den Obersten der Streitwagen, zum König, damit er einen Aufstand mache gegen das jetzige Königshaus und alle ausrotte, die dazu gehören. Dann geh zu den Syrern und mach dort den gewalttätigen Hasael zum König, damit er Krieg führe gegen Israel und viel Leid bringe über das Volk. Salbe auch noch Elisa, den Sohn Saphats, zum Propheten, damit er dein Nachfolger sei. Und es wird geschehen: Wer dem Schwert Hasaels entrinnt, den wird Jehu töten. Und wer dem Schwert Jehus entrinnt, den wird Elisa töten.' So sprach der Herr zu Elia.

Mein Lehrer Elia hat, bevor er in den Himmel aufgenommen wurde, den letzten der drei Befehle ausgeführt. Die anderen beiden hat er mir zur Ausführung überlassen. Ich habe selbst in Syrien Hasael zum König eingesetzt. Mir kamen die Tränen, weil ich wusste, wie grausam er gegen unser Volk vorgehen wird, wie er die Männer mit dem Schwert töten, die Kinder am Boden zerschmettern und die schwangeren Frauen aufschlitzen wird. Doch durch ihn will der Herr unser Volk strafen. Einen aus eurer Mitte – ihr braucht nicht zu wissen, wer es war – habe ich dann ins Lager nach Ramoth gesandt, um Jehu zum König zu salben. Jehu hat im Auftrag des Herrn gehandelt."

Der Widerspruch gegen diese Geschichte war in Jizkar hochgestiegen. Ein zweites Mal unterbrach er den Meister. Erregt rief er: „Deine Geschichte hört sich an, als hättest du sie erfunden. Für den Kampf gegen die Götzendiener schienen dir das Wort der Predigt und die Hoffnung auf den Geist Gottes zu schwach. Du wolltest auch das Schwert dafür einsetzen. So hast du den Aufstand Jehus angezettelt und bist mitschuldig am Blutbad, das dieser Mann und seine Leute angerichtet haben. Mit dieser Geschichte willst du dich jetzt rechtfertigen und behauptest, dass all das Schreckliche von Gott befohlen sei."

Elisa war wie vor den Kopf geschlagen. Noch nie hatte er von einem Schüler eine so freche Widerrede gehört. Jizkar nützte das Schweigen des Meisters aus: „Meinst du wirklich, dass Gott dieses Abschlachten von Menschen gewollt hat, Gott, der doch gerecht ist? Wenn du einen Gott lehrst, der solche Verbrechen befiehlt, will ich nicht sein Prophet werden. Ich verlasse dich und suche mir einen Meister, der mich anderes über Gott lehrt."

„Da wirst du lange suchen müssen und keinen finden, du Verfluchter des Herrn. Schnell wird dich seine Strafe für diese Frechheit treffen. In seinem Auftrag wird dich jemand töten oder deine Krankheit wird dich wieder einholen und diesmal wirst du ihr nicht mehr entrinnen."

Jizkar wandte sich zum Weggehen. Angst vor der Strafe Gottes hatte er keine. In dieser Zeit musste jeder in Israel damit rechnen, dass er einem Mörder in die Hand fallen könnte. Und der Wunsch, zu sterben, würde ihn nicht so schnell wieder krank machen und überschwemmen. Das spürte er. Dazu war sein Wille zum Neinsagen zu stark geworden.

Zur Einführung der Erzählung im Gottesdienst oder bei Erwachsenen

Fanatismus kostet Menschenleben. Durch die Geschichte hindurch hat er Terrorismus legitimiert. Jesu Kreuzigung, die Verfolgung der Christen durch Römer, die Verfolgung der Juden durch Christen, die Kreuzzüge, der Holocaust, der Heilige Krieg im Islam, die Ermordung etwa von Mahatma Gandhi, John F. Kennedy, Robert Kennedy, Anwar el Sadat und zuletzt Jizhak Rabin sind nur wenige Belege. Besonders schlimm ist religiöser Fanatismus, weil hier Gottes Name als Legitimierung benutzt wird, um anderer Leben zu vernichten. Im Namen Gottes sollten wir es wagen, laut zu widersprechen. Gott will Leben in Fülle für alle Menschen und für die ganze Schöpfung. „Was unser Gott geschaffen hat, das will er auch erhalten." Wer behauptet, dass Gott das Abschlachten von Menschen gewollt habe oder will, ist ein Brandstifter, auch wenn er in der Maske des Biedermanns auftritt. Nicht in Formen von angsterregender Macht, sondern im sanften Wind begegnet Gott Elia auf dem Gottesberg. Den Todesmächten gehört unser Nein. Fanatismus braucht unsere Verweigerung.

Liedvorschläge

– Freunde, dass der Mandelzweig wieder grünt und blüht (ML 1/B 127)
– In jedem Wind, in jedem Sturm, in jedem Abendrot (ML 2/B 226)
– Wir haben Gottes Spuren festgestellt (ML 1/B 80)

K. H.

Der zerschmetterte Krug

Jer 19,1–20,6

Zwischen den beiden Ereignissen, dem prophetischen Zeichen mit dem Zerbrechen des Kruges und der ersten Gefangennahme, stellen die erzählenden Sätze 19,14–15 einen Zusammenhang her. Wir können annehmen, dass beides innerhalb der Zeitspanne zwischen Nachmittag und darauffolgender Nacht geschehen ist. Eine Datierung fehlt, doch der Text erlaubt Rückschlüsse auf seine historische Situation: Der Prophet genießt nach 19,1 noch ein gewisses Ansehen, so dass er Älteste und Priester als Zeugen für seine Demonstration zusammenrufen kann. Er hat nach 19,14 freien Zugang zum Tempelvorhof und kann dort seine Botschaft verkünden. In 20,4 erwähnt er ohne weitere Erklärungen den König von Babel. Diese Angaben lassen auf die Anfangsjahre von König Jojakim schließen (zwischen 609–605 v. Chr.), als die Kritik Jeremias an der offiziellen Politik bei den Behörden noch nicht zu Maßnahmen gegen ihn geführt hatten und die Babylonier als Machtfaktor in Juda schon bekannt waren.

Die Lage des Scherbentors ist nicht mit Sicherheit festzustellen. Man nimmt im allgemeinen an, dass es mit dem Misttor (Neh 2,13; 3,13f.; 12,31) identisch ist. Der Verlauf der Mauern im vorexilischen Jerusalem lässt sich ohnehin nur mit ungesicherten Hypothesen rekonstruieren.

Die meisten Ausleger nehmen an, dass der vorliegende Text um 19,3–9.11b–13 erweitert wurde. Diese Verse richten sich an einen anderen Adressaten („ihr Könige und ihr Einwohner Jerusalems"), beziehen sich auf einen anderen Ort in der Umgebung Jerusalems (Tofet, eine Kultstätte im Hinnomtal, an der Kinderopfer dargebracht wurden) und haben ein anderes Thema (Scheußlichkeit der Kinderopfer und Gericht durch Hungersnot und Kannibalismus). Die Verse sind durch einen späteren Redakteur an dieser Stelle eingefügt worden. Die Nacherzählung wird einheitlicher und klarer, wenn wir diese Verse weglassen und sie beim nachfolgenden Lesen des biblischen Textes besprechen.

Für die Nacherzählung ist zu bedenken, dass von der ersten Szene nur der Wortempfang des Propheten berichtet wird. Nach einigen Handschriften ist es ein Selbstzeugnis Jeremias: „Der Herr sprach *zu mir*"... Wenn der Prophet V.1–2.10–11a selbst aufgeschrieben oder diktiert hat, können wir mit Sicherheit annehmen, dass er den Auftrag ausgeführt hat. Aber was dabei geschehen ist, wie das prophetische „Happening" auf die zusammengerufenen Zeugen gewirkt hat, muss der Nacherzähler aus der eigenen Phantasie hinzufügen. Um dem Erleben dieser damaligen Zeugen möglichst nahe zu kommen, habe ich mir den Ablauf der Zeichenhandlung, das Zerschmettern des Kruges, möglichst genau, mit den inneren Augen und Ohren, vorzustellen versucht und mich gefragt, gegen welche Einstellung der Zeitgenossen sich das Zeichen richtete. Welche Überzeugungen hatten die Menschen, die von der im Zeichen sichtbar gewordenen Botschaft getroffen wurden? Was war ihre Gefühlslage, dass das Bild des in tausend Scherben zersplitternden Tongefäßes sie besonders berühren musste? Ich fragte also sozusagen anhand des vorhandenen Schlüssels, wie das Schloss ausgesehen haben könnte, das zu ihm passte.

Dabei stieß ich auf die bei den damaligen Bürgern von Jerusalem vorhandene religiöse Überzeugung, dass Jerusalem als die Stadt, die der Herr sich zum Wohnsitz erwählt hatte, von keinem Feinde je eingenommen werden würde.

„Groß ist der Herr und hoch zu preisen
    in der Stadt unseres Gottes.
Sein heiliger Berg ragt herrlich empor;
    er ist die Freude der ganzen Welt.
Der Berg Zion liegt weit im Norden;
    er ist die Stadt des großen Königs.
Gott ist in ihren Häusern bekannt
    als ein sicherer Schutz.
Denn seht: Die Könige vereinten sich
    und zogen gemeinsam heran;
doch als sie aufsahen, erstarrten sie vor Schreck,
    sie waren bestürzt und liefen davon.
Dort packte sie das Zittern,
    wie die Wehen einer gebärenden Frau.
Wie der Sturm im Osten,
    der die Schiffe von Tarschisch zerschmettert.
Wie wir's gehört haben, so erlebten wir's jetzt
    in der Stadt des Herrn der Heere.
In der Stadt unseres Gottes;
    Gott lässt sie ewig bestehen...“ (Ps 48,2–9)

Auch aus Ps 46 spricht etwas von diesem trotzigen Glauben an die allen Mächten dieser Welt überlegene Kraft des Herrn der Heerscharen. Luther hat im Liedtext „Ein feste Burg ist unser Gott“ Gedanken aus diesem Psalm aufgenommen, und bekanntlich wurde dieses Lied oft von Protestanten in einer Lage gesungen, in der sie sich von äußeren Feinden bedroht fühlten.

Im damaligen Jerusalem erzählte man sich zur Begründung des Glaubens, dass die Stadt durch Feinde nicht zu besiegen sei, die Geschichte aus der Zeit Hiskias von der wunderbaren Befreiung der Stadt aus der Hand der Assyrer (Jes 37,36–38). Faktisch gaben die Assyrer die Belagerung auf, weil Hiskia kapituliert und demütigende Bedingungen angenommen hatte. Aus diesem Ereignis hat die Legende einen Sieg des Engels des Herrn über die Feinde gemacht.

Jeremia musste gegen Menschen auftreten, für die Ps 48 zur Substanz ihres Glaubens gehörte. Ich versuche, mich in die Mentalität dieser Leute einzufühlen anhand der fingierten Person des Stadtbaumeisters, des obersten Beamten, der für die Instandhaltung der Befestigungsanlagen der Stadt zuständig war. Er stand schon durch seinen Beruf im Gegensatz zu Jeremia. Ich begleite ihn auf einem Stadtrundgang und stelle mir dabei den Verlauf der Mauer vor, behaupte aber nicht, dass ich damit die historisch richtige Rekonstruktion des Verlaufs beschrieben hätte.

Auch den Priester Paschhur, der die Folterung Jeremias auf dem Gewissen hatte, will ich nicht nur als Bösewicht, sondern als Menschen wie unsereiner auftreten lassen. Ich schließe aus dem Gerichtswort, das ihm gilt, auf seine Lebenseinstellung zurück: Wenn ihm angekündigt wird, dass er in Babel (und nicht in der

Heimat) sterben und dort begraben werden wird, spielten bei ihm vermutlich die Vorstellungen über den Ort, wo er einmal begraben werden wird, eine große Rolle.

In der zweiten Szene möchte ich an dem, was Jeremia erlitten hat, teilnehmen. Ich stelle mir diese Nacht im Block vor. Es war das erste Mal, dass er wegen seines prophetischen Auftrags körperlich leiden musste. Wir finden in seinem Buch einige persönliche Gebete, in denen er in seinen Anfechtungen mit Gott ringt und über seine Leiden klagt. In Kap. 18,21–23 ist ein Gebet um die Rache Gottes an seinen Feinden überliefert, dessen Stimmung in diese Nacht passen würde. Einige Ausleger meinen, bei der Gerichtsbotschaft, die er am anderen Morgen den Priestern ankündigt, ginge es nur um die Sache, um die Wahrheit Gottes, nicht um persönliche Rachewünsche des Propheten. Das kann man nur behaupten, wenn man nicht mit einem Gefolterten mitfühlt und nicht weiß, wie sich in ihm neben den körperlichen Schmerzen Angst, Wut und Ohnmachtsgefühle aufstauen und sich nicht äußern können. Das war bei Jeremia gewiss nicht anders.

Die Geschichte ist mir wichtig, weil ich an ihr ermesse, was es kostet, in Opposition zur herrschenden Meinung zu stehen und dafür möglicherweise auch Verhaftung und Folterung zu dulden. Die Opposition Jeremias wird für mich bedeutsamer, wenn ich mir diejenigen Menschen, gegen die er auftritt, nicht nur mit negativen Zügen vorstelle, sondern sie in ihrer Weise ernst nehme.

Ein Glaube, der sich kaum erschüttern lässt

Die Altstadt Jerusalem lag auf dem Bergrücken zwischen Kidron- und Stadttal. Hier hatten einst die Jebusiter ihre Festung gebaut, von drei Seiten durch steile Abhänge geschützt. David eroberte und erweiterte sie im Norden durch seine neue Burg. Sein Sohn Salomo vergrößerte die Stadt ebenfalls gegen Norden und stellte dort seine prächtigen Bauten hin: den königlichen Palast, die Audienzhalle, den riesigen Pferdestall, das Gebäude für die Frauen des Königs und das neue Haus des Herrn mit dem Allerheiligsten, wo der Thronsitz Gottes stand. Alles war umschlossen von einer Mauer, höher und mächtiger als die der Davidsburg. Im Westen der Bauten Salomos ließen sich mit der Zeit Handwerker und Kaufleute nieder. Zweihundert Jahre später schloss König Hiskia diese Siedlung durch eine neue Mauer in das Stadtgebiet ein. Seither waren wieder gut hundert Jahre vergangen.

Wie jede Woche machte der Stadtbaumeister Asiel an diesem Tag seinen Kontrollgang um die ganze Stadt, um allfällige Schäden an der Mauer sofort festzustellen und zu beheben. Er begann im Süden der Altstadt, wo der Bergrücken in die Talmulde abfiel. Dort war das Misttor. Schon seit langem brachten die Bewohner der Stadt hierher ihre Abfälle und warfen sie den Hang hinunter. An manchen Tagen stank es dort unangenehm.

Asiel schritt die kurze Strecke vom Misttor bis zum östlichen Eckturm ab. Von dort wandte sich die Mauer nach Norden, immer am oberen Rand des Abhangs zum Kidrontal. Alle paar Schritte blieb Asiel stehen und untersuchte die Mauer. Nur selten fand er etwas, das geflickt werden musste: eine Stelle, wo der Regen den Mörtel zwischen den Steinen zu stark ausgewaschen hatte oder wo ein Bündel Gras aus einer Ritze herausquoll.

Er kam am Wassertor vorbei. Vor Zeiten sprudelte dort am Hang, auf halber Höhe, die Gihonquelle. Jetzt war auf dieser Seite des Bergrückens der Ausgang der Quelle zugemauert. König Hiskia hatte einen Tunnel durch den Berg bohren und auf seiner Westseite innerhalb der Mauern einen Teich als Wasserreservoir bauen lassen, – eine weise Maßnahme für den Fall einer Belagerung der Stadt.

Asiel ging weiter. Er kam zu der Stelle, wo die Davidsburg an die alte Jebusiterfestung angebaut war. Die Burg thronte sicher auf dem Bergrücken und spottete jedem Angreifer. Dem Stadtbaumeister kam ein Lied in den Sinn, das der Chor im Tempel manchmal sang: „Ein' feste Burg ist unser Gott, ein' gute Wehr und Waffen." Beim Weitergehen pfiff er die Melodie dieses Liedes vor sich hin.

Die Mauer machte eine leichte Biegung nach rechts und führte dann wieder schnurgerade nach Norden. Das war die Mauer, hinter der sich die salomonischen Bauten verbargen. Am Hang zwischen der Mauer und dem Kidrontal sah man zahlreiche Grabhöhlen. Hier waren Könige und Herren aus dem Adel bestattet. Die Verstorbenen wurden in Nischen an den Seitenwänden der Höhlen beigesetzt. Eine Steinplatte mit ihren Namen schloss die Nische ab. Asiel begegnete beim Weitergehen dem Priester Paschhur, der gerade aus seinem Familiengrab herauskam. Paschhur war aus vornehmem Geschlecht und hatte als Kommandant der Tempelwache für die Ordnung im Tempelbezirk zu sorgen. Asiel begrüßte ihn ehrfürchtig und Paschhur antwortete mit einem Segenswunsch. Er schloss sich dem Rundgang des Stadtbaumeisters an.

Sie kamen zum nordöstlichen Eckturm, wo die Stadtmauer sich im rechten Winkel gegen Westen wandte. Auf der Nordseite der Stadt war die Mauer auf ebenem Gelände erbaut worden. Salomo hatte zum Schutz der Stadt einen tiefen und breiten Graben ausheben lassen. Beim Benjamintor, das, von zwei dicken Rundtürmen geschützt, trotzig dastand, entspann sich zwischen den beiden ein Gespräch über die Chancen der Verteidigung der Stadt gegen einen Feind.

Asiel meinte: „Hier, beim Benjamintor, würde ein Angreifer versuchen, in die Stadt einzudringen. Aber die Mauern sind so solide, die

Eichenbalken der Torflügel so hart, dass kein Rammbock eines Belagerers hier etwas beschädigen könnte."

Der Priester sah die Dinge von einer anderen Seite: „Denk an das Wunder, das der Herr, unser Gott, getan hat, vor hundert Jahren, als der böse Sanherib die Stadt belagerte. Damals lautete der Spruch des Herrn: ‚Er wird nicht in die Stadt eindringen. Er wird keinen einzigen Pfeil hereinschießen!‘ Und siehe, in der Nacht zog der Engel des Herrn aus und erschlug im Lager der Assyrer 185 000 Mann durch die Pest. Auf dem Weg, auf dem der gottlose König gekommen war, musste er zurückkehren. Das hat der Herr bewirkt, nicht die starken Mauern."

Asiel wandte ein: „Am Rückzug der Feinde waren gewiss auch die Baumeister Salomos schuld, und die unter Hiskia, die die Mauern verstärkt haben. Ihr Sachverstand für militärische Verteidigung hat den Mauerbau so perfekt gemacht, dass Sanherib sich sagen musste, es sei aussichtslos, einzudringen."

Der Priester ließ sich nicht überzeugen: „Ich will die Kunst der früheren Stadtbaumeister nicht gering schätzen. Doch vergiss das Entscheidende nicht."

Und er wies mit ausgestrecktem Arm über die Mauer hinweg, dorthin, wo der Tempel stand: „Dort ist das Haus des Herrn. Und so lautet sein Wort: ‚Hier will ich für immer unter euch wohnen.‘ Für immer! Denk daran. Von jenem Tag, als die Assyrer uns angriffen, steht im Buche Jesaja geschrieben: ‚Weh, welch Getöse von zahlreichen Völkern. Wie das Tosen gewaltiger Fluten, so tosen sie. Am Abend herrscht plötzlicher Schrecken. Doch ehe es Morgen wird, verschwunden sind sie."

Mit diesem Gespräch waren sie zum Ephraimtor gekommen und der Priester verabschiedete sich. Paschhur war für Asiel wie ein lebendiger Beweis für die ewige Dauer der Stadt. In seiner Familie hatte seit der Zeit Salomos jeder Vater die Priesterwürde an seinen ältesten Sohn weitergegeben und alle Vorfahren Paschhurs hatten im Familiengrab ihre letzte Ruhestätte gefunden.

Asiel setzte seinen Rundgang um die Mauern fort, machte den weiten Bogen nach Westen um die Neustadt herum und wieder zurück nach Osten bis zur Westmauer der Davidsburg. Hier hatten die Baumeister bei der Führung der Mauer wieder das Gelände benützt. Die Mauer führte am oberen Rand des Abhangs zum Stadttal entlang. Ein Graben außerhalb der Mauern war hier nicht nötig. Asiel folgte der Mauer zum Eckturm im Südwesten der Stadt und von dort zum Misttor, wo der Rundgang begonnen hatte. Er kehrte in sein Amtszimmer zurück, um die nötigen Anweisungen für die Handwerker aufzuschreiben. Auf dem Tisch lag ein Brief des Propheten Jeremia, des Sohnes Hilkijas. Asiel war aufgefordert, sich anderntags, zur Zeit des Mittagsopfers, zusammen mit anderen Stadtältesten und Priestern, beim Misttor einzufinden. Der Prophet habe ihnen eine Botschaft auszurichten, die der Herr ihm kundgetan habe.

Von diesem Propheten hatte Asiel reden hören. Er kannte ihn nicht persönlich. Es gab so viele, die auftraten und von Visionen erzählten, die der Herr sie angeblich schauen ließ, und von Worten, die sie auf geheimnisvolle Weise gehört haben wollten. Die einen verkündeten dies, andere oft genau das Gegenteil. Asiel fand, am besten sei, sich nicht um ihre Botschaften zu kümmern.

Dennoch begab er sich am anderen Tag zum Misttor. Denn einige aus dem Ältestenrat waren sehr fromm. Sie würden auf alle Fälle zum Misttor kommen und er, Asiel, wollte nicht als einer dastehen, dem der Glaube der Väter gleichgültig ist.

Unterwegs traf er Paschhur, den Oberaufseher im Tempel. Von dem erfuhr er, dass Jeremia ein gefährlicher Mann sei. Die weltlichen und die religiösen Behörden überwachten ihn seit langem.

„Schon zu Zeiten des großen Königs Josia hat er ab und zu aufwieglerische Reden gehalten und religiöse Bräuche kritisiert, die durch eine ehrwürdige Tradition geheiligt sind. Seit der Josia-Sohn Jojakim König ist, tritt er häufiger auf und maßt sich an, über Dinge zu urteilen, von denen er nichts versteht."

Asiel fragte, warum Paschhur denn überhaupt zum Misttor gehe, wenn für ihn Jeremia ein falscher Prophet sei.

„Eben weil ich beauftragt bin, ihn zu überwachen."

Das Misttor war an diesem windstillen Tag wieder einmal vom Gestank der Abfälle am Hang umhüllt. Hier standen schon einige aus dem Rat der Ältesten beisammen. Sie sprachen über Jeremia. Man hörte, dass zwei den Mann aus Anatot schätzen.

„Ich erinnere mich aus der Zeit Josias, wie wichtig es dem König war, auf den Rat Jeremias zu hören", hieß es. Und der andere: „Neulich habe ich ihn im Tempelvorhof gehört. Er redete davon, wie er vor seinen inneren Augen eine Riesenarmee geschaut hat, die vom Norden her unser Land überschwemmen wird. Warum soll uns Gott nicht durch das Gesicht dieses Propheten zeigen, was in nächster Zukunft mit uns geschehen wird?"

Durch das Tor trat jetzt der Prophet auf die Gruppe der Wartenden zu, ein unscheinbarer Mann mit grauen Haaren, grauem Bart und Gesichtszügen, aus denen Schmerz und Kummer sprachen. Vor seiner Brust umklammerte er mit beiden Armen einen etwa zwei Ellen hohen

Tonkrug, wie ihn Frauen benützen, um Öl oder Most aufzubewahren. Was wollte der Prophet mit dem Krug? War ein Getränk darin, das er den Ältesten zum Kosten geben wollte? Oder würde er mit dem Krug hinunter zur Rogel-Quelle gehen und ihn dort füllen? Die Anwesenden wussten, dass Propheten oft ihre Botschaften mit Zeichen bekräftigten, mit einem Stab, mit dem sie auf den Boden schlagen oder mit einem Mantel, den sie in Stücke zerreißen. Dieser Krug würde also beim Wort des Propheten eine Rolle spielen und sie sollten Augenzeugen sein.

Und richtig. Jeremia stellte den Krug auf den Boden, winkte sie näher heran, ergriff den Krug mit beiden Händen an den Henkeln, hob ihn mit gestreckten Armen über den Kopf empor, drehte sich um, dehnte die Arme weit nach hinten. Sein Rücken sah aus wie ein gespannter Pfeilbogen. Dann schleuderte er den Krug mit vollem Schwung den Abhang hinunter. Der Krug schlug auf einen Stein und zerschellte mit einem Knall in tausend Stücke. Der Prophet drehte sich wieder der Menschengruppe zu:

„So spricht der Herr Zebaoth. Ebenso zerschmettere ich dieses Volk und die Stadt, wie man Töpfergeschirr zerbricht, so dass es nie wieder ganz werden kann."

Die Anwesenden waren überrascht, einige vor Schrecken wie erstarrt. Jeremia war schon weggegangen, als einer seufzte: „Das ist ja entsetzlich."

Und ein anderer: „So etwas darf man nicht tun. Das ist ein schlechtes Vorzeichen. Es zieht das Unglück geradezu herbei."

Asiel war ungehalten: „Seid nicht so abergläubisch! Das ist alles Unsinn. Man kann doch nicht unsere Stadtmauern mit zerbrechlichem Geschirr gleichsetzen. Die Mauern haben uns schon gegen manchen Feind geschützt und werden das noch weiter tun."

Ein anderer pflichtete bei: „Jawohl, daran ändert sich nichts, wenn ein Verrückter den Misthaufen vor diesem Tor um ein paar Scherben vergrößert."

Paschhur bestätigte: „Was uns dieser Mann vorgeführt hat, ist schlicht Unglaube. Der Herr Zebaoth selbst hat Zion zu seinem Thron erwählt. Hier will er unter seinem Volk wohnen. Im Buch Jesaja steht geschrieben: ‚Wie ein Vogel mit ausgebreiteten Flügeln wird der Herr Zebaoth Jerusalem schützen, es beschirmen, befreien, verschonen und retten.' Was der Herr versprochen hat, das wird er halten. Diesem Schwätzer aus Anatot fehlt der Glaube an unsere Erwählung."

Dieses Trostwort des Priesters beruhigte die erschreckten Gemüter. Einer meinte befriedigt: „Man muss doch noch an etwas glauben können, so sage ich immer. Darum muss man die Ohren verschließen, wenn einer alles in Zweifel zieht." Und sie machten sich alle auf den Heimweg.

Asiel war zum Platzen voll Ärger, als er die Amtsstube betrat. Er fühlte sich persönlich verletzt durch das, was der Prophet vorgeführt hatte. Er packte den Stuhl, der vor seinem Arbeitstisch stand und schmetterte ihn mit aller Gewalt in eine Ecke, dass die Splitter krachten.

Auch Paschhur ging in den Tempel zurück. Als er den Vorhof durchquerte, bemerkte er in einer Seitenhalle eine Ansammlung von Menschen. Er trat näher und sah, dass sie sich um einen Redner drängten. Es war derselbe, von dem er eben am Misttor die ärgerliche Botschaft vernommen hatte. Paschhur hörte die Worte: „Ich bringe über diese Stadt und alle Städte Judas das Verderben, das ich wider sie geredet habe. Ich mache diese Stadt zum Entsetzen. Alle, die an ihr vorübergehen, werden spotten über ihr Elend. Denn ihr seid von mir abgefallen und habt der Himmelskönigin Opfer dargebracht."

Paschhur hatte genug. Der Faden der Geduld war gerissen. Er rief zwei Tempelwächter herbei und ließ Jeremia verhaften. Für Vergehen gegen die Ordnung im heiligen Bezirk hatte er allein die Gerichtsbarkeit. So verurteilte er den Propheten zu 39 Stockschlägen und zu einer Nacht im Block. Die Wächter banden den Verurteilten auf ein Gestell und schlugen ihn mit einem Prügel 39mal auf das Gesäß. Dann führten sie ihn zum Block, der auf der Innenseite des Benjamintors auf einem Sockel aufgestellt war. Sie schraubten seine Fußknöchel und Handgelenke in dieses Folterwerkzeug, so dass er sich bei gekrümmtem Rücken nicht bewegen konnte. Die Stellen, an denen der Prügel die Haut getroffen und verletzt hatte, brannten entsetzlich. Bald kamen Schmerzen im Rücken und in den Armen und Beinen dazu. Er hätte am liebsten laut herausgeschrieen. Doch die Kunde, dass ein Verurteilter am Pranger zu sehen sei, hatte sich schnell verbreitet. Eine Schar von Gaffern stand um den Block herum. Sie verspotteten ihn und bewarfen ihn mit Dreck. Ihnen wollte er nicht den Gefallen tun, dass sie seine Klagen und Schmerzensrufe hörten. Er biss die Zähne zusammen und wandte sein Gesicht gegen die Tormauer.

Als es dunkel wurde, verzogen sich die Neugierigen. Die Schmerzen schienen etwas nachzulassen. Jetzt erst konnte er zu Gott rufen. Sein Gebet war wie ein wortloses Stöhnen, dann wie das Weinen eines hilflosen Kindes. Doch auf einmal brach lodernde Wut aus ihm heraus.

„Verflucht sei der Tag, an dem ich geboren wurde. Verflucht der Mensch, der meinem Vater die frohe Botschaft brachte: Du hast einen

Sohn bekommen. Warum bin ich nicht im Mutterleib gestorben? Du, Herr, hast mich betört und ich habe mich von dir betören lassen. Warum hast du mich zum Propheten gemacht? Warum mir einen Auftrag gegeben, an dem ich zerbrechen muss?"

Jeremia dachte an jenen Tag vor mehr als 20 Jahren, als die Stimme des Herrn ihn das erste Mal überwältigt hatte. Seither war das Unglück in sein Leben eingebrochen.

„Damals, an jenem Tag, hast du mir versprochen: ‚Ich will dich zu einer ehernen Mauer machen und jetzt bin ich nur ein Stück schwaches, blutendes Fleisch. Du hast gesagt: ‚Sie werden wider dich streiten, aber dich nicht überwältigen. Denn ich bin mit dir, dich zu retten.' Mich zu retten, das hast du versprochen. Warum gilt das jetzt nicht mehr?"

Jeremia hielt inne. Durfte er Gott diesen Vorwurf machen? Oder lag es bei ihm selbst, dass er nicht warten konnte auf die Stunde der Rettung, die der Herr festgesetzt hat?

Die Flamme seines Zornes änderte jetzt ihre Richtung. Jeremia betete, dass Gott seinen Feind Paschhur bestrafe: „Nimm für seine Schuld keine Sühne an. Vergib ihm die Sünde nicht. Lass ihn zu Fall kommen vor deinen Augen. Handle an ihm zur Zeit deines Zorns. Gib seine Kinder dem Hunger preis. Liefere seine Frau der Rohheit der Krieger aus, dass sie geschändet werde. Verstoße ihn, dass er in der Fremde, fern von deinem Angesicht, umkomme."

Dieses Rachegebet tat wohl. Es linderte seine Schmerzen und war wie Balsam auf seinen Wunden.

Der Morgen war angebrochen. Paschhur näherte sich mit zwei Wächtern dem Benjamintor. Die beiden befreiten ihn aus dem Block und Paschhur befahl ihm, vor ihn zu treten. Jeremia hatte Mühe aufzustehen und seine Schritte in Richtung an den Priester waren mehr ein Torkeln.

Paschhur herrschte ihn an: „Kraft meines Amtes als Oberaufseher im Tempel erkläre ich, dass dir das Betreten des heiligen Bezirks von jetzt an verboten ist. Und das sage ich dir: Wenn du weiterhin in der Öffentlichkeit deine gottlosen Ideen verbreitest, wird dich die weltliche Polizei sofort schnappen und nicht lange fackeln. Man wird dich wie eine lästige Mücke totschlagen."

Auf diese Verfügung des Priesters antwortete Jeremia mit harter Stimme: „Nicht mehr Paschhur sollst du heißen, sondern Grauen um und um. Denn so spricht der Herr: Ich gebe dich dem Grauen preis, dich und deine Freunde. In die Hand des Königs von Babel werdet ihr alle fallen. Er wird euch an den Euphrat in die Gefangenschaft wegführen. Als Gefangener wirst du sterben und in der Fremde wird man dich im Sand verscharren."

Dieser Angriff Jeremias kam für Paschhur überraschend. Er verschlug ihm die Sprache. Er hatte gemeint, der Prophet werde kleinlaut und gedemütigt abziehen. Als er reagieren wollte, war Jeremia in den Gassen der Stadt verschwunden.

Was Paschhur über sein künftiges Geschick gehört hatte, bewegte ihn nicht sonderlich. Er wusste, dass er es mit einem falschen Propheten zu tun hatte. Die Bilder von einem schrecklichen Ende, die dennoch in ihm auftauchten, scheuchte er weg wie eine Fliege, die hartnäckig auf der eigenen Stirn herumkrabbeln will.

Als später die Stadt tatsächlich von ihren Feinden erobert und verwüstet worden war und als man sie nach Jahrzehnten wieder aufgebaut und mit Mauern umgeben hatte, da bekam das Misttor im Süden der Stadt bei den Leuten auch den Namen „Scherbentor".

Zum Einsatz dieser Erzählung im Unterricht

Jeremia spricht und handelt in Gottes Auftrag – und stößt dabei immer wieder an seine Grenzen. Sein Auftrag bringt ihn in einen Gegensatz zur Mehrheit und zur herrschenden Meinung. So wird er einsam, leidet unter dem Widerspruch zwischen Gott, der ihn nicht loslässt, und seinem Volk, mit dem er sich gern eins wissen möchte.

Pubertierende Jugendliche können dieses Dilemma auf ihre Art durchaus nachvollziehen. Gegen die Mehrheit stehen, sich im Stich gelassen fühlen, bloßgestellt und blamiert werden, schiere Angst – das alles ist ihnen nicht unbekannt. In ihrem Erfahrungshorizont ist es nicht zuletzt das Drama von Trennung und Versöhnung in der Familie, an dem sie Jeremias Zerrissenheit nachempfinden können. Hauptaufgabe und Chance einer Unterrichtseinheit zu Jeremia wird deshalb sein, die inneren Konflikte des Propheten herauszuarbeiten und den Jugendlichen als Spiegel eigener Erfahrung anzubieten. Das schließt die religiösen, sozialen und politischen Umstände seines Wirkens nicht aus. Die Erzählung verdichtet sie in plastische Alltagsszenen.

Im Rahmen einer Unterrichtsreihe über die Propheten kann ein Wandfries oder ein Zyklus mit Fensterbildern zum Thema „Propheten" angefertigt werden. Dazu werden Szenen aus dem Leben der behandelten Propheten mit zeichnerischen Mitteln gestaltet und/oder in Form von Collagen aktualisiert. Die Erzählung bietet eine Reihe von Einzelszenen (u. a. Das Zerbrechen des Krugs, Jeremia im Block), die sich herauslösen lassen und als typische Situationen für Jeremia stehen können. Entsprechend umgesetzt, lassen sie sich z. B. zu einem „Jeremia-Fenster" zusammenstellen. Eine gotischen Kirchenfenstern nachempfundene Vorlage bietet eine ideale Möglichkeit, mehrere Szenen in einem Fenster darzustellen.

Material: Papier (Skizzenblock DIN A 2 oder größer, empfohlenes Format für Kirchenfenster: 96 x 60 cm), Farben, Pinsel, Stifte, für Collagen aktuelles Bildmaterial (Illustrierte, Bildsätze), Scheren, Klebstoff. Für Fensterbilder: Transparentpapier (sog. Architektenpapier). Eventuell Schablonen für Personendarstellung (Umrissfiguren in verschiedener Haltung; Kunstlehrer stellen das schnell her). Schwarze Filzstifte (breit), um Umrisse von Figuren nachzuzeichnen bzw. hervorzuheben.

Zeitbedarf: ca. 60–90 Minuten.

Am Ende der Unterrichtsreihe kann die Gruppe eine Ausstellung im Gemeindehaus arrangieren und zu einer Vernissage z. B. im Anschluss an den Gottesdienst einladen.

R. St.

Zur Einführung der Erzählung bei Erwachsenen

Wagen Sie, künftige Entwicklungen vorauszusagen? Haben Sie den Mut, glasklar zu sagen, was die Lebensmöglichkeiten unserer Kinder oder künftiger Generationen auf dieser Erde verringert? Leben Sie, was Sie glauben? Weltweite Gerechtigkeit, nicht hungern müssen, das will Gott für alle Menschen in seinem Welthaus. Dafür müsste ich mich stark machen. Aber ich halte mich immer wieder zurück, wenn ich mich gegen etwas zu Wort melden sollte. Ich lebe auch nicht überzeugend. Deshalb wage ich es nicht, öffentlich zu widerstehen und mich angreifbar zu machen.

Anders Jeremia mit seiner Zeichenhandlung. Er zerbricht den großen Tonkrug. Er ist nicht zu übersehen oder zu überhören. Prophetische Gestalten braucht es auch heute. Es sind die „großen Alten", wie Kurt Scharf, Helmut Gollwitzer, Martin Niemöller und Heinrich Albertz. Aber auch unter den lebenden Persönlichkeiten unserer Zeit, Männern und Frauen, gibt es solche, die es wagen, Dinge zu sagen, die unsere Gesellschaft lieber nicht hört. Es lohnt sich, darüber nachzudenken, wer uns dazu einfällt.

Ich weiß, dass heute niemand ins Joch gekettet und geschlagen wird, der oder die eine abweichende Meinung hat. Werden Machtinteressen gestört, gibt es andere Möglichkeiten, jemanden kaltzustellen. Nichts sehen, nichts hören, nichts wissen, nicht beachten, jemanden nicht länger fördern, jemanden entlassen, jemanden immer wieder auflaufen lassen… Mobbing heißt ein neudeutsches Wort. Dann wird übel Porzellan zerschlagen. Und nicht immer bringen Scherben Glück.

Liedvorschlag

– Lasst uns den Weg der Gerechtigkeit geh'n (ML 2/B 171)

K. H.

Jeremia und Hananja

Jer 27–28

Die erste Belagerung Jerusalems durch Nebukadnezar endete 598 v. Chr. mit der Kapitulation der Stadt und der Wegführung der gesamten Oberschicht. Wie seine Nachbarstaaten wurde Juda dem babylonischen Weltreich einverleibt. Zedekia, der dritte Sohn Josias, wurde als Satellitenkönig eingesetzt.

Die Kapitulationsbedingungen nach 2. Kön 24,12–16 waren hart. Sie lassen vermuten, dass das Fehlen der bisher führenden Leute im wirtschaftlichen und im politischen Leben empfindlich spürbar war. Jedem Tempelbesucher stand vor Augen, dass die Symbole des nationalen und des religiösen Selbstbewusstseins wegtransportiert waren. Die erfahrenen Ratgeber des Königs waren durch Neulinge, die Spitzen der Armee durch nachrückende Subalternoffiziere ersetzt worden. Zedekja besaß die nötigen Fähigkeiten zur Menschenführung und zur Leitung des Staates nicht. Er war ein Chef, der sich jeweils von dem bestimmen ließ, der ihn gerade beeinflussen wollte.

Dennoch (oder vielleicht deswegen) erwogen die politisch Verantwortlichen schon 594 v. Chr., gemeinsam mit den Nachbarstaaten, den Plan eines Aufstands gegen die babylonischen Oberherren.

In dieser Zeit traten Propheten auf, die den Sieg des Unternehmens weissagten. Vielleicht waren es Tempelpropheten, also Künder von Gottes Wort in einem priesterlichen Amt. Jeremia hatte die Weisung bekommen, mit einem Jochbalken auf der Schulter die gegenteilige Botschaft zu verkünden: Gott hat Nebukadnezar, „seinen Knecht", zum Herrn über die Völker bestimmt. Das Joch Nebukadnezars muss getragen werden. Mit heftigen Anklagen bekämpfte er die anderen Propheten und bestritt, dass sie im Auftrag Gottes redeten. Sie waren in seinen Augen Lügenpropheten. In Jer 23,9–23 sind weitere polemische Äußerungen gegen diese Propheten überliefert. Vielleicht stammen sie aus der Zeit der Vorbereitung dieses Aufstands.

Für uns Spätgeborene, die aus dem weiteren Verlauf der Geschichte ablesen können, ob und wie sich Weissagungen eines Propheten erfüllt haben, ist es selbstverständlich, in Jeremia den wahren Boten Gottes und in seinen Gegnern nur Betrüger und Irrlehrer zu sehen. Diese Selbstverständlichkeit hat dann im Religionsunterricht zur Folge, dass Lehrer und Schüler von vorne herein für Jeremia Partei ergreifen und dass sie dessen Konkurrenten nicht einmal subjektive Ehrlichkeit zubilligen. Ganz abgesehen davon, dass die Geschichte dadurch flach und langweilig wird, weil man von Anfang an weiß, wer gut und wer böse ist, verliert sie dadurch auch ihren Bezug zur erfahrbaren Wirklichkeit, in der Wahrheit und Irrtum oder Wahrheit und Lüge sich nie so leicht unterscheiden lassen.

Für die Zeitgenossen Jeremias, die 594 v. Chr. noch nicht wussten, wie die Geschichte ihrer Stadt weitergehen werde, war es jedenfalls schwierig zu erkennen, durch welche Propheten Gott zu ihnen redete. Auch die Gegner Jeremias beriefen sich auf Inspiration durch das Wort Gottes. Sie hatten gute theologische Gründe für ihre Heilsworte. Sie vertraten den Glauben, dass Gott sich den Berg Zion als Wohnsitz auf Erden erwählt und dass er die Dynastie Davids zur Herrschaft über sein Volk bestimmt habe. In Jer 23,27ff. kritisiert Jeremia sie, weil sie Offenbarungen Gottes durch Träume zu empfangen glaubten. Aber gab es nicht auch wahre Gottesmänner, die ihre Botschaft in Form von Traumvisionen verkündeten (z. B. Micha, der Sohn Jimlas, 1. Kön 22,17–23)? In Jer 23,14ff. wirft Jeremia den Gegnern ehebrecherisches Verhalten und mangelnden Eifer als Bußprediger vor. Aber vielleicht klangen solche Anklagen in den Ohren der Zeitgenossen nur wie verzerrende Verleumdungen.

Als dann Hananja mit übermenschlicher Kraft den Jochbalken Jeremias zerbrach und mit diesem Zeichen das Zerbrechen des babylonischen Jochs ansagte, war das Zeichen Jeremias durch ein Gegenzeichen widerlegt. Selbst Jeremia verstummte zunächst (Jer 28,6ff.) und es schien, als ob er ratlos wäre. Damit war für die damaligen Augenzeugen der Tat Hananjas die Frage, wer von den beiden das Wort des Herrn verkünde, völlig offen. Selbst als dann Jeremia seinem Gegner den baldigen Tod ansagte und als Hananja tatsächlich termingerecht starb, war für kritische Zeitgenossen nicht eindeutig bewiesen, dass Jeremia der wahre Prophet war. Konnte man ein solches Sterben nicht auch anders deuten?

Diese Situation interessiert mich: Zwei völlig gegensätzliche Auffassungen von Gottes Wort stoßen aufeinander und „gewöhnliche Menschen" haben es schwer, zu erkennen, auf welcher Seite die Wahrheit ist. In der heutigen Zeit mit ihrem weltanschaulichen Pluralismus leben wir ständig in dieser Situation.

„Die Bibel ist, Satz für Satz, Gottes Wort und darum frei von Irrtümern", sagen die einen. – „Die Bibel ist von Menschen geschrieben. Gott redet durch sie, aber nicht ohne dass wir in kritischer Auslegung irrige und überholte Auffassungen in ihr zu erkennen suchen", so behaupten die anderen.

„Nur durch Christi Blut wird es möglich, dass uns vergeben wird. Der Glaube an die sühnende Kraft von Christi Blut ist unverzichtbar", sagen die einen. – „Gott vergibt uns, weil er uns liebt. Er benötigt dazu nicht den Opfertod seines Sohns", behaupten die anderen.

„Wichtige Kennzeichen eines Lebens als heutige Christen sind: Solidarität mit den Armen, soziales Engagement, Aktivitäten, um die Lage von Benachteiligten zu verbessern", sagen die einen. – „Wichtige Kennzeichen des Christseins heute sind: missionarische Bezeugung der Botschaft, dass Rettung durch Christus allein möglich ist, Bemühung um die Umkehr Einzelner zu Christus; soziales Engagement ohne Glauben an Christus beruht auf der verwerflichen Verwechslung von Wohl und Heil", behaupten die anderen.

Für beide Auffassungen gibt es Gründe und Gegengründe. Der Gegensatz der Glaubensauslegungen beunruhigt und macht Angst. Auch Schüler können durch die Erfahrung des Pluralismus angefochten werden, etwa wenn sie mit einem Gleichaltrigen aus einem weltanschaulich ganz anders orientierten Milieu befreundet sind und bei ihm daheim entdecken, dass im eigenen Elternhaus unbedingt gültige Grundaxiome umstritten sind.

Ich möchte die Geschichte so erzählen, dass solche Erfahrungen aufgenommen werden und zur Sprache kommen. Im Erleben der Zeitgenossen Jeremias sollen die Schülerinnen und Schüler die eigene Ratlosigkeit angesichts der weltanschaulichen Gegensätze in ihrer Umgebung wiedererkennen und ermutigt werden, diesen Fragen nicht auszuweichen, sondern sich für die eine oder die andere Seite zu entscheiden, wohl wissend, dass sie sich irren können, aber auch im Vertrauen darauf, dass Gottes Geist sie bei dieser Entscheidung führen wird. Vertraten die

Männer, die in Jeremias Augen falsche Propheten waren, nicht eine Auslegung des Glaubens, die in Jerusalem Jahrhunderte lang gültig war? Unter den weltgeschichtlichen Umwälzungen der Jeremia-Zeit musste sich diese Auslegung wandeln und Jeremia kündete den Wandel an. Aber als Repräsentanten des bisherigen Glaubens sind auch seine Gegner ernst zu nehmen.

Der Text bekommt einen andern Akzent, wenn ich ihn aus der Sicht der Zeitgenossen Jeremias lese. Für seinen Verfasser steht ohne Zweifel fest, wer der wahre Prophet ist. Doch dieser Verfasser gehört zu den Menschen, die unmittelbar von der Botschaft Jeremias betroffen waren. Er spürte das Joch der babylonischen Herrschaft auf dem eigenen Nacken. Ihm haben die Worte Jeremias geholfen, sein Geschick als Untertan, als Steuerzahler und vielleicht auch als Deportierter zu akzeptieren. Wir leben in einer anderen Situation als er. Die Frage, die uns umtreibt, ist nicht, ob wir die babylonische Weltherrschaft akzeptieren oder uns gegen sie auflehnen. Wir fragen z. B., wie Christen mit völlig gegensätzlichen Auffassungen über das Wort Gottes in dieser Welt (oder im selben Schulzimmer) sich gegenseitig so respektieren können, dass der Glaube an Gottes Wort durch ihren Streit nicht lächerlich gemacht wird. Oder wir fragen, wie Christen, Türken, Buddhisten und Atheisten miteinander leben und etwas für den Frieden auf Erden tun können.

Formal habe ich bei meiner Nacherzählung an Erwachsene gedacht. Um sie anzuleiten, die Gegner Jeremias als Propheten wahrzunehmen, habe ich deren Heilsweissagungen nicht mit eigenen Worten formuliert, sondern ihnen Heilsworte, wie man sie in verschiedenen prophetischen Büchern des Alten Testaments findet, in den Mund gelegt. Einige dieser Worte sind nicht datierbar, andere stammen nicht aus der Zeit Jeremias. Da aber Heilsworte (ebenso wie Unheilsweissagungen) vielfach in tradierten und festgelegten Formeln und Bildern ausgedrückt werden, ist es möglich, auch die Heilspropheten unserer Geschichte in solchen Formeln reden zu lassen.

Erzählt man die Geschichte im Unterricht, so müssen alle Prophetenreden, auch diejenigen Jeremias, auf einen oder zwei Sätze gekürzt und wenn möglich in Ausdrücken der Alltagssprache formuliert werden.

Es ist schwierig, zwischen falschen und wahren Propheten zu unterscheiden

Der Gottesdienst am Neumondstag nahm seinen gewohnten Verlauf. Zephanja, der Dienst tuende Oberpriester begann das Morgenlob. Der Chor antwortete mit dem siebenfachen Halleluja. Das Weihrauchopfer wurde dargebracht. Der Chor sang die lange Litanei.

Aber Eleasa spürte es an diesem strahlenden Morgen wieder schmerzlich: Es war alles nicht mehr wie früher. Der Priester trug einen gewöhnlichen weißen Mantel. Die purpurnen, mit Gold bestickten Priestergewänder waren in Babel. Das Psalmodieren klang dünn und unsicher. Die Instrumente zur Begleitung fehlten. Die Tempelsänger und die Musiker waren damals, vor vier Jahren, von den Siegern gefangen genommen und nach Babel umgesiedelt worden. Jetzt standen ungeschulte Sänger auf dem Podium. Sie mussten die Melodien erst lernen. Der Weihrauch duftete nicht mehr aus den kunstvoll geschmiedeten Räucherfässern. Die Weihrauchkörner brannten auf Tellern aus Ton, die von Priestern mit den Händen gehalten und hin und her geschwenkt wurden. Die kupfernen Weihrauchkessel hatten die Krieger des Feindes, wie viele andere Geräte des Tempels, geplündert und auf ihren Kamelen weggeschleppt. Opfermesser, goldene Schalen zum Auffangen des Blutes, Kupferbecken für die Waschungen, fahrbare Gestelle, eherne Säulen, Harfen, Zimbeln, Pauken, Hörner, das und noch vieles fehlte jetzt in Jerusalem.

Wenn Eleasa an die Zeit vor der Eroberung der Stadt dachte, kamen ihm Tränen. Das Leben seither war armselig geworden. Den König Jechonja hatten die Babylonier als Gefangenen mitgeführt, seine Mutter, die ehrwürdige Gebieterin, die Kämmerer, die Fürsten und die Beamten, die obersten Priester, die Schmiede und die Schlosser. Auch sein früherer Vorgesetzter Jehiel, der oberste Schatzmeister des Königs, war unter den Gefangenen. Seither musste er, Eleasa, die Buchhaltung führen und diese Aufgabe überforderte ihn. Er wusste noch heute nicht genau, wie groß eigentlich die Schulden und die Guthaben des Königs waren und das bedrückte ihn. Und der von den Babyloniern eingesetzte König Zedekja wusste über die Buchhaltung auch nicht Bescheid und von den Regierungsgeschäften verstand er nicht viel.

Unterdessen hatte der Priester mit der Opferhandlung begonnen. Anstatt, wie vorgeschrieben, zehn einjährige Schafe, wurden nur drei geschlachtet. Man nahm auch solche, die nicht fehlerfrei waren. Das Angebot an Schlachttieren war knapp geworden. Der Chor sang wackelig das Opferlied. Das Volk antwortete mit dem Refrain. Nach der Ordnung des Gottesdienstes stand es jetzt den Tempelpropheten frei, wenn sie eine Botschaft des Herrn empfangen hatten, diese zu verkünden. Doch die besten Propheten fehlten: Ahab, Ben-Kolaja, der so tröstlich vom Schalom des Herrn predigen konnte, Schemaja, der gewaltige Redner mit seinen mitreißenden Botschaften, beide lebten als Kriegsgefangene in Babel.

Doch Gott sei Dank, einige waren noch da. Einer trat zum Rednerpult. Eleasa kannte ihn nicht mit Namen. Er sprach:

„Tröstet, tröstet mein Volk, spricht der Herr, euer Gott,
redet mit Jerusalem freundlich.
verkündet der Stadt, dass die Zeit ihres Leidens zu Ende geht.

Ihre Schuld ist beglichen.
Eine kurze Zeit habe ich mein Antlitz vor dir verhüllt,
aber von neuem will ich mich dir gnädig zuwenden, spricht der Herr.
Ich will die Gefangenen in Babel sammeln,
wie ein Hirte seine Herde sammelt,
ich will sie hierher in meine Stadt zurückführen. "

„Amen, amen", riefen viele der zum Gottesdienst Versammelten. Auch
Eleasa war dankbar für dieses Trostwort. Er freute sich, dass jetzt
Hananja, den er kannte, das Podium betrat. Hananja begann:

„Ihr Bürger von Jerusalem und ihr Bewohner der Städte Judas,
hört, was der Herr mich im Traum schauen ließ.
Ich sah einen Berg, der alle Berge und Hügel dieser Erde überragte.
Ein Engel des Herrn trat zu mir und sprach:
Dies ist der Berg Zion.
Auf ihm steht das Haus des Herrn, fest gegründet.
Hier will der Herr Zebaoth in alle Ewigkeit unter seinem Volk wohnen.
Und ich sah, wie die Völker von allen Seiten her zu diesem Berg pilgerten.
Sie sangen Lieder zu Ehren des Gottes Jakobs.
Ein langer Zug kam von Norden her gen Jerusalem.
An seiner Spitze schritt eine Schar Engel Gottes.
Immer je vier Engel in einer Reihe schritten nebeneinander.
Ein jeder von ihnen trug ein Gerät des Tempels in den Händen,
eine Räucherpfanne, ein Opfermesser, eine Schale.
Und sie kamen bis zum Haus des Herrn und legten die Geräte an ihren Ort.
Hinter den Engeln schritten die befreiten Gefangenen,
voran der junge König und die Gebieterin,
dann die Fürsten und Beamten,
dann die Priester und Propheten,
dann die Väter und Mütter, Söhne und Töchter.
Alle, die eine kurze Zeit im Elend geseufzt und getrauert haben,
alle betraten mit Jubel und Lachen die Tore Zions.
Das ließ der Herr mich im Traum schauen. "

Als Hananja das Podium verließ, brauste ihm Beifall entgegen, alle riefen Amen. Auch Elesas jubelte mit und kehrte nach dieser Feier getrös-
tet in sein Haus zurück.
    Wenige Tage danach ging eine Welle der Erregung durch die Bevöl-
kerung. Vornehme Ausländer auf Kamelen waren in der Stadt eingetroffen und im Gästehaus des Königs verschwunden. Es hieß, das seien

Botschafter aus den Nachbarreichen Edom, Moab, Ammon, Tyrus und Sidon. Bürger, die einen guten Draht zur Regierung hatten, verrieten den anderen hinter vorgehaltener Hand, warum sie gekommen waren: Sie wollten einen Aufstand gegen den gemeinsamen Oberherrn, den König von Babel, vorbereiten. Aber das musste geheim bleiben. Die Babylonier durften nichts davon erfahren.

Auch Eleasa wusste Bescheid. Was die Propheten in der Feierstunde im Tempel vorausgesagt hatten, schien sich bald zu erfüllen. Eleasa war froh. In absehbarer Zeit würde er die schwierige Rechnungsführung in die Hand Jehiels, seines früheren Vorgesetzten, zurücklegen können, wenn dieser mit den anderen Gefangenen heimkehren würde.

Bald darauf sah Eleasa zum ersten Mal Jeremia mit dem Joch auf den Schultern. Das war für ihn höchst beunruhigend und erschreckend. Es war bei einer Dienstbesprechung der hohen Beamten mit dem König. Jeremia hatte jederzeit Zutritt zu den Amtsräumen, da der König große Stücke auf ihn hielt. So trat er denn unangemeldet während der Verhandlungen in den Saal. Auf den Achseln trug er einen Holzbalken, wie man ihn einem Ochsen als Joch auf den Nacken legt und mit Stricken um den Hals befestigt. Der Prophet wandte sich an den König und die versammelten Beamten:

„Beugt euren Nacken unter das Joch des Königs von Babel.
Seid ihm und seinem Volk untertan.
Dann bleibt ihr am Leben.
Hört nicht auf die Propheten, die zu euch sagen:
Ihr sollt dem König von Babel nicht untertan sein.
Was sie euch sagen, ist Lüge. So spricht der Herr:
Ich habe alle Länder in die Hand des Königs von Babel gegeben.
Er ist mein Knecht.
Alle Völker sollen ihm untertan sein.
Wer dieses Joch abschüttelt, den verstoße ich, dass er zugrunde geht."

So verkündete der Prophet. Im Saal herrschte betretenes Schweigen, bis Jeremia hinausging. Dann brach das Gewirr der Stimmen los, empört ablehnend die einen, erschreckt verunsichert die anderen. Eleasa wusste, wie umstritten Jeremia war. Die einen hielten ihn für einen schlechten Propheten, einen Schwarzseher, der eine grausame Freude hatte, wenn er anderen Menschen das, was ihnen die Zukunft als rosig erscheinen ließ, vermiesen konnte. Andere meinten, er habe eine besondere Beziehung zum Himmel und es bringe Unglück, nicht auf ihn zu hören.

Auch jetzt waren die Meinungen der Beamten über ihn geteilt. Einer wusste, dass der Prophet vorher mit derselben Botschaft im Gästehaus des Königs vor den Gesandten der Nachbarstaaten aufgetreten war. Das könnte üble Folgen haben. Vielleicht deuteten sie das Joch auf den Schultern des Propheten als schlechtes Vorzeichen. Vielleicht lähmte das den Mut der Männer, die mit Gottes Hilfe etwas Tapferes tun wollten. Auch die gegenteilige Meinung war zu hören: Der Aufstand sei ein allzu kühnes Unternehmen. Ein Erfolg sei wenig wahrscheinlich. Es sei gut, dass der Prophet zur Vernunft und zur nüchternen Einschätzung der Kräfte mahne.

Der Streit der gegensätzlichen Meinungen dauerte eine Weile. Dann wurde die Besprechung über die Alltagsgeschäfte wieder aufgenommen. Auch diesmal wurde Eleasa eine Frage bezüglich einer Summe in der Buchhaltung gestellt, die er nicht klar beantworten konnte. Es war unangenehm für ihn.

Der Heimweg vom Palast führte Eleasa über den Marktplatz. Dort sah er, wie Jeremia zu einer Schar von Bürgern sprach, immer noch mit dem Balken auf dem Rücken. Auch Propheten standen dabei, unter ihnen Hananja, der Tempelprophet. Jeremia sprach im gleichen Sinn wie vorher im Audienzsaal:

„Fügt euren Nacken dem Joch des Königs von Babel.
Dient ihm und seinem Volk."

Hier auf dem Marktplatz griff er besonders scharf die Propheten an, die die gegenteilige Botschaft verkündeten:

„Hört nicht auf die Reden eurer Propheten, die weissagen:
Die Geräte des Tempels werden aus Babel zurückgebracht werden,
und zwar bald.
Was sie euch sagen, ist Lüge. Sie sind falsche Propheten.
Denn sie rufen nicht auf, von den Sünden zu lassen
und zu Gott umzukehren.
Sie predigen die billige Gnade und verheißen den Schalom Gottes
denen, die am Bösen Wohlgefallen haben."

Immer schärfer wurde Jeremias Kampfrede gegen die anderen Propheten. Er bestritt ihren Anspruch, dass sie eine Offenbarung vom Herrn empfangen hätten:

„Wort des Herrn: Ich habe gehört, was die Propheten reden,
die in meinem Namen Lügen weissagen und sprechen:
Einen Traum habe ich gehabt, einen Traum.
Der Prophet, der einen Traum hat, erzählt nur einen Traum.
Wer aber mein Wort hat, der verkündet wahrhaftig mein Wort.
Verwechselt doch nicht Stroh mit Weizen!
Ich habe diese Propheten nicht gesandt, spricht der Herr,
dennoch laufen sie.
Ich habe nicht zu ihnen gesprochen,
dennoch weissagen sie.
Ist mein Wort nicht wie Feuer,
nicht wie ein Hammer, der Felsen zerschmettert?
Darum wende ich mich gegen diese Propheten,
die Lügenträume weissagen."

Eleasa erschrak über die Heftigkeit dieses Angriffs. Er verstand nicht,
warum Jeremia es nicht für möglich hielt, dass der Herr auch durch
einen Traum zu einem Propheten reden konnte. Hatte der Erzvater
Jakob nicht durch einen Traum die Leiter zum Himmel gesehen und
vom Herrn eine Verheißung empfangen, die sich für ihn und alle seine
Nachkommen als wahr erwiesen hat? Was mochte Hananja dazu
sagen, dass Jeremia die Träume so verächtlich machte, er, der am letzten Neumondfest einen so tröstlichen Traum verkündet hatte?
Auf diese Frage bekam Eleasa schon am nächsten Sabbat Antwort. Im
Verlauf des Gottesdienstes trat Hananja an der Stelle, wo die Propheten das Wort ergreifen, wieder aufs Podium und verkündete:

„So spricht der Herr Zebaoth:
Ich zerbreche das Joch des Königs von Babel.
Noch zwei Jahre und ich bringe die Geräte des Hauses des Herrn,
die der König von Babel von diesem Ort weggenommen
und nach Babel gebracht hat,
an diesen Ort zurück."

Das war eine Stellungnahme gegen Jeremia! Hananja verkündete nicht
einen Traum, sondern ein Wort, das er gehört hatte. Zu ihm sprach
der Herr also in gleicher Weise wie zu Jeremia. Neu an der Botschaft
Hananjas war die Zeitangabe: noch zwei Jahre. Das war nicht mehr
lange. Der geplante Aufstand gegen die Babylonier wird also zustande
kommen und gelingen. Oder eine andere feindliche Macht wird gegen
Babel Krieg führen und siegen. Noch zwei Jahre musste man durch-

halten und auf die ersehnte Freiheit warten. So dachten Eleasa und mit ihm viele Einwohner der Stadt.

In diesem Augenblick schritt langsam, von hinten her, Jeremia mit dem Joch auf den Schultern auf das Podium zu. Jetzt musste es zu einem Zusammenstoß kommen. Ja, Hananja verließ das Podium und kam Jeremia entgegen. Aber anstatt ein Wort zu sagen, entriss er ihm unerwartet das Holz, hob es über den Kopf und schmetterte es mit übermenschlicher Kraft vor sich auf den Steinboden. Der Balken zersplitterte in mehrere Stücke. Hananja sprach:

„So spricht der Herr: Wie dieses Joch zersplittert ist,
so nehme ich binnen zwei Jahren das Joch des Königs von Babel
vom Nacken aller Völker und zerbreche es.
Mein Wort ist wie Feuer, wie ein Hammer, der Felsen zerschmettert."

Ein Beifallssturm brach los. Hananja hatte das Zeichen Jeremias mit einem viel stärkeren Gegenzeichen unwirksam gemacht. Dass er das dicke Holz zerschmettern konnte, war nur möglich, weil er von der Kraft des Herrn erfüllt war.

Jeremia stand ohne Holz da und sah nicht verärgert, sondern eher erleichtert aus. Was er Hananja antwortete, klang nicht zornig, sondern wie ein Wunsch, der aus der Tiefe des Herzens kam:

„Wie schön wäre es, wenn du recht hättest. Möge der Herr die Worte, die du verkündet hast, erfüllen. Möge er die Gefangenen aus Babel und die heiligen Geräte hierher zurückbringen! Doch bedenke: Die großen Propheten der Vergangenheit haben Unheil verkündet, Krieg, Hunger, Pest. Ob der Herr dich in Wahrheit als Propheten gesandt hat, kann man nur daran erkennen, dass dein Wort eintrifft."

Damit wandte er sich dem Tempeltor zu. Man hörte Pfiffe und Pfui-Rufe aus der Menge. Viele schwiegen und verstanden nicht, was Jeremia gemeint hatte. Hatte er Hananja recht gegeben? Zweifelte er jetzt daran, dass der Herr zu ihm gesprochen hatte? Galt sein erstes Zeichen nicht mehr? Auch Eleasa war ratlos. In welchem der beiden Zeichen tat sich Gottes Wille kund? Gebot er, das Joch der Fremdherrschaft weiterzutragen? Oder verhieß er die baldige Befreiung? War es gut, sich gegen das fremde Joch aufzulehnen und sich mit der eigenen Streitkraft an die Seite des Herrn zu stellen, wenn er dieses Joch zerbrechen wollte?

Diese Fragen wurden für Eleasa erst recht bedrängend, als es nach einigen Tagen zu einem neuen Zusammenstoß zwischen Jeremia und Hananja kam. Die beiden begegneten sich wie zufällig wieder auf dem

Marktplatz, und Eleasa war in der Nähe. Jeremia blieb stehen, sah Hananja an und sprach so laut, dass auch die Umstehenden neugierig aufhorchten:

„So spricht der Herr zu dir, Hananja:
Du hast den Jochbalken aus Holz zerbrochen.
Dafür musst du dir ein Joch aus Eisen machen.
Ein eisernes Joch habe ich auf den Nacken aller Völker gelegt.
Sie müssen dem König von Babel untertan sein.
Du aber, Hananja, höre. Der Herr hat dich nicht gesandt.
Du hast dieses Volk verführt, auf Lügen zu vertrauen.
Darum so spricht der Herr: Ich sende dich vom Erdboden fort.
Noch in diesem Jahr wirst du sterben."

Hananja lächelte unberührt und überlegen:
„Du kannst es offenbar nicht annehmen, dass der Herr durch mein Zeichen dich als den Lügenpropheten entlarvt hat. Darum willst du mir jetzt durch ein Fluchwort Schaden zufügen."
Hananja fühlte sich gesund und stark. Er war überzeugt, dass ihm das Wort vom nahen Ende der Fremdherrschaft vom Herrn eingegeben war. Durch Gottes Geist hatte er den Balken Jeremias zerschmettert. Was sollte das Fluchwort ihm anhaben? Die Augenzeugen des Gesprächs waren durch die Sicherheit, mit der Hananja nach Hause ging, beeindruckt.
Zwei Monate später hieß es in der Stadt, die Gesandten der Nachbarländer hätten bei einer zweiten Zusammenkunft den Plan zu einem Aufstand endgültig aufgegeben. Ein Sieg im Kampf gegen Babel sei zu ungewiss. Diese Nachricht beunruhigte Hananja. Er hatte angenommen, dass seine Weissagung vom Zerbrechen des Jochs durch den Sieg in diesem Aufstand verwirklicht würde. Aber der Herr hatte gewiss noch andere Mittel, um seine Verheißung wahr zu machen. So tröstete er sich.
War der Trost unwirksam? Hatte ihn das Fluchwort Jeremias mehr erschüttert, als er meinte? Nagte etwas im Verborgenen an seiner Lebenskraft? Es begann damit, dass ihn beim Pflücken von Trauben eine gewöhnliche Wespe stach. Um den Einstich herum bildete sich eine eitrige Entzündung. Der Arm schwoll an. Salben und Pflaster halfen nicht. Auch die schmerzhaften Einschnitte durch die Ärzte und die Behandlung der Wunde mit einem glühenden Eisen hielten die zunehmende Vergiftung des ganzen Körpers nicht mehr auf. Am dritten Tag nach dem Stich starb er.

In der ganzen Stadt redete man vom Tod Hananjas. Einige meinten: „Der Herr hat diese Wespe gesandt, um sein Gericht auszuführen. Er hat ihren Stachel mit einem besonderen Gift ausgerüstet."

Viele sagten: „Es ist gut, dass der Aufstand abgeblasen wurde. Den Babyloniern untertan sein ist besser als Krieg. Jeremia hat uns den rechten Weg gewiesen."

Die aber, die Hananja vertraut hatten, waren anderer Ansicht: „Es war bloß ein Zufallstreffer für Jeremia. Er hat auch schon Ereignisse angekündet, die nicht eingetroffen sind."

Ein Neunmalkluger behauptete: „Nicht der Herr hat Hananja getötet, sondern die eigene Angst vor dem Fluchwort, mit der er nicht fertig geworden ist."

Für Eleasa war das Ende Hananjas ein eindeutiger Beweis, dass Jeremia der wahre Prophet war. Er strengte sich an, mit dem Gedanken vertraut zu werden, dass er noch viele Jahre, vielleicht bis zum Lebensende, die Kasse des Königs verwalten müsse. Aber er fragte sich, warum der Herr die Bewohner von Jerusalem diesem Verwirrspiel von Propheten ausgesetzt hatte, die unter sich uneinig waren und ihnen gegensätzliche Botschaften verkündigten. Wenn alles darauf ankommt, dass die Gläubigen den Weisungen von Gottes Wort gehorsam sind, warum wird dann für sie Gottes Wort nicht an einer bestimmten Stelle eindeutig und, ohne dass man darüber streiten muss, erkennbar? Eleasa fand, die Weltregierung des Herrn sei noch schwerer zu verstehen als die königliche Buchhaltung.

Zur Einführung der Erzählung bei Erwachsenen

Da wagt es jemand, nach einer langen Zeit des Unheils anzukündigen, es dauere noch eine kurze Weile, bis für alle erkennbar das neue Glück ausbreche. Ein anderer weist das zurück und behauptet, das alle belastende Leiden würde weiter andauern und müsse ausgehalten werden. Und beide weissagen im Namen Gottes. Beide beanspruchen die Wahrheit für sich.

Wahrscheinlich sind Glückspropheten beliebter als Unheilspropheten. Es ist gut zu verstehen, wenn sich Menschen danach strecken, Leid hinter sich zu lassen, und bessere Zeiten ersehnen. Und damit kann gespielt werden. Die Behauptung „wir haben alles im Griff" beruhigt und wird lieber geglaubt als die Vorhersage „das Unheil wird sich fortsetzen". Das war damals so und wird auch morgen noch gelten. Heute ist es üblich, an die Stelle Gottes die Wissenschaft zu setzen und Vorhersagen mit Erkenntnissen zu untermauern, die kaum jemand nachprüfen kann. Auch hier stellt sich die Frage: Wer sind die „wahren", wer die „falschen" Propheten. Wo es keine Klarheit gibt, bleibt manchmal nur die Ratlosigkeit auszuhalten.

Liedvorschläge

– Entdeck bei dir, entdeck bei mir (ML 1/B 89)
– Gottes Geist befreit zum Leben (ML 2/B 201)
– Wir bitten, Herr, um deinen Geist (ML 1/B 8)

K. H.

Zwei Briefe Jeremias nach Babel

Jer 29

Was die Zürcher Bibel in V.1 mit „Dies ist der *Wortlaut* des Briefs..." übersetzt, möchte ich mit A. Weiser (ATD 21) mit „Dies ist die *Geschichte* des Briefs..." übersetzen. Der Brief nimmt Bezug auf eine bestimmte Situation der Empfänger. Er löst Wirkungen aus. Daraus ergibt sich eine Geschichte.

Das Kapitel enthält keine Angabe über das Jahr, in dem die Briefe geschrieben wurden. Es sagt auch nichts über den diplomatischen Auftrag der beiden hohen Beamten, die von Jerusalem nach Babel gesandt wurden und den ersten Brief in ihrem Gepäck mitnahmen. Man kann das Geschehen, von dem in den Briefen die Rede ist, am besten in die Zeit nach 594 v. Chr. einordnen. Der Plan der syrisch-palästinensischen Satellitenkönige, sich durch einen Aufstand vom Joch Babels zu befreien (Jer 27–28), war aufgegeben worden. Die beiden Diplomaten, die in die Hauptstadt reisten, hatten wahrscheinlich die Aufgabe, beim Großkönig die unbedingte Loyalität von König Zedekia zu bezeugen und den Verdacht zu zerstreuen, er sei an der Verschwörung beteiligt gewesen. Zu diesem (vermuteten) Auftrag passt der Inhalt des Briefs: Jeremia fordert die Deportierten zu einem loyalen Verhalten gegenüber den babylonischen Herren auf. Sie sollen die Hoffnung auf baldige Heimkehr aufgeben.

In Jer 51,59–63 wird eine weitere diplomatische Reise von Jerusalem nach Babel erwähnt. An ihr waren Seraja, der Sohn Nerias, und der König Zedekia selber beteiligt. Auch diesmal wurde ein Brief Jeremias mitgenommen, doch mit einem ganz anderen Inhalt: Dieser Brief redete vom kommenden Untergang des babylonischen Reichs. Aus beiden Texten sieht man, wie rege der Kontakt zwischen Jerusalem und den Deportierten in Babel war.

Im Text des ersten Briefs wirkt der Abschnitt V. 16–20 als Fremdkörper. Hier werden der König von Jerusalem und das Volk in der Stadt angeredet. Dem König wird angesagt, dass er zum Gespött aller Völker werde. Das passt nicht zum Brief an die Deportierten. Der Abschnitt fehlt in der alten griechischen Übersetzung der jüdischen Bibel. Er stammt also aus einem anderen Zusammenhang und ist von einem Abschreiber hier eingefügt worden.

Manche Ausleger nehmen an, dass V. 8–9 ursprünglich hinter V. 15 kamen. Sie bilden die Antwort Jeremias auf die Meinung der Deportierten, dass der Herr ihnen in Babel Propheten erweckt habe. – Nach unseren heutigen Vorstellungen über die Briefform fehlen in diesem Text die Anrede, die Grußworte am Schluss und die Unterschrift des Verfassers. Man könnte den Wortlaut des Briefs durch diese Elemente ergänzen.

Nimmt man den Brief mit anderen alttestamentlichen Quellen über das Exil zusammen, so sind Rückschlüsse auf die Situation der Deportierten möglich: Sie lebten nicht wie in einem Konzentrationslager als eigentliche Gefangene. Die Familien waren zusammengeblieben. Ihnen war Ackerland zugeteilt worden, auf dem sie zur Selbstversorgung anpflanzen konnten. Sie durften Häuser aus Backsteinen bauen. Sie hatten auch etwas Freizeit und verbrachten diese gemeinsam (Ps 37). Unter babylonischer Aufsicht hatten sie eine gewisse Selbstverwaltung durch die Ältesten, die deportiert worden waren (V.1 „…an den Rest der Ältesten"). Ihr Leben war aber gewiss nicht paradiesisch, denn die Babylonier setzten sie sicher zur regelmäßigen Zwangsarbeit ein.

Jeremia fordert die Deportierten auf, Häuser zu bauen und darin zu wohnen, Gärten zu pflanzen und die Früchte daraus zu essen (V. 6). Damit nimmt er Bezug auf Schwierigkeiten der Deportierten. Sie hatten innere Widerstände gegen das Bauen von Häusern und das Anpflanzen von Gärten, nicht nur weil sie Heimweh hatten und weil die Schmach der Niederlage sie bedrückte, sondern auch aus religiösen Gründen. Nach ihrer Auffassung lebten sie in einem unreinen Land (Am 7,17), fern von ihrem Gott, ohne seinen Segen. Die für das Säen, Pflanzen und Ernten und für den Bau eines Hauses vorgeschriebenen Opfer konnten sie nicht darbringen, weil es im fremden Land keine von Gott erwählte und geheiligte Opferstätte gab. Sie fühlten sich vom Schalom Gottes ausgeschlossen. Mit diesem Wort fasst das Hebräische bekanntlich alles zusammen, was zum inneren und äußeren Frieden, zu einem Zustand der Gerechtigkeit und zum Heil gehört.

Ihr Los als Gefangene war für sie ein Provisorium. Sie konnten es nur aushalten, weil sie auf baldige Befreiung hofften. Für sie war es ein Trost, dass unter ihnen Propheten auftraten, die ihnen die bevorstehende Heimkehr ankündigten. Das waren entweder Männer, die schon vor der ersten Eroberung Jerusalems um 598 v. Chr. als Tempelpropheten gewirkt hatten und von den Siegern als Gefangene mitgenommen worden waren oder solche, die in der Gefangenschaft zum Propheten berufen wurden (das meint vielleicht V. 15).

Wenn ich mich in die Lage der Deportierten einfühle, halte ich es für unwahrscheinlich, dass ihnen die drei in diesem Kapitel mit Namen genannten Propheten in irgendeinem Sinn als Scharlatane erschienen sind. Für sie waren das vielmehr integre Männer, Seelsorger, die sie zum Durchhalten ermutigten und ihre Hoffnung auf die baldige Wende stärkten.

Jeremia beschuldigt Ahab und Zedekia, dass sie Ehebruch begangen hätten. Ich nehme nicht an, dass man unter den Deportierten etwas von einem sexuellen Vergehen der beiden Männer gewusst hat. Sonst wäre ihre Autorität als Propheten umstritten gewesen und davon steht nichts im Text. Soll ich die Anklage Jeremias schon als endgültige Verurteilung der beiden ansehen? Viele Ausleger tun das ungeprüft und fügen oft noch den erbaulichen Gedanken an, dass sich die falsche Prophetie auch an solchen sexuellen Fehltritten der angeblichen Propheten erkennen lässt. So G. Rudolf: „Die sittliche Verfehlung ist für Jeremia der unumstößliche Beweis, dass es mit ihrem religiösen Anspruch windig bestellt war."

Ich zweifle an der Brauchbarkeit dieses Kriteriums und frage, wie begründet die Anklage Jeremias eigentlich war. Woher wusste er etwas über das ehebrecherische Verhalten der beiden? Hat ihm Gott das direkt offenbart? Ist es möglich, dass eine Gottesoffenbarung, die jemand empfängt, solche Schlafzimmerskandale anderer Menschen zum Inhalt hat? Oder hat Jeremia nur durch das Gerede der Leute etwas von diesen Sünden vernommen? Haben die bösen Zungen, die über die beiden klatschten, auf dem langen Weg von Babel nach Jerusalem eine harmlose außereheliche Freundschaft zu einer ehebrecherischen Beziehung aufgebauscht? Ich kann diese Fragen nicht beantworten. Darum möchte ich mich der kollektiven Verurteilung der beiden nicht anschließen. Zudem weiß ich aus der späteren Kirchengeschichte, wie oft Gottesmänner ihre Gegner mit der Behauptung bekämpft haben, diese hätten sich sexueller Vergehen schuldig gemacht. In vielen Fällen war die Behauptung eine maßlose Übertreibung oder eine Verleumdung. Ich möchte die Männer, die Jeremia in seinem Brief angreift, als Menschen ernst nehmen, die überzeugt waren, dass das Wort, das sie den Deportierten verkündigten, Gottes Wort war. Darum lasse ich die Anklagen Jeremias bezüglich ihrer Ehemoral weg.

Dadurch wird für mich die Bedeutung des Jeremiabriefs um nichts geringer. Wir haben es hier mit einem der biblischen Texte zu tun, die sich so nachhaltig in der Geschichte ausgewirkt haben, dass wir noch heute auf ihre Spuren stoßen. Jeremia eröffnet in diesem Brief ein neues Verständnis des Schalom Gottes. Bis dahin war der Empfang des Schalom Gottes für die Juden an das verheißene Land der Väter und an den von Gott zum Wohnsitz erwählten Tempel auf dem Berg Zion gebunden. In diesem Land erhofften sie Schalom und wenn sie zum Zion pilgerten, um „das Angesicht des Herrn aufzusuchen", empfingen sie durch das priesterliche Handeln den Schalom Gottes („...der Herr wende sein Angesicht dir zu und schenke dir Schalom", 4. Mose 6,26). Darum gab es für viele, die gezwungen waren, in Babel zu leben, keine Hoffnung auf Schalom. Jeremia hat demgegenüber eine ganz andere Sicht: Gott hat über sie, auch wenn sie in der Fremde leben, Gedanken des Schalom, nicht des Unglücks (V. 11). Doch in ihrer gegenwärtigen Lage ist ihr Schalom mit dem Schalom des von ihnen gehassten Siegervolks verknüpft, ja sie sollen um den Schalom für die Babylonier beten. Dann wird auch ihnen Schalom zuteil werden.

Das war für die Deportierten etwas radikal Neues. Wenn in ihren Gebeten bisher die Babylonier überhaupt vorkamen, dann nur im Sinn der Bitte um die Rache Gottes an ihren Feinden (Ps 137,8f.). Was Jeremia von ihnen fordert, ist ein Schritt in Richtung auf die Feindesliebe, von der in der Bergpredigt die Rede ist (Mt 5,43ff.). Diese Anweisung Jeremias hat – vermutlich nicht schon beim ersten Lesen des Briefs, wohl aber langfristig – eine neue Form der jüdischen Glaubenspraxis ohne Teilnahme am Opferkult im Tempel ermöglicht. Die Gläubigen kamen als kleine Minderheit, die unter einer überwiegenden Mehrheit von Andersgläubigen wohnten, zusammen, um gemeinsam zu beten, und schlossen in ihre Fürbitte auch das Gastland und dessen Regierung ein. Der Jeremiabrief ist somit die Gründungsurkunde des Synagogengottesdienstes. Jede Synagoge, die wir heute sehen, ist eine Spur der Wirkung dieses Kapitels.

Die Hoffnung der Deportierten auf eine Heimkehr wird im Brief nicht völlig abgelehnt. Nach siebzig Jahren werde der Herr die Gefangenen befreien, schreibt Jeremia (V.10). Mit dieser runden Zahl ist wohl wie in Jer 27,7 die Zeit von drei Generationen gemeint. Erst die Enkelkinder der jetzigen Deportierten werden die Rückkehr erleben. Weil der Brief ausdrücklich an der Hoffnung auf die Heimkehr nach Jerusalem festhält, hat sich der Synagogengottesdienst so entwickelt, dass in ihm das Haus Gottes im fernen Jerusalem immer irgendwie präsent war, entweder im Sinn der Klage um den zerstörten Tempel oder, als er dann unter der Herrschaft der Perser wieder aufgebaut war, im Sinn der Sehnsucht und der Bereitschaft, einmal eine Pilgerreise zum fernen Heiligtum zu unternehmen (Ps 42–43, Ps 84).

In der Geschichte der nach Babel Deportierten kam eine Zeit, in der sie sich im fremden Land daheim fühlten. Sie waren, vielleicht in der dritten Generation, zu Wohlstand gekommen, hatten gute Beziehungen zu den Babyloniern und träumten nicht mehr vom Zion. Eine Rückkehr in die Heimat der Großväter wäre mit vielen Nachteilen verbunden gewesen. Ein Prophetenwort musste sie in dieser

Situation auffordern: „Heraus aus Babel, flieht aus Chaldäa!" (Jer 48,20; 50,8; 51,6). Jeder Gläubige musste sich dann selber darüber klar werden, welches Wort des Herrn für ihn jetzt gelte: „Bemüht euch um den Schalom der Stadt Babel!" oder „Flieht aus Babel!"

Eine ähnliche Alternative stellt sich für uns Christen heute: Der Name Babylon wurde im Neuen Testament als Deckname für die Stadt Rom gebraucht (Offb 14,8; 18,2 und an anderen Orten) und diente ferner als Symbol für die gottlose Welt (1. Petr 5,13). Weil die ersten Christen eine kleine Minderheit waren, die unter einer andersgläubigen Mehrheit lebten, hielten sie sich an die Anweisung des Jeremiabriefs und beteten in ihren Gottesdiensten um den Frieden Gottes für den heidnischen Kaiser und das römische Reich (1. Tim 2,1f.). Über diese christlichen Gemeinden kam aber eine Verfolgung, in der ein urchristlicher Prophet die Feindschaft des römischen Staates gegen die Christen als so bedrohend und die Gefahr der Verführung der Gläubigen durch die heidnische Kultur als so akut erlebte, dass er das alte Prophetenwort aufnahm und die Gläubigen aufforderte: „Verlass die Stadt (Babel), mein Volk, damit du nicht mitschuldig wirst an ihren Sünden und von ihren Plagen mitgetroffen wirst" (Offb 18,4). Damit ist wohl nicht eine Auswanderung aus den heidnischen Städten im geographischen Sinn gemeint, sondern ein inneres Loslösen, der Verzicht auf die Fürbitte für den römischen Staat und die intensive Erwartung, dass Gott als Richter demnächst mit einer Katastrophe das römische Reich vernichten werde.

Wie verstehen wir die beiden biblischen Weisungen in der heutigen Situation? Dass wir Christen, wie die deportierten Juden in Babel, eine kleine Minderheit in einer andersgläubigen oder ungläubigen Welt sind, weiß jeder, der sich auf den christlichen Glauben einlässt. Gilt für uns das Wort aus dem Jeremiabrief: „Sucht den Schalom Gottes für die nicht-christliche Welt, denn in ihrem Schalom ist auch euer Schalom?" Oder gilt das Wort aus der Offenbarung: „Ziehet weg aus dieser ungläubigen Welt!" Sind wir, zusammen mit allen Menschen guten Willens, auch wenn sie nicht an Gott glauben oder Gott anders verstehen als wir, aufgerufen, für das Überleben der Menschheit einzusetzen? Oder müssen wir Christen heute vor allem die Botschaft verkünden, dass Gott die Gottlosen und Ungläubigen richten wird, dass es nur Rettung gibt für die, die zu ihm umkehren und dass mit dem Überleben der Menschheit nicht zu rechnen ist, wenn sie nicht Buße tut? Ich selber bejahe für mich die erste und verneine die zweite Frage. Ich weiß aber, dass viele überzeugte Christen die entgegengesetzte Antwort geben und dass sie dies auch biblisch begründen können. Ich erzähle die Geschichte des Jeremiabriefs, um die Zuhörer zum Nachdenken über diese für unsere Glaubensfrage wichtige Alternativfrage zu bewegen.

Damit die Zuhörer die Schwierigkeiten der nach Babel Deportierten und ihre Widerstände gegen den Bau eines Hauses und das Bepflanzen des Ackers nachempfinden können, erzähle ich von anderen Deportierten, die in dieser Hinsicht keine Skrupel hatten. Ich habe mir vorgestellt, dass diese sich auch äußerlich von den übrigen Gefangenen trennen und sich in einer der Vorstädte Babels niederlassen. Den Namen einer solchen Vorstadt, Bit-Chachuru, habe ich der archäologischen Rekonstruktion des Stadtplans von Babel durch E. Ungers entnommen, die Bezeichnung der Siedlung durch ihre jüdischen Bewohner ist natürlich ein Anachronismus.

Die Hörer sollen die unter den Deportierten auftretenden Propheten als Propheten wahrnehmen. Darum habe ich das, was sie verkünden, nicht in eigenen Worten formuliert, sondern dazu Zitate aus alttestamentlichen Prophetien verwendet. Für diese Situierung der Texte fehlt aber jede historisch-exegetische Begründung. Ich nehme vielmehr an, dass die zitierten Texte ursprünglich in einer anderen historischen Situation gesprochen wurden. Vielleicht haben jedoch die Propheten unter den Deportierten ähnlich geredet.

Für die Feinde beten?

Die Rückenschmerzen wurden für Jehiel bis zum Abend fast unerträglich. Den ganzen Tag hatte er kauernd oder kniend gearbeitet. Der babylonische Aufseher nannte ihn Drückeberger und trieb ihn zur Eile an. Die Gruppe, zu der er gehörte, musste die Bewässerungsgräben zwischen dem Fluss Kebar und dem großen Strom reinigen – eine harte Arbeit. Das Wasser, das in die Gräben geleitet wurde, brachte aus dem Strom ständig Geschiebe mit. Schlamm und Sand setzten sich am Boden und an den Wänden der Gräben fest, wurden steinhart und mussten abgepickelt werden oder waren lehmig und die Schaufel, mit der man sie entfernen wollte, blieb stecken. Oft half nur, den zähflüssigen Ton kniend oder in Hockstellung mit den Händen wegzukratzen.

Jehiel seufzte erleichtert, als der Aufseher den Schluss des Arbeitstages ankündigte. Diesmal wurden ihnen keine Überstunden zur Strafe aufgebrummt wie an den Tagen, an denen der Aufseher bemerkt hatte, dass jemand die Gräben hinter seinem Rücken böswillig wieder zugeschüttet hatte. Jehiel schleppte sich mühsam ins Zeltlager der Gefangenen. Seine Frau nahm den Kessel mit warmem Wasser vom Feuer und goss es in das Waschbecken. Als sein Leib vom Schmutz der Arbeit und vom Schweiß rein war, fühlte er sich wieder als Mensch.

In seinem früheren Leben, als oberster Schatzmeister des Königs, hatte er nie in gebückter Haltung gearbeitet, nie beim Arbeiten schmutzige Hände bekommen. Auch wenn er im Ältestenrat, zusammen mit den anderen, die Geschäfte des Staates besprach, hatte er kein Rückenweh bekommen. Aber dann musste der junge König Konja vor den babylonischen Belagerern kapitulieren und die hatten die königliche Familie und alle Personen in führender Stellung als Kriegsgefangene mitgenommen. Aber das lag fünf Jahre zurück. Fünfmal ein Sommer, bedeutend heißer als in Jerusalem, fünfmal eine Regenzeit. Gegen die Hitze schützte das Zeltdach nicht wie ein Backsteinhaus. Bei tagelangen Wolkenbrüchen wurde es im Inneren des Zeltes immer irgendwo feucht.

Doch das Zeltdach war besser als der offene Himmel. Auf dem Marsch durch die Wüste von Jerusalem nach Babel lagen sie jede Nacht ohne Schutz auf dem Sandboden. Sechs lange Wochen waren sie unterwegs gewesen. Nach jedem Tagesmarsch sanken sie zu Boden, wo sie gerade waren. Am Morgen waren sie durchgefroren und manchmal, wenn es die Nacht hindurch geregnet hatte, auch noch nass. Wer nicht mehr aufstehen konnte, wurde von den Wächtern erstochen. Mit Schaudern sahen die Gefangenen beim Weitermarschieren, wenn sie zurückblickten, wie die Geier sich über die Leichen der Liegengebliebenen hermachten. Zwei gute Freunde von Jehiel waren am Wegrand liegen geblieben.

Der Frondienst an den Gräbern dauerte jeweils zwei Tage. Dann hatte Jehiel vier Tage frei, um das Stück Land zu bebauen, das er wie die anderen Vertriebenen zur Selbstversorgung seiner Familie erhalten hatte. Am Morgen nach dem Tag mit den höllischen Rückenschmerzen blieb er liegen. Die Stiche im Kreuz waren wieder da, sobald er sich aufsetzte oder gar stehen wollte. Er hasste die Arbeit auf dem Acker noch mehr als das Reinigen der Gräben. Denn er verstand nichts vom Gartenbau und war ungeschickt dabei. Hätte sein Nachbar, der Waffenschmied, ihm nicht gezeigt, wie man Gemüse pflanzt, begießt und jätet und wie man Brotfrucht sät, wäre sein Pflanzland nur von wucherndem Unkraut überwachsen gewesen.

Es gab einige Mitgefangene aus Jerusalem, die im Pflanzen von Gemüse tüchtig waren. Sie hatten aus der Heimat auch den festen Willen mitgebracht, in der Gefangenschaft auf einen grünen Zweig zu kommen. Ihr Pflanzland trug bald reichlich. Sie brachten davon auf den Markt in die nahe Stadt und legten das Geld auf die Seite. Im dritten Jahr konnten sie sich aus der Gefangenschaft loskaufen. Jetzt arbeiteten sie als Taglöhner oder Händler in Babel. Im Vorort Bit-Chachuru hatten sie Land erworben und bauten dort kleine Häuschen. Die Häusergruppe in der sie wohnten, nannten sie Neu-Jerusalem. Doch welch ein Hohn! Diese paar Hütten hatten doch nichts mit der Stadt auf dem Berg Zion zu tun, den der Herr sich zum Wohnsitz erwählt hatte. Wo war in dieser langweiligen Vorstadt der Tempel des Herrn? Wo die heilige Bundeslade, die ihm als Thronsitz dient? Diesen Häuschen den Namen Jerusalem zu geben war eine Lästerung. Sie hatten damit den Glauben, dass der Herr die Gefangenen Zions erlösen wird, verraten. Der Zorn stieg in Jehiel hoch, wenn er an die Juden in Bit-Chachuru dachte.

Nie wird er in Babel seine neue Heimat sehen, nie sich den Siegern innerlich unterwerfen. Dazu war er entschlossen. Diese Haltung verdankte er den Gesprächen mit Ahab Ben Kolaja. Auch ihn hatten die Feinde damals vor fünf Jahren, zusammen mit dem anderen Tempelpropheten Zidkija Ben Maaseja, gefangen genommen und zum langen Marsch gezwungen. Sie wussten offenbar, welche Glaubenskraft zum Kampf gegen sie von den beiden Propheten ausging. Jehiel hatte Ahab Ben Kolaja auf dem Marsch kennen gelernt und manches hilfreiche Trostwort von ihm vernommen.

Jetzt im Zeltlager am Fluss Kebar, saßen viele von ihnen am Feierabend mit den beiden Propheten zusammen. Dabei waren auch die anderen Ältesten, die sich unter den Gefangenen befanden. Die babylonischen Wächter schienen diese Gruppe nicht zu bemerken. Sie erzählten einander, was sie erlebt hatten: vom Ärger mit einem Aufseher beim Frondienst, von einer günstigen Gelegenheit, zu Saatgut zu kommen, von der Falle, die einer konstruiert hatte, um die Mäuse auf dem Pflanzland zu fangen. Flüsternd berichteten sie von nächtlichen Aktionen, mit denen Einzelne dem mächtigen Feind Schaden zugefügt hatten: Wie einer mit einer Stange den Mechanismus eines Schöpfrads unbrauchbar gemacht, wie einer einen Kornspeicher der Babylonier angezündet, wie einer an einem Ochsenkarren ein Rad entfernt und in den Strom geworfen hatte. Auf den geflüsterten Bericht folgte jeweils schallendes Gelächter. Es tat wohl zu hören, dass der verhasste Feind durch solche Nadelstiche in seinem Alltag gestört wurde. Den Täter fanden die babylonischen Wächter nie und der kollektiven Strafe durch verlängerte Zwangsarbeit unterzogen sie sich murrend.

An den abendlichen Zusammenkünften tauschten sie auch aus, was jeder über Ereignisse in der weiten Welt vernommen hatte. Von einem Händler aus Medien wusste einer, dass die Babylonier gegen die Skythen kämpfen mussten. Von einem babylonischen Soldaten hatte ein anderer gehört, dass die Festung Tyrus immer noch nicht erobert sei. Einem hatte der Bruder aus Jerusalem geschrieben, es seien Botschafter aus Edom, Moab, Ammon und Sidon in Jerusalem eingetroffen. Man munkle, dass über einen Aufstand gegen die Babylonier beraten werde.

Oft verkündete dann einer der Propheten ein Wort aus Gottes Mund, das ihm zu einem Ereignis offenbart worden war. Zu den Kämpfen im Norden des Reichs lautete die Botschaft von Ahab Ben Kolaja:

„Der Tag der Rache bricht an für den Herrn der Heerscharen. Er rächt sich an seinen Feinden. Das Schwert frisst, wird nicht satt, ist trunken von ihrem Blut. Ein Schlachtfest hält der Herr über seine Gegner am Euphratstrom."

Zum Brief aus Jerusalem hatte Zidkija den Spruch des Herrn empfangen:

„So spricht der Herr: Ich zerbreche das Joch, das auf dir lastet. Ich sprenge deine Fesseln, wahrhaftig. Ich stelle die Pracht Jakobs wieder her und die Herrlichkeit Israels soll leuchten."

Wie ein ausgetrockneter Schwamm das Wasser, so sogen die Herzen der Gefangenen solche Prophetenworte in sich auf.

Im zweiten Jahr der Gefangenschaft war der Geist des Herrn auch über Schemaja aus Nehelam gekommen und hatte ihn zum Propheten berufen. Ihm wurde verliehen, in Träumen das Künftige vorauszusehen. Einmal sah er im Traum, wie die Brücke über den großen Strom zusammenstürzte und 20 Streitwagen der Babylonier mit Ross und Mann in den Fluten umkamen. Er erzählte am Abend den anderen den Traum. Als nach einigen Tagen tatsächlich die Brücke über einem Nebenfluss des Stroms einbrach und drei Menschen von den Trümmern getötet wurden, waren alle beeindruckt und glaubten, dass der Traum vom Geist des Herrn gewirkt worden sei.

Von einem anderen Traum Schemajas waren sie darum sehr bewegt: Er hatte im Traum den Weg von Babel nach Jerusalem vor sich gesehen. Doch es war nicht der Weg durch die Wüste, auf dem sie gekommen waren. Auf den kahlen Hügeln sprudelten Quellen. Ströme flossen durch die Täler. Die ausgetrocknete Ebene war zur Oase geworden. Zedern, Akazien, Ölbäume und Myrten wuchsen dort und die Gefangenen wanderten auf grünem Rasen, im Schatten der Bäume, in die Heimat zurück und die Bäume verneigten sich vor ihnen.

Dieser Traum Schemajas festigte die Hoffnungen der Gefangenen auf baldige Erlösung.

Bevor die Männer nach ihren Zusammenkünften auseinandergingen, betete Ahab Ben Kolaja mit ihnen und sprach:

„Wie lange, Herr, willst du uns noch zürnen?
Wie lange uns verstoßen?
Wende dich doch wieder gnädig zu uns.
Um der Ehre deines Namens will reiß uns heraus
und vergib uns unsere Schuld.
Wie lange dürfen die Frevler noch frohlocken?
Sie zertreten dein Volk, sie unterdrücken dein Erbteil.
Lass den Verwüster über ihre Stadt kommen,
wirf Feuer vom Himmel herab, dass ihre Häuser zerstört werden.
Gib Schalom der Tochter Zion und dem Volk, das dort wohnt.
Schütte Fluch und Verderben aus über die Stadt deiner Feinde.

Wenn sie das Netz nach mir auswerfen,
und mich in ihrem Garn fangen wollen,
so reiße ich mich los von ihren Schmeichelworten,
ich fliehe ihren Schlingen.
Ich verachte das Wohlleben in ihren Mauern
und bleibe bei den Brüdern in den Zelten des Elends.
Ich hasse mit glühendem Hasse, die dich hassen,
ich verabscheue, die sich gegen dich erheben,
und bleibe treu dem Glauben, dass du uns erlösen wirst.
Lass mich nicht zuschanden werden,
o Herr, mein Gott und Fels, auf den ich hoffe.“

Nach einem solchen Gebet war es Jehiel jedesmal, wie wenn jemand
ihn, der in einem Sumpfland umherirrte und keine festen Tritte unter
den Füßen hatte, an der Hand nähme und ihn auf den guten Weg in
die Heimat führte. Denn oft zweifelte er, ob seine Gebete im fremden
Land, wo andere Götter regierten, überhaupt erhört würden. Dann
war er traurig und stellte sich vor, dass er hier sterben und in unreinem
Boden verscharrt werden würde. Aber nach den Gebeten von Ahab
Ben Kolaja waren die Zweifel vertrieben und er sah seinem Lebens-
abend mit neuer Hoffnung entgegen.

Bei einer der Zusammenkünfte fragte der Nachbar Jehiels, der Waffenschmied, die Propheten um Rat in einer Sache, um deretwegen in
seinem Zelt gestritten wurde. Er wohnte nicht wie der kinderlose
Jehiel zu zweit, sondern mit seiner Familie in einem Doppelzelt, neben
seiner Ehefrau die beiden erwachsenen Söhne, die Frondienst bei den
Schöpfrädern leisteten. Sie hatten schon lange zwei Freundinnen in
einem anderen Zeltdorf und verlangten jetzt von ihrem Vater, dass er
die Schritte zu einer Doppelhochzeit einleite. Der Schmied müsse die
beiden Väter der Mädchen besuchen, mit ihnen über den Brautpreis
verhandeln, den Tag der Hochzeit bestimmen und das Fest vorbereiten. Der Schmied hatte bisher das Begehren der Söhne strikt abgelehnt.
Es sei jetzt nicht die richtige Zeit für eine Hochzeit. Man wolle damit
bis zur Heimkehr warten, vielleicht übers Jahr in Jerusalem. Die Söhne
aber wollten sich diesem Bescheid des Vaters nicht fügen.

Die Propheten gaben übereinstimmend dem Vater recht. Ahab Ben
Kolaja sprach: „Für deine Söhne ist wichtig, dass sie für ihren Ehe-
bund den Schalom des Herrn empfangen. Schalom ist uns verheißen in
dem Land, das der Herr unseren Vätern gegeben hat, nicht hier, auf
unreinem Boden. Deine Söhne müssen die Hochzeit verschieben, bis
wir daheim sind.“

Es war schon einige Zeit verstrichen, seit der Brief aus Jerusalem mit der Meldung über die Ankunft der Gesandten aus den Nachbarländern die Männer, die bei Ahab Ben Kolaja zusammenkamen, beschäftigt hatte. Manchmal fragte einer, was aus dem geplanten Aufstand geworden sei. Niemand hatte eine Nachricht darüber erhalten.

Da hieß es eines Tages, dass zwei hohe Beamte aus Jerusalem im Regierungsgebäude in Babel abgestiegen seien. Waren die beiden gekommen, um den jährlichen Tribut abzuliefern? Das geschah sonst beim babylonischen Statthalter in Syrien. Oder mussten sie dem Herrscher in Babel beteuern, dass König Zedekia ein loyaler Untertan sei und nicht im Geringsten an einen Aufstand denke? Aus der Reise dieser Beamten nach Babel war jedenfalls zu schließen, dass in der nächsten Zeit von Juda aus keine Befreiungsbewegung zu erwarten sei.

Nachdem die Unterhandlungen in der Residenz abgeschlossen waren, besuchten die Gesandten das Zeltdorf, in dem Jehiel und Ahab Ben Kolaja wohnten und überbrachten ein versiegeltes Schriftstück. Am Abend, als die Gefangenen beisammensaßen, wurde es geöffnet und vorgelesen:

„Jeremia, der Prophet, an die Gefangenen am Flusse Kebar und an die Ältesten unter ihnen. Der Schalom des Herrn sei mit euch. So spricht der Herr der Heerscharen zur ganzen Gemeinde der Verbannten, die ich von Jerusalem nach Babel weggeführt habe:
Baut Häuser und wohnt darin.
Pflanzt Gärten und esst ihre Früchte.
Nehmt euch Frauen und zeugt Söhne und Töchter.
Nehmt für eure Söhne Frauen und gebt eure Töchter Männern,
damit sie Söhne und Töchter gebären.
Ihr sollt euch dort vermehren, nicht vermindern.
Sucht den Schalom des Landes, in das ich euch weggeführt habe,
und betet für es zum Herrn,
denn in seinem Schalom liegt euer Schalom.
Lasst euch nicht täuschen von euren Propheten, die unter euch sind,
und von euren Wahrsagern und hört nicht auf ihre Träume.
Trügerisch weissagen sie euch in meinem Namen.
Ich habe sie nicht gesandt.
So hat der Herr gesprochen: Wenn siebzig Jahre für Babel vorüber sind, dann werde ich nach euch sehen und werde an euch meine Verheißung erfüllen und euch an diesen Ort zurückbringen. Denn ich weiß wohl, was für Gedanken ich über euch habe, Gedanken des Schaloms und nicht des Unglücks, euch Zukunft und Hoffnung zu

geben. Wenn ihr mich ruft und zu mir betet, so werdet ihr mich finden. Wenn ihr von ganzem Herzen nach mir fragt, so lasse ich mich von euch finden. Ich bringe euch an den Ort zurück, von dem ich euch weggeführt habe. Wenn ihr aber sagt: ‚Auch in Babel hat uns der Herr Propheten erstehen lassen' – so spricht der Herr über Ahab Ben Kolaja und über Zidkija Ben Maaseja, die in meinem Namen Trug weissagen: Siehe, ich gebe sie in die Hand Nebukadnezars, des Königs von Babel. Er wird sie vor euren Augen hinrichten lassen."

Ich frage mich: Wie haben diese Worte beim Verlesen auf die gewirkt, die sie zum ersten Mal hörten? Wie wurde die Botschaft des Briefs aufgenommen?

Vermutlich brach ein Sturm der Entrüstung aus. Viele waren empört und verärgert. Zidkija protestierte scharf: „Schon als ich noch meinen Dienst im Tempel verrichtete, hat der Herr zu mir gesprochen. Wie will dieser hergelaufene Mann aus Anatot, der nicht einmal ein Amt hat, das Gegenteil behaupten! *Er* ist der Lügenprophet, nicht wir."

Ahab Ben Kolaja stimmte zu: „Er erklärt die ganze Heilsgeschichte für null und nichtig. Aus Ur in Chaldäa hat der Herr unseren Vater Abraham ausziehen lassen, damit er nicht hier lebe, wo die vielen Götter sind, sondern in dem Land, das er für ihn und seine Nachkommen ausgesucht hat. Das ist doch stracks gegen seinen Heilswillen, wenn wir, die Nachkommen Abrahams, hier den Herrn um Schalom für die Babylonier bitten."

Auch Jehiel war schockiert. Wenn die Gefangenschaft noch siebzig Jahre dauerte, würde er die Heimkehr sicher nicht mehr erleben. Hier müsste er sterben und weil er kinderlos war, würde sein Geschlecht mit ihm ausgelöscht. War Gott mit ihm so ungerecht?

Besonders zornig über den Brief war Schemaja aus Nehelam: „Dieser Jeremia kennt mich überhaupt nicht und maßt sich aus der Ferne ein Urteil darüber an, ob der Herr mir die Gabe verliehen hat, durch Träume das Künftige zu sehen!"

Sogleich schrieb er einen Brief an den Oberpriester Zefanja in Jerusalem. Er beschwerte sich darin über Jeremia und forderte ihn als Hüter der Ordnung im Tempel auf, Jeremia wie jeden anderen Verrückten, der den Gottesdienst störte, in den Block zu legen. Schemaja gab den Brief den beiden Beamten aus Jerusalem mit.

Zefanja las den Brief und setzte auch Jeremia davon in Kenntnis. Dieser schrieb flugs eine Antwort, in der er Schemaja verfluchte und ihm ansagte, dass weder er noch ein anderes Glied seiner Familie das

Glück schauen werde, das der Herr seinem Volk bereiten wird. Diese Antwort wurde Schemaja durch andere Reisende überbracht. Und damit war der Dialog zwischen diesen Männern, die beide daran glaubten, dass der Herr sich ihnen in besonderer Weise offenbart habe, für alle Zeiten abgebrochen.

Im Lärm und bei den Protestrufen nach dem Verlesen des ersten Jeremiabriefs vor den Gefangenen war nicht bemerkt worden, dass einer der Männer das Schriftstück schnell zu sich genommen und versteckt hatte. Daheim im Zelt las er den Brief noch einmal in Ruhe durch und fand, die Meinung Jeremias sei vernünftig und realistisch. Was nützten den Gefangenen die paar Nadelstiche durch nächtliche Aktionen gegen die Babylonier? Dadurch wurde deren Macht nicht gebrochen. War es für die Gefangenen nicht klüger, den Frieden mit ihnen zu suchen und dadurch vielleicht die eigenen Lebensbedingungen etwas zu verbessern?

Der Mann versuchte von da an, den Herrn für die Babylonier um Schalom zu bitten. Aber es fiel ihm zuerst recht schwer. Er konnte ja die Babylonier nicht mehr wie bisher hassen, wenn er für sie betete. Er musste sie ein wenig mögen. Manchmal dachte er, dieses Gebet verändere seinen Glauben an Gott. Bisher hatte er geglaubt, der Herr wolle auf dem Berg Zion in seinem Tempel verehrt werden und kümmere sich nur um sein erwähltes Volk Israel. Wenn er jetzt im unreinen Land für die Babylonier um Schalom betete, die gar nichts von seinem Gott wussten, dann mussten doch für Gott, den Herrn, alle Völker wichtig sein.

Mit der Zeit merkte er, dass noch einige Mitgefangene so dachten wie er. Sie lasen im Geheimen den Brief Jeremias und redeten darüber.

Als fünf Jahre später, nach der endgültigen Eroberung von Jerusalem durch die Babylonier, noch einmal einige tausend Gefangene aus Jerusalem hinzukamen, holten sie den Brief aus dem Versteck und lasen ihn allen vor und er half vielen, ihr Los als Gefangene zu tragen und Gott in der Fremde zu suchen.

Zur Verwendung der Erzählung im Unterricht

Die Erzählung bietet sich für eine Gestaltung als Leseszene oder als Hörspiel geradezu an. Im ersten Teil der Erzählung können viele Abschnitte ohne großen Aufwand z. B. als Reflexionen der handelnden Personen in die Ich-Form umgeschrieben und dann von verschiedenen Stimmen gesprochen werden. Im zweiten Teil bietet sich das bei der dort häufiger verwendeten direkten Rede ohnehin an. Das Gebet Ahabs kann im Wechsel (einer/alle) gelesen werden, um die gemeinte

Situation plastischer zu machen. Die Handlung selbst wird über eine Erzählerin in Gang gehalten und vorangebracht.

Mögliche Sprechrollen in der Reihenfolge ihres Auftretens (eingeklammerte Rollen können bei kleineren Gruppen evtl. entfallen): Erzählerin – Jehiel – (babylonischer Aufseher) – (Jehiels Frau) – (Gefangene, Älteste) – Ahab Ben Kolaja – Zidkija – Schemaja aus Nehelam – der Waffenschmied, ein Nachbar Jehiels – zwei Gesandte – ein Mann.

Werden die entsprechenden Abschnitte vorher gekennzeichnet, können die Jugendlichen ihren Teil des „Drehbuchs" selbst umschreiben. Jugendliche ohne direkte Sprechrolle betätigen sich z. B. als „Experten für special effects", die das Hörspiel an ausgewählten Stellen mit Geräuschen unterlegen und Szenen durch Musikeinblendungen (Playback-Verfahren) mitgestalten.

R. St.

Zur Einführung der Erzählung im Gottesdienst oder bei Erwachsenen

Wir leben in einer Zeit der Flüchtlingsströme. Noch nie in der Geschichte der Menschheit haben so viele Menschen ihr Heil fern ihrer Heimat in der Fremde gesucht. Wer in einem Teil dieser Erde leben muss, in dem er/sie für sich und für die eigenen Kinder keine Zukunft mehr sieht, versucht in Länder zu kommen, in denen es den Menschen besser geht. Wer sich das nicht leisten kann, weil Fluchthelfer zu teuer sind, versucht wenigstens, die Kinder hinauszubringen. Boatpeople riskieren ihr Leben. Schlechter kann es nicht werden. Dabei umzukommen, erlöst. Wer hier ankommt, gilt als Wirtschaftsflüchtling und wird als Konkurrenz um den hier selbstverständlichen Wohlstand betrachtet und teilweise entwürdigend behandelt.

Der Krieg in Jugoslawien hat in den vergangenen Jahren hunderttausende Menschen in die Bundesrepublik Deutschland gebracht. Jetzt sollen sie möglichst schnell zurück. Wo ist das Heil zu suchen? Sollen sie möglichst schnell in die Heimat zurückkehren, weil sie nur dort eine Zukunft haben? Oder sollen sie in der Fremde wurzeln, Familien gründen, die eigene Zukunft fern der Heimat suchen?

Schon Israel hatte dieselben Fragen zu beantworten, als es in babylonischer Gefangenschaft war. Und dass sich verschiedene Ratgeber jeweils widersprechen, ist auch nicht neu.

Liedvorschläge

– Komm, bau ein Haus (ML 1/B 83)
– Schalom für Dorf und Stadt (ML 2/B 204)
– Wir an Babels fremden Ufern... (ML 2/B 218)

K. H.

Jeremia in Ägypten

Jer 43,8– 44,30

Die Geschichten im Jeremiabuch, die über den Propheten erzählt werden, sind alle irgendwie bedrückend. Diese letzte ist besonders deprimierend. Hier scheitert der Prophet mit seiner Lebensaufgabe endgültig. Er hatte mit seiner Botschaft nie viel Zustimmung bekommen. Hier wird er offen und einmütig abgelehnt. Seine Hörer waren gegen die Weisung Gottes, die er ihnen vermittelt hatte, nach Ägypten geflohen, weil sie vor den Babyloniern Angst hatten. Jetzt in Ägypten hatte er ihnen wieder nur Schreckliches anzukündigen. „Gott wird euch zu eurem Unheil heimsuchen. Er wird euch alle ausrotten." Seine Hörer wollen den Kult der Himmelskönigin wieder aufnehmen, den sie einst in Jerusalem ausgeübt hatten, als noch friedliche Zeiten waren. Jeremia protestiert dagegen. Doch sie erklären, dass sie nicht auf ihn hören wollen. Schon in seinen frühesten Predigten hatte er die Verehrung dieser Göttin als Sünde gebrandmarkt. Am Ende seiner Wirksamkeit muss er das Thema wieder aufgreifen. Diesmal ohne jeden Erfolg. Das ist traurig.

Ist die Situation für seine Hörer weniger traurig? Als Flüchtlinge sind sie in das Land gekommen, das damals noch frei von der Herrschaft der Babylonier war. Jetzt im Asylland angekommen, wollen sie aufatmen und neue Hoffnung schöpfen. Doch der Prophet predigt ihnen wieder nur Unheil, macht ihnen Angst, sagt mit Sicherheit voraus, dass die Babylonier Ägypten erobern, dass sie ihre Herrschaft hier ausbreiten werden und kein Judäer ihnen entrinnen wird. Wenn sie den Propheten offen ablehnen, wehren sie sich wohl auch gegen diesen Gott Jeremias, der mit seiner Bestrafung von Menschen einfach nicht aufhören will. Vielleicht greifen sie darum auf jene gütige, Leben spendende Göttin zurück, an die sie sich aus der Jugend oder aus Erzählungen ihrer Eltern erinnern. Sie wollen sich vom Strom des Unglücks nicht überschwemmen lassen. Das Gebet zur Himmelskönigin ermöglicht neue Hoffnungen. Damals, als man sie verehrte, herrschte Friede in Jerusalem. Man wusste noch nichts vom blutigen Krieg zwischen Babylon und Ägypten und dachte nicht daran, dass Jerusalem einmal mitten im Kampfgebiet liegen und viel zu leiden haben werde. Sie suchten die Ursache für ihr Jahrzehnte langes Leiden als Kriegsopfer in der Vernachlässigung dieses Kultes. Jeremia vertritt die Gegenthese: Weil sie zur Himmelskönigin gebetet haben, hat Gott sie mit unsäglichem Kriegselend bestraft.

Zwei gegensätzliche Deutungen der Zeitgeschichte! Für beide lassen sich Gründe und Gegengründe angeben. Wer ist schuld daran, dass Unzählige durch Schwert, Hunger und Seuchen umgekommen sind? Die Judäer, die gegen den Willen ihres Gottes zur Himmelskönigin gebetet haben? Oder die Judäer, die den Kult der Himmelskönigin verboten und ihn dann unterlassen haben? Dass Menschen in solche Alternativen verstrickt sind, ist traurig.

Mich irritiert auch, dass Jeremia diesem Häuflein von Flüchtlingen im fremden Land nichts anderes zu sagen hatte als das Wort, dass Gott ihre Bestrafung fortführen werde. Die meisten von ihnen waren Frauen und Kinder, harmlose Leute, nicht verantwortlich für den militärischen Widerstand gegen die Babylonier, den Jeremia immer wieder verurteilte. Ihre Anführer hatten ihnen die Flucht nach

Ägypten befohlen. Sie hatten gehorcht, weil sie Angst vor dem Strafgericht der Babylonier hatten und sich in Sicherheit bringen wollten.

Ist Gott wirklich so grausam, dass er sie bestraft, nur weil sie nicht den Mut hatten, in Mizpa zu bleiben und auf die Reaktion der babylonischen Besatzungsmacht zu warten? Ist ihre Angst eine so schwere Sünde, dass um ihretwillen auch Ägypten mit Krieg überschwemmt werden muss? Wenn ihre Absicht, wieder zur Himmelskönigin zu beten, mit dem Bedürfnis nach einer neuen Hoffnung für die Zukunft zusammenhing, hätte ihnen dann nicht, vom Gott Israel her, noch ein anderes Wort gesagt werden müssen? Hat Jeremia Unheil verkündet, weil er starr an seiner bisherigen Botschaft festgehalten hat?

Ich gebe zu, diese Frage bezüglich der Botschaft Jeremias haben bei mir noch einen anderen Grund: Ich bezweifle, dass man das unsägliche Unheil durch Kriege, die Leiden der Zivilbevölkerung und der Frontkämpfer als Strafhandeln Gottes deuten darf. Das war für die alttestamentlichen Propheten zwar selbstverständlich. Sie haben unermüdlich mit dem kommenden Gericht gedroht, indem sie den Hörern voraussagten, dass sie durch Schwert, Hunger und Pest umkämen, wenn sie nicht umkehrten und Buße tun würden.

Noch 1945 haben viele Christen das durch den Krieg verursachte Leid akzeptieren können im Glauben, dass all dies so sein müsse, weil Gott sie für ihre Sünden bestraft habe. Seither hat sich die Waffentechnik noch weiter entwickelt, der Bombenterror wurde noch schrecklicher, die Landminen noch gemeiner, die Zerstörung von Lebensraum noch gründlicher. Die Opfer der Zivilbevölkerung übersteigen bei weitem die der Kämpfenden. Immer offenkundiger wurden der Wahnsinn und die Grausamkeit des Krieges. Ist mir aber die Vorstellung zweifelhaft geworden, dass in den Scheußlichkeiten eines Krieges die sühnende, erziehende Absicht des himmlischen Vaters wirksam werde, dann leuchtet mir auch die Gerichtspredigt von Jeremia in Ägypten nicht mehr ein. Ich erzähle die Geschichte, weil die Tragik des Menschen Jeremia mich ergreift, aber melde auch meine Bedenken gegen seine Predigt ein.

Frauen widersprechen dem Propheten

Ein Zug von einigen hundert Judäern bewegte sich müde auf dem alten Handelsweg von Jerusalem nach Ägypten: Männer, Frauen, Kinder und eine Gruppe Krieger. Das war der traurige Rest der Einwohnerschaft einer Stadt, die jetzt in Asche und Trümmern lag. Die Mehrheit der Bevölkerung war in den babylonischen Kriegen durch Schwert, Hunger und Seuchen umgekommen. Einige Tausend hatten die Sieger als Gefangene nach Babylon weggetrieben. Der Rest sollte im Städtchen Mizpa unter dem Statthalter Gedalja wohnen bleiben.

Doch die Unglückskette war noch nicht an ihrem Ende. Einige fanatische Krieger ermordeten Gedalja und zwangen die Judäer in Mizpa, mit ihnen nach Ägypten zu fliehen. Nur dort seien sie endgültig vor den Babyloniern sicher.

So schleppten sie sich mühsam Tag für Tag auf dem Weg nach Süden. Auch der greise Jeremia war dabei, stumm und zornig. In Mizpa hatte er ihnen die Weisung des Herrn verkündet, dass sie nicht nach Ägypten ziehen sollten, in das Land der Gefangenschaft, aus dem der Herr einst sein Volk befreit hatte. Aber sie hatten nicht auf ihn gehört und ihn gezwungen mitzuziehen. Er wanderte bei den Nachzüglern, die immer einmal wieder anhalten und ausruhen mussten.

Neben oder hinter ihm ging oft die alte, verrunzelte Chasida, auf den Stock gestützt. Die beiden redeten nicht miteinander. Jeremia bemerkte sie nicht und sie konnte diesen Propheten nicht ausstehen. Sie dachte beim Wandern zurück an all das Schreckliche, das sie erlebt hatte: Wie ihren Mann im Krieg ein feindlicher Pfeil tödlich getroffen hatte, die beiden Söhne im Nahkampf gegen die Feinde erschlagen worden waren. Wie während der langen Belagerung die vier Enkelkinder an Hunger oder Krankheit starben und nicht begraben werden konnten. Nur sie und die Schwiegertochter, obwohl sie wochenlang nichts zu essen hatten, waren am Leben, als die Feinde in die Stadt eindrangen. Beide wurden von den fremden Kriegern vergewaltigt, der Jüngeren wurde ein Schwert durch den Leib gestoßen, die Alte blieb verschont. Ihr graute, an all das zurückzudenken. Sie kam nicht los davon. Wo sollten die Gedanken weilen, wenn der Leib sich, Schritt für Schritt, auf dem sandigen Weg vorwärts kämpft?

Manchmal gelang ihr, sich Bilder aus ihrer Kindheit vorzustellen, vor 60 Jahren, als sie ein kleines Mädchen war. Damals waren noch friedliche Zeiten. Jedermann hatte genug zu essen. Niemand fürchtete sich vor äußeren Feinden. Man ging am Sabbat in den Tempel, betete zum Gott Israels und brachte ihm die vorgeschriebenen Opfer. Viele hatten auf dem flachen Dach des Hauses noch einen Altar für die Himmelskönigin. Man brachte ihr für die Fruchtbarkeit der Felder und die Jungtiere im Stall Trankopfer dar. Chasida erinnerte sich, wie sie der Mutter helfen durfte, die sternförmigen Honigplätzchen für die Speiseopfer zu backen. Am Festtag für die Himmelskönigin wurde die Hälfte der Plätzchen auf dem Altar verbrannt, die andere Hälfte mit einem süßen Getränk von der Familie gegessen.

In den Bildern aus der Kindheit tauchte auch ihr Bruder auf, damals schon fast ein Mann. Er hatte ständig Streit mit dem Vater und wurde häufig bestraft. Einmal hatte er ein Huhn gestohlen und es draußen vor der Stadt mit Kameraden gebraten und verspeist. Der Vater gab ihm 20 Streiche mit der Rute auf den nackten Rücken. Er blutete heftig, tobte und verfluchte den Vater laut. Darauf bekam er noch einmal 20 Streiche und war zuletzt ohnmächtig.

Chasida klagte bei der Mutter über die Härte des Vaters. „Dein Vater ist eben streng, aber du weißt, er ist immer gerecht." Das musste Chasida zugeben. Sie war noch nie von ihm ungerecht behandelt worden, aber hütete sich auch, etwas zu tun, was er verboten hatte. Doch die Antwort der Mutter leuchtete ihr nicht ein.

„Was hat es dem Bruder geholfen, dass er schon so oft Schläge bekommen hat? Er ist dadurch nicht besser geworden."

„So sind die Männer eben. Sie meinen, sie könnten die Welt mit Dreinschlagen verbessern." Dieses Wort der Mutter war ihr geblieben. Es traf auch bei ihrem eigenen Mann zu und bei den Söhnen.

Die Bilder aus der Jugend wurden beim Weitergehen bald wieder von Erinnerungen an die letzten Jahre verdrängt. Wie war es gekommen, dass die friedlichen Zeiten aufhörten und das Unglück über Jerusalem hereinbrach? Ein anderer König hatte den Thron bestiegen. Im Tempel wurde eine Schriftrolle mit einem neuen Gesetz gefunden, das angeblich das ganz alte war. In diesem Gesetz war streng verboten, neben dem Gott Israels noch zu einem anderen Gott oder einer Göttin zu beten. Auch der Himmelskönigin durfte man nicht mehr opfern. Soldaten des Königs kamen und zerstörten die Altäre auf den Dächern. Auch die kleinen Standbilder der Göttin in den Stuben wurden eingesammelt und verbrannt. Die Mutter sagte damals: „Das ist unsinnig. Die Himmelskönigin ist doch kein anderer Gott als der Gott Israel. Sie ist nur die mütterliche Seite unseres Gottes. Unser Gott ist nicht nur streng und gerecht wie ein Vater, sondern auch liebevoll und hilfreich wie eine Mutter. Aber es ist nur ein Gott."

Das war überzeugend. Chasida stellte sich den Gott Israels vor, vielleicht nicht so streng, aber gerechter als ihr Vater und zugleich noch gütiger und mitfühlender als ihre Mutter.

Sie fragte einmal einen jungen Priester im Tempel, ob das so sei. Der verneinte entschieden: „Unser Herr im Himmel will nicht, dass wir neben ihm einen anderen Gott oder eine Göttin anbeten. Ebenso hat neben der Himmelskönigin, die von den Babyloniern verehrt wird, kein Gott Platz, der über sein Volk der einzige Herr sein will."

Auch Nachbarinnen meinten: „Es sind zwei verschiedene Götter, der Gott Israels und die Himmelskönigin. Wir müssen beiden Opfer darbringen. Wenn wir einen von ihnen vernachlässigen, rächt er sich."

Als dann bald nach der Auffindung des Gesetzes der Weltkrieg zwischen Babylonien und Ägypten das Land Juda überzog und der König schon in der ersten Schlacht umkam, behaupteten viele in Jerusalem: „Das ist die Strafe der Himmelskönigin. Weil wir sie nicht mehr verehrt haben, hat sie uns diese fremden Heere ins Land geschickt."

War Chasida beim Wandern in ihrem Nachsinnen wieder bis zur Zeit gekommen, als der Krieg ausbrach, verwirrte sich in ihr alles. Sie konnte die Einzelheiten in der Vergangenheit nicht mehr unterscheiden. Könige kamen und gingen, starben oder wurden gefangen genommen. Fremde Heere erschienen vor der Stadt, belagerten sie und drangen ein. Dann waren die entsetzlichen Bilder wieder da: ihr tödlich verwundeter Mann, die ausgehungerten Enkel, wilde Krieger, die alles kaputt schlugen und jede Frau vergewaltigten.

Manchmal fiel dann ihr Blick auf Jeremia, der stumm neben ihr wanderte. Sie dachte an seine Botschaften, die sie mehrmals gehört hatte: „Der Herr wird euch mit Schwert, Hunger und Pest bestrafen, weil ihr andere Götter, besonders die Himmelskönigin, verehrt habt." So tönte es in ihren Ohren. Aber sie konnte sich mit bestem Willen nicht schuldig fühlen. Als es verboten wurde, die Himmelskönigin zu verehren, hatte sie nie mehr geopfert, auch nicht mehr zu ihr gebetet. Sie konnte doch nicht für das bestraft werden, was sie als Mädchen getan hatte. Sie war auch nicht schuld daran, dass sie jetzt gegen die Weisung des Propheten nach Ägypten zog. Dazu hatten die Mörder des Statthalters alle Bewohner von Mizpa gezwungen. – Und warum mussten ihre Enkel sterben? Sie hatten von der Verehrung anderer Götter nicht einmal etwas gehört.

Sie war entsetzt über den Gedanken, dass alles, was sie und ihre Familie erlitten hatten, eine Strafe Gottes sein sollte. Dann war der Gott Israels noch strenger als ihr Vater, aber weniger gerecht als dieser. Er schlug auf seine Kinder ein, obwohl sie gar nicht richtig schuldig waren.

Ihr kam die Geschichte eines frommen Mannes in den Sinn, die sie einmal gehört hatte: Der war auch tief ins Unglück geraten. Alle seine Kinder waren an einem Tag getötet worden. Dann wurde er selber aussätzig. Seine Freunde kamen und wollten ihn trösten, indem sie sein Unglück als Strafe Gottes für seine Sünden verständlich zu machen suchten. Doch der wehrte sich für sein Recht und verlangte von Gott die Bestätigung, dass er nicht selber an seinem Leiden schuld sei. Und Gott gab ihm Recht gegen seine Freunde. Aber das war ein Mann, der sich für seine Unschuld wehren konnte. Sie war ein schwaches Weib. Ihr fehlten die Worte, um die Strafpredigt Jeremias zurückzuweisen.

Nach einer Woche kamen die Flüchtlinge an der ägyptischen Grenze an und wurden von den Wächtern eingelassen. Alle atmeten auf und waren froh: „Jetzt sind wir endlich in Sicherheit vor den Babyloniern und können ein neues Leben in Frieden beginnen."

Viele dankten dem Herrn, weil er so „freundlich ist und seine Gnade ewig währet". Manche Frauen dankten auch noch der Himmelskönigin, dass sie Gnade zur Reise gegeben hatte.

Auf dem Weg zur nächsten Stadt überlegten die Männer, wie sie Arbeit als Lastträger oder Kameltreiber finden könnten. Die Frauen hofften, bald als Taglöhnerinnen in vornehmen Häusern Geld zu verdienen. Sie gelobten, vom ersten Geld, das nicht für das Allernötigste gebraucht wurde, den Wein und die Zutaten zu kaufen, um der Himmelskönigin ein Trankopfer zu spenden. Sie würde dann auch gütig sein und den Flüchtlingen zu einem besseren Leben im fremden Land verhelfen. Das war ihre Hoffnung.

In der Tat, nach einigen Tagen hatten alle Arbeitsfähigen eine Stelle gefunden. Sie halfen einander beim Bau von Hütten aus Lehm und Schilfrohr auf einem leeren Platz vor dem Stadttor. Mit ihrem ersten Verdienst kauften sie, was sie dringend brauchten. Beim zweiten Lohnempfang dachten sie daran, dass in einigen Jahren wohl wieder ein wenig Wohlstand bei ihnen einkehren werde.

Am Abend saßen sie jeweils in der Nähe des Hüttendorfs zusammen. Auch Jeremia war dabei, ohne ein Wort zu sagen. Jetzt sprachen sie davon, den Altar für die Himmelskönigin zu bauen. Diesmal hatte Jeremia eine Schaufel und drei große Steine mitgebracht. Er grub vor ihren Augen ein Loch in den sandigen Boden, legte die Steine hinein und deckte sie mit Sand zu. Dann sprach er zu den am Boden Sitzenden: „So spricht der Herr: Ich will meinen Knecht, den König von Babylon, in dieses Land holen. Hier, wo diese Steine vergraben sind, wird er einen Prachtteppich ausbreiten und seinen Thron aufstellen. Er wird Unheil über das Land bringen. Ihr alle, die ihr aus Juda hierher geflohen seid, werdet durch Schwert und Hunger vertilgt werden."

Die Anwesenden lauschten, zu Tode erschrocken die einen, mit Ärger und Unwillen die anderen. Jeremia fuhr fort: „So spricht der Herr: Ihr habt es erlebt, wie ich meinen Grimm über Jerusalem ausgegossen habe, weil ihr fremde Götter verehrt habt. Warum wollt ihr mit eurem Götzendienst fortfahren? Habt ihr nicht aus euren Fehlern gelernt? Ich werde euch, die ihr hierher gekommen seid, alle ausrotten. Keiner wird übrig bleiben."

Einige, die am Boden saßen, waren aufgesprungen. Sie unterbrachen den Propheten: „Was immer du uns im Namen des Herrn sagst, wir hören nicht auf dich."

Eine Frau rief: „Wir wollen der Himmelskönigin opfern und ihr Trankspenden ausgießen, wie es unsere Väter einst in Jerusalem getan haben."

Eine andere: „Ja, damals, als wir die Himmelskönigin verehrten, hatten wir genug zu essen und wussten nichts von Unglück. Erst seit wir damit aufgehört haben, leiden wir Mangel und kommen durch Schwert und Hunger um."

Jeremia widersprach: „Nein, so ist es nicht. Gerade weil ihr diese Greuel verübt und der Himmelskönigin geopfert habt, hat der Zorn Gottes euer Land zur Wüste gemacht und mit den Leichen eurer Angehörigen bedeckt." Was Jeremia weiter sagen wollte, ging im Lärm der zornigen Proteste unter.

Auch Chasida hätte gern gegen Jeremia gestritten. Ihr war das Wort ihrer Mutter von der mütterlichen Seite Gottes in den Sinn gekommen. Der Gott, der aus Jeremia redete, war nur ein Männergott. Jetzt, nach den vielen Leiden und nach der Flucht hierher, wo sie in elenden Hütten wohnten, müsste doch der Gott Israels zu ihnen freundlich reden, ihnen ansagen, dass ihre Schuld bezahlt und die Zeit ihres Leidens zu Ende sei. Denn Gott war doch auch gnädig und von großer Güte. Aber Chasida konnte solche Gedanken nicht in Worte fassen. Sie fühlte sie bloß ganz stark. So sagte sie nichts und hoffte um so mehr, dass der Gott Israels ihnen einen anderen Boten senden und sie wie eine Mutter trösten würde.

Zur Einführung der Erzählung bei Erwachsenen

Was hilft Menschen in tiefstem Leid? Opfer sind sie, nicht Täter. Heute müssten uns eigentlich die Worte im Hals stecken bleiben, wenn wir die Ausrottung der Bevölkerung ganzer Dörfer, die Vergewaltigungen und Massenfolterungen in Gefangenenlagern als Gerichtshandeln des Gottes deuten, zu dem wir im Vaterunser beten. Lange Zeit und im metaphysischen Weltbild denkerisch auch möglich war das Erklärungsmuster: Gott straft so. Bis heute schlagen sich Eltern von Kindern mit Behinderungen mit derselben Frage herum. Warum ist unser Kind behindert? Warum muss das gerade uns treffen? Was haben wir getan, dass Gott uns so straft? Es ist endlich Zeit, in solche Lebenssituationen hinein zu sagen: „Gott macht nicht das Leid. Gott will Leben in Fülle." Wenn Menschen Leid aushalten müssen, dann ist Gott ihnen nahe. Er steht an ihrer Seite. In der Erzählung verlegt Walter Neidhart den aufrichtenden Anteil Gottes in die Figur der Himmelskönigin und lässt die Frauen ihre Hoffnung an sie adressieren. Mir ist wichtig, dass seit Jesus Christus unumkehrbar Heil und Heilung Gottes Wesen ist.

Liedvorschläge

– Ich lobe meinen Gott, der aus der Tiefe mich holt (ML 1/B 102)
– Wer hat uns gefangen (ML 2/ B 217)

K. H.

Zwei Legenden aus dem Buch Daniel

Dan 3 und 5

Das Buch Daniel wurde, so nimmt die Forschung heute an, während des Makkabäeraufstands geschrieben (um 167 v. Chr.). Der damalige Landesherr, der syrische König Antiochus IV., hatte den Tempelschatz von Jerusalem geplündert und die Ausübung der jüdischen Religion bei Todesstrafe verboten. Eine Minderheit des Volkes stimmte seiner Religionspolitik zu. Doch viele Juden blieben den Geboten Gottes gehorsam und ließen sich lieber foltern und töten, als dass sie ihre Religion preisgegeben hätten. Die beiden Makkabäerbücher erzählen Märtyrergeschichten aus dieser Zeit und berichten von einem Aufstand gegen den syrischen König unter der Führung von Judas Makkabäus. Dieser führte schließlich zur Vertreibung der fremden Herren aus Jerusalem.

Die Geschichten der Makkabäerbücher berichten von vielen, die um ihres Glaubens willen getötet wurden. Die Geschichten des Danielbuches haben hingegen die Pointe, dass Götzendiener und Gotteslästerer bestraft und Gläubige, den Götzendienst verweigert haben, gerettet werden. Nach meinem Verständnis drücken diese Geschichten Träume und Wünsche von Gläubigen aus in einer Alltagswelt, in der sie genau das Gegenteil erfahren: Sie werden grausam umgebracht, weil sie den geforderten Götzendienst verweigern. Die Rettung in letzter Stunde bleibt aus. Sie glauben dennoch, dass Gott der Herr sei. Es sind Hoffnungsgeschichten, erzählt von solchen, die Folter und Hinrichtung zu erwarten haben, weil sie nicht vom Glauben abfallen. Aber sie sind überzeugt: Ihr Gott ist stärker als ihre Verfolger, ER kann sie aus jeder Bedrohung erretten. Sie sind bereit, ihm treu zu bleiben, auch wenn er nicht eingreift. Die Geschichten sind Legenden, nicht Berichte über Fakten, sondern kontrafaktische Phantasien des Glaubens, die eine innere Stimmung ausdrücken.

Aus allen Geschichten, aus denen mit gutem und denen mit schlimmem Ende, spricht derselbe Geist der unbedingten Treue zum einen Gott. Ob die Geschichte vom Tod des Gläubigen oder von seiner wunderbaren Rettung erzählt, sie verpflichtet den Hörer zum kompromisslosen Gehorsam gegenüber dem Gebot: „Du sollst keine anderen Götter neben mir haben."

Die Zeit der Verfolgung des jüdischen Glaubens durch Antiochus und der makkabäische Befreiungskrieg haben nicht wenig zur Stärkung des jüdischen Glaubens und zu seinem Selbstbewusstsein beigetragen.

Weil das Buch Daniel und die beiden Makkabäerbücher als Teile der jüdischen Bibel in die heilige Schrift der Christen aufgenommen wurden, sind die Glaubenshelden aus Daniel und die makkabäischen Märtyrer Vorbilder auch für Christen geworden. Das Christentum wäre nicht zu einer Weltreligion mit Absolutheitsanspruch für seine Lehre geworden ohne die unzähligen Christen, die in den ersten Jahrhunderten seiner Geschichte bereit waren, ihren Glauben mit der Hingabe des eigenen Lebens zu bezeugen. Die christlichen Märtyrer wollten das Beispiel von Daniel und seinen Freunden und das der frommen Juden der Makkabäerzeit nachahmen. Sie wollten bereit sein, wie Jesus, Petrus und Paulus, wenn es um die Treue zum Glauben ging, alles zu opfern, auch das eigene Leben.

Ich weiß, dass der Mut zum Sterben für die eigene Überzeugung Schattenseiten hat: Intoleranz, Unnachgiebigkeit, Starrheit, Rechthaberei – das sind Eigenschaften, die in einer religiösen Kultur gedeihen, in der diejenigen Gläubigen am höchsten geehrt werden, die den Tod durch den Henker dem Abfall vom Glauben vorgezogen haben. Es ist heute gewiss nötig, solche Eigenschaften bei uns Christen zu bekämpfen. Das soll uns, so meine ich, nicht hindern, die positive Wirkung der jüdischen und der christlichen Märtyrer auf die christliche Religion zu würdigen. Darum sollten im christlichen Erzählgut Märtyrergeschichten nicht ganz fehlen.

Auch Legenden sind darin sinnvoll. Die menschliche Phantasie liebt die Geschichten, in denen der Held in einer Todesgefahr auf unwahrscheinliche Weise gerettet wird. Darum sind bei allen Lebensaltern die „Comic strips" so beliebt. Sie nehmen im Unterhaltungsbereich für unsere visuell verwöhnte Generation den Platz ein, der früher durch Märchen, Sagen und Abenteuerromane besetzt war. Neben ihrem Unterhaltungswert dienen sie dazu, im Menschen die Kräfte der Hoffnung zu nähren. Es ist gut, wenn in diesen Phantasiegeschichten nicht nur der Supermann und andere weltliche Helden, sondern auch Frauen und Männer des Glaubens auftreten. Sie erinnern daran, dass Hoffnung und Glaube zusammenhängen.

Der Betrachter von „Comic strips" weiß, dass er eine phantasierte Geschichte vor sich hat. Den Legenden des Danielbuches merkt man das als heutiger Leser ohne Vorkenntnisse nicht ohne weiteres an. Sie machen mit den vielen Einzelheiten, über die sie Bescheid wissen und mit den direkten Reden der handelnden Personen den Eindruck, von einem Augenzeugen erzählt zu sein. Übernimmt man als heutiger Erzähler die Rolle als scheinbarer Augenzeuge, so wird das Wunder von Gottes Eingreifen in diesen Geschichten zu einer massiven Demonstration seiner Allmacht. Bei der Rettung der drei Männer aus dem Feuerofen (Dan 3) erzählt man dann, genau nach der Vorlage, wie der Ofen so überhitzt war, dass die Diener des Königs, die die drei gefesselten Juden hineinwerfen mussten, von den Flammen erfasst und getötet wurden, dass aber die drei Juden aus dem Ofen herauskamen, ohne dass an ihren Kleidern ein Brandgeruch wahrzunehmen war. Solche mirakulösen Einzelheiten beeindrucken wohl kleine Kinder und leichtgläubige Erwachsene. Aber jeder Pfadfinder weiß, dass Kleider immer nach Rauch duften, wenn man einige Zeit in der Nähe eines Feuers war. Ihm wird die ganze Geschichte fragwürdig vorkommen, wenn man von solchen Einzelheiten wie von Fakten berichtet.

Will man heutige Hörer anleiten, diese Legenden nicht als Tatsachenberichte, sondern als Phantasie- und Hoffnungsgeschichten zu hören, so muss man jeden Schein meiden, als Augenzeuge zu erzählen. Man denkt sich am besten eine Rahmengeschichte aus, in der die Legende in diesem Sinn verstanden wird. Material dafür findet man im historischen Kontext, in dem das Danielbuch entstanden ist. Wir stellen uns z. B. einzelne Menschen aus den Berichten von 1. Makk 1 und 2. Makk 7 vor, die mit dem Märtyrertod rechnen mussten. Wenn sie sich von der wunderbaren Rettung eines Märtyrers erzählten, stellte dies ihre Bereitschaft zum Sterben nicht in Frage, sondern stärkte sie.

In der Legende vom Ende Belsazars (Dan 5) hat der Erzähler eine volkstümliche Sage über das Ende der babylonischen Könige aufgenommen und umgeformt. Sein Thema ist die menschliche Hybris gegen Gott und die göttliche Antwort darauf. Vielleicht musste der Erzähler selber mitansehen, wie die syrischen Krieger das Heiligtum in Jerusalem entweiht und geschändet hatten. Das erfüllte ihn mit Wut. Er klammert sich an den Glauben, dass Gott seine verletzte Ehre wiederherstellen wird. Die Rahmengeschichte muss dem heutigen Hörer diese Wut nachfühlbar machen, so dass er merkt: Es ist eine Protest-Geschichte. Das ist Heinrich Heine in seiner Ballade „Belsazar" mit den Stilmitteln seiner Zeit großartig gelungen.

Was der Erzähler über die durch eine Menschenhand geschriebenen Schriftzeichen erzählt, klingt märchenhaft. Es ist kein historischer Kern darin zu finden, aber er hat mit diesem Bild ein Symbol geschaffen, das immer wieder zur Deutung von Szenen der hohen Politik benützt wird. Beispiele für den Herrscher, der die Anzeichen der kommenden Katastrophe wie an die Wand geschrieben vor sich sieht, aber sie nicht lesen und deuten kann, liegen auf der Hand. Auch die Regierenden sind hier zu nennen, die zwar die Zeichen gut verstehen und wissen, dass eine Katastrophe bevorsteht, aber nichts tun, um sie abzuwenden oder ihre Wirkung zu lindern. Auch in der Alltagssprache reden wir von einem „Mene-Tekel" und benützen dabei zwei aramäische Wörter dieser rätselhaften Schrift an der Wand. So typisch menschlich ist also das Verhalten des Königs, von dem hier erzählt wird.

Protestantische Hörer können eine Geschichte wie diese nicht ohne weiteres nacherleben, weil darin die Heiligkeit von kultischen Gefäßen eine wichtige Rolle spielt. Die Reformatoren haben in ihrem Bemühen, die Vermittlung des Heils allein auf die Verkündigung von Gottes Wort und den Empfang der Sakramente zu konzentrieren, jede Verdinglichung des Heiligen abgelehnt und darum das kirchliche Leben von Riten und Gegenständen gereinigt, bei denen man sich ein Wirken des heiligen Geistes außerhalb von Wort und Sakrament vorstellte. In der protestantischen Frömmigkeit kennt man die Ehrfurcht vor heiligen Gefäßen oder vor heiligen Orten und Räumen kaum. Ich habe darum einleitend an einen Brauch im volkstümlichen Katholizismus erinnert, der den protestantischen Hörer auf dieses Phänomen aufmerksam macht: In anderen religiösen Welten als dem Protestantismus erfährt man das Heilige auch durch die Vermittlung von heiligen Gegenständen.

Und wenn es das Leben kostet

Zwei Stunden vom Dorf entfernt steht auf einer Anhöhe die Sakramentenkapelle. Am letzten Sonntag des Septembers findet die jährliche Wallfahrt dorthin statt. Die Prozession sammelt sich vor der Kirche. An der Spitze des Zuges die Dorfmusik, dann die heiligen Fahnen, die Chorknaben mit den Weihrauchgefäßen, unter dem Baldachin, von vier Kirchenältesten getragen, der Priester mit der Monstranz, dahinter der Bürgermeister mit dem Gemeinderat, dann die Männer und am Schluss des Zuges die Frauen und Kinder.

Am Ziel angekommen wird in der Kapelle die Messe gefeiert. Danach gehen die Verkaufsbuden auf und das Volksfest mit Musik und Tanz beginnt.

An den Wänden der Kapelle erzählen Bilder aus dem 17. Jahrhundert, warum die Kapelle gebaut wurde: Zwei Räuber stahlen in der Kirche des Nachbardorfes die mit kostbaren Steinen geschmückte Monstranz. Sie kamen nicht weit mit ihrem Schatz. Ein Gewitterregen brach über sie herein. Sie suchten Schutz unter einem Baum auf diesem Hügel. Ein Blitz schlug in den Baum und tötete sie beide. Am anderen Tag fand man dort ihre Leiche. Die Monstranz lag unversehrt in einem Sack neben ihnen.

In solchen Geschichten, wie sie ähnlich in vielen Religionsgemeinschaften erzählt werden, bringen Gläubige ihre Ehrfurcht vor heiligen Gegenständen zum Ausdruck. Man kann sich dem Göttlichen nur nähern in solchen Gegenständen, in denen es sich niedergelassen hat. Doch wehe dem, der sie in frevlerischer Gesinnung anrührt und mit ihnen wie mit Dingen des Alltags umgeht.

Auch der Priester Jedaja in Jerusalem kannte seit seiner Kindheit solche Geschichten. Der Vater hatte ihm von den Brüdern Nadab und Abihu erzählt. Sie waren Priester, als das Volk Israel noch durch die Wüste wanderte. Einmal nahmen sie die Räucherpfanne in die Hand, legten Feuer auf, streuten Räucherwerk darüber und brachten dem Herrn ein Weihrauchopfer dar. Doch der Herr hatte dieses Opfer nicht geboten. Es ging Feuer vom Herrn aus und verzehrte sie und beide kamen um. Ihr Vater Aaron, der Hohepriester, stand dabei. Er erschrak tief und schwieg.

Solche Geschichten machten dem jungen Jedaja Angst, wenn er an seinen künftigen Priesterberuf dachte. Mit doppeltem Eifer lernte er in der Zeit der Ausbildung, zwischen heiligen und gewöhnlichen Dingen und zwischen reinen und unreinen Zuständen zu unterscheiden. Gewissenhaft eignete er sich die vielen Regeln des Umgangs mit den heiligen Gegenständen an. Auch nachdem er schon lange als Priester amtierte, erfüllte ihn ein ehrfürchtiger Schauer, wenn er die Räucherpfanne nahm und die Körner auf das Feuer streute. Sein Herz klopfte spürbar und seine Hand zitterte, wenn er das Blut des Opfertiers im kostbaren Becher, den noch nie die Lippen eines Menschen berührt hatten, auffangen musste, um es als Opfer dem Herrn darzubringen.

Jedaja lebte im 2. vorchristlichen Jahrhundert, in der Zeit, als die Könige von Syrien über Jerusalem regierten. Sie gewährten den Juden lange Zeit Religionsfreiheit. Die Priester im Tempel brachten täglich Opfer dar, wie Mose es angeordnet hatte.

Das wurde anders, als Antiochus IV. König wurde. Er brauchte viel Geld für seine Kriege und ließ in einigen Städten seines Reichs die

Schatzkammer der Tempel plündern. Auch Jerusalem verschonte er nicht. Jedaja musste mitansehen, wie die syrischen Krieger die heiligen Gegenstände mit Gejohle in Säcke stopften und auf Kamele verluden. Kein Engel vom Himmel trat ihnen entgegen. Der Schlag rührte sie nicht. Unbehelligt zogen sie davon. Zorn erfüllte Jedaja bis in die Fingerspitzen und zugleich wusste er, dass er ohnmächtig war.

Es kam noch viel schlimmer. Vornehme Juden in der Stadt bewunderten den König und frohlockten, als er ein Gesetz erließ, das die bisherige jüdische Religion abschaffte. Auf dem Brandopferaltar des Herrn wurden von nun an Opfer zu Ehren des himmlischen Zeus dargebracht. Bei Todesstrafe war verboten, den Sabbat zu feiern, Schriftrollen mit dem Gesetz des Herrn zu besitzen und neugeborene Knäblein zu beschneiden.

Zwei Mütter, die ihre Säuglinge zur Beschneidung gebracht hatten, wurden grausam bestraft. Man band ihnen die Säuglinge an den Hals, führte sie durch die Gassen der Stadt und stieß sie nachher von der Mauer des Tempels in die Tiefe des Kidrontals hinunter.

Syrische Soldaten gingen am Sabbat durch die Gassen der Stadt. Vernahmen sie aus einem Haus die Stimme von Betenden oder den Sabbat-Gesang, so drangen sie ein und töteten alle Gläubigen, die beisammen waren, Männer, Frauen und Kinder.

Die Priester, die dem Herrn treu bleiben wollten, flohen ins Gebirge und versteckten sich in Höhlen. Jedaja fand Zuflucht in der Stadt, im Keller eines Freundes, der als Geschäftsmann mit den Syrern zu tun hatte und nicht in den Verdacht kam, einem gesetzestreuen Juden Unterschlupf zu gewähren.

Jeden Monat mussten sich die Einwohner von Jerusalem an einem Tag zu einem Opfermahl im Tempel einfinden. Auch ein Fest zu Ehren des Gottes Dionysos wurde veranstaltet. Manche machten widerwillig mit, viele taten es mit Freuden. Sie bekränzten sich mit Efeu und zogen in einer langen Prozession zum Tempel. Dort wurden Schweine geschlachtet und zu Ehren von Dionysos auf dem Altar verbrannt. Die heiligen Becher, die noch im Schatzhaus übrig waren, wurden ausgeteilt und mit Wein gefüllt. Die Leute tranken, soviel sie wollten und wirbelten in wüsten Tänzen um den Altar herum.

Jedaja vernahm von diesem Götzenfest am heiligen Ort. Gegen den dringlichen Rat seines Freundes verließ er das Haus und eilte auf den Tempelplatz. Dort trat er mit erhobener Faust den Tänzern entgegen und rief mit lauter Stimme: „Ihr Juden, was ihr tut, hat der Herr uns verboten. Das wisst ihr. Wir sollen den Herrn allein anbeten und das Heilige nicht missbrauchen…"

Er kam in seiner Rede nicht weiter. Syrische Krieger ergriffen ihn und schlugen ihn zusammen, dass er aus Nase und Mund blutete. Was er über das Gericht Gottes sagen wollte, blieb ihm im Halse stecken. Sie schleppten ihn in die Burg und warfen ihn in ein Verlies. Dort hockten bereits acht andere Gefangene. Jedaja lag eine Zeit lang ohne Bewusstsein auf dem Boden. Dann erwachte er. Die Schmerzen ließen nach. Er hörte von den anderen, dass sie alle als gesetzestreue Juden festgenommen waren und am anderen Morgen den Tod durchs Feuer erleiden sollten. Einer hatte sich geweigert, Schweinefleisch zu essen, ein anderer war ergriffen worden, als er laut das Morgengebet zum Gott Israels sprach.

Einer von ihnen, Eleasar, war ein Gelehrter. Seit Jahren sammelte er die Gesetze des Herrn aus alten Zeiten und die Reden und Gedichte der Propheten und schrieb sie auf Schriftrollen. Auch Geschichten von gläubigen Juden aus der Vergangenheit schrieb er auf. Die Häscher waren in seine Wohnung eingedrungen und hatten ihn verhaftet. Seine Schriftrollen schleppten sie auf einen Haufen vor dem Haus, legten Brennholz dazu und zündeten es an. So wurde das Werk, an dem Eleasar während Jahren gearbeitet hatte, durch Feuer zerstört. Ihn selber brachten sie zu den anderen in den Kerker, um ihn am anderen Tag ebenfalls dem Feuer zu übergeben.

Doch was er in seinen Büchern aufgeschrieben hatte, wusste er alles noch in seinem Gedächtnis. So erzählte Eleasar den Mitgefangenen in der langen Nacht, in der keiner schlafen wollte, weil es ihre letzte Nacht war, Geschichten aus der Vergangenheit.

„Kennt ihr die Geschichte von Nebukadnezar, dem König von Babel, und dem goldenen Standbild, das er machen ließ, zehn Meter hoch? Es wurde auf der Ebene Dura aufgestellt. Auf Befehl des Königs mussten alle Beamten, Verwalter und Offiziere aus dem ganzen Reich sich versammeln. Als die Musik das Zeichen dazu gab, mussten alle auf die Knie fallen und das goldene Bild anbeten. Die Beamten des Königs waren alle gekommen und taten genau, was der König geboten hatte: Auf das gegebene Zeichen fielen sie nieder und verehrten das Standbild.

Nur drei Juden, die damals hohe Beamte im Reich waren, Sadrach, Mesach und Abed-Nego, waren zu Hause geblieben. Sie wurden vor dem König angeklagt. Er unterzog sie einem strengen Verhör und drohte ihnen, sie in den glühenden Feuerofen zu werfen, wenn sie nicht unverzüglich das goldene Bild anbeteten. Sie erwiderten: „Wir sind Juden und beten nur einen Herrn an, der unser Gott ist. Er ist mächtig und kann uns jederzeit aus deiner Hand retten, auch wenn du uns dem Feuer übergibst. Will er uns nicht retten, so sollst du wissen, dass wir dein Standbild trotzdem nicht anbeten."...

Die Zuhörer Eleasars wussten, was dieses stolze Wort der drei für sie bedeutete. Eleasar aber fuhr mit seiner Geschichte fort:

„Da befahl der König, die drei sofort in den glühenden Feuerofen zu werfen. So geschah es. Als aber am anderen Morgen unter den Augen des Königs die Tür des Ofens geöffnet wurde, erschrak er. Denn er sah nicht drei, sondern vier Männer, die unversehrt im Feuer hin- und hergingen. Und der vierte sah aus wie ein himmlisches Wesen. Der König hieß die Drei herauskommen. Und alle wunderten sich und stellten fest, dass das Feuer ihnen nichts angetan hatte. Nicht einmal Brandgeruch ging von ihren Kleidern aus. Der König staunte über die Macht des Gottes, zu dem die drei Juden beteten."

Diese Geschichte hatte Jedaja bisher noch nie gehört. Sie bewegte ihn tief. Durch sie war die Angst vor dem nächsten Morgen, die er vorher gespürt hatte, einer inneren Ruhe und Klarheit gewichen. Vielleicht würde der Herr auch diesmal einen Boten vom Himmel schicken und die zum Tode Verurteilten retten. Wenn nichts Derartiges geschehen sollte, hatte ihr Sterben doch einen Sinn, das wusste Jedaja jetzt: Es war eine Tat zur Verehrung Gottes.

Noch viele Geschichten erzählte Eleasar in dieser Nacht. Eine gefiel Jedaja besonders. Sie handelte von Belsazar, dem Nachfolger Nebukadnezars. Eleasar erzählte: „Einmal veranstaltete der König ein Festessen für seine Höflinge und Hofdamen. Tausend Gäste waren eingeladen. In seiner Weinlaune ließ der König aus der Schatzkammer die goldenen und silbernen Becher kommen, die sein Vater Nebukadnezar bei der Eroberung Jerusalems aus dem Tempelschatz geraubt hatte. Der König, die Höflinge und Hofdamen tranken Wein aus diesen heiligen Kelchen, aus denen einst nicht einmal ein Priester trinken durfte. Und sie sangen das Lied mit dem Kehrvers:

,Belsazar, unser König und Held, ist stärker als alle und Herr der Welt.'

Auf einmal verstummten die Gäste. Der König erbleichte und starrte auf die weiß getünchte Wand gegenüber seinem Thron. Dort sah man so etwas wie eine Menschenhand mit ausgestrecktem Zeigefinger. Sie schrieb Zeichen auf die Wand. Es waren wohl Buchstaben einer unbekannten Schrift. Die Hand verschwand, die Schrift blieb. Der König fürchtete sich. Die Erscheinung musste etwas zu bedeuten haben. Aber wer wusste, was? Der König ließ die Gelehrten, Wahrsager und Sterndeuter holen, die ihm sonst als Ratgeber dienten. Sie betraten schlaftrunken den Saal, sahen sich die Zeichen an der Wand an, studierten sie, aber schüttelten den Kopf. Sie konnten die Schrift nicht lesen und nicht verstehen.

Im Saal begann ein Wehklagen und Schreien. Der Lärm wurde so groß, dass in einem abgelegenen Flügel des Palastes die Königinmutter wach wurde, aufstand und in den Festsaal kam, um zu fragen, was geschehen sei. Der Sohn wies auf die rätselhafte Schrift und klagte, dass keiner seiner Gelehrten imstande sei, sie zu deuten. Sie sagte: ‚Es lebt irgendwo in unserer Stadt ein alter weiser Jude namens Daniel. Der hat deinen Vater Nebukadnezar mehrmals rätselhafte Träume ausgelegt und ihm in schwierigen Fragen einen guten Rat gegeben. Lass den herrufen. Er wird die Zeichen deuten.‘

Und tatsächlich, man holte Daniel aus dem Hause, in welchem er seine alten Tage verlebte. Stellt euch vor", so betonte der Erzähler Eleasar, „alle Gelehrten der Weltstadt Babel waren vor der Schrift ratlos, nur der Jude Daniel wusste Bescheid. Er redete dem König zuerst ins Gewissen, dass er die heiligen Gefäße aus dem Tempel des Herrn geschändet habe. Dann las er die Worte an der Wand vor: *mene – tekel – u-pharsin* und übersetzte sie: *gezählt – gewogen –* und *zu leicht befunden.* Er erklärte auch ihren Sinn: Gott hat die Tage deiner Herrschaft gezählt und macht ihr ein Ende. Er hat deine Taten auf die Waage gelegt und zu leicht befunden. Er hat dein Reich geteilt und den Persern gegeben.

Dem König machte die Weisheit Daniels Eindruck. Er ließ ihm ein Purpurgewand und eine goldene Kette überreichen. Daniel wies die Geschenke zurück: ‚Behalt deine Gaben oder schenk sie einem anderen.‘

Die Feststimmung war jetzt verschwunden. Die Gäste machten sich unauffällig auf den Heimweg. In derselben Nacht wurde Belsazar ermordet und die Feinde der Babylonier, die Perser, drangen in die Stadt ein und nahmen sie in Besitz."

Die Gefangenen frohlockten über diese Geschichte und klatschten Beifall. Jedaja war mit Genugtuung erfüllt. „Recht geschehen ist dem Belsazar. Seinen Frevel an heiligen Gefäßen musste er schnell mit dem Leben bezahlen. Auch mit dem König Antiochus wird es einmal so kommen. Vielleicht steht bereits an irgendeiner Wand seines Schlosses die Rätselschrift, die seinen Untergang ankündigt. Er sieht sie nur nicht. Oder er liest das Mene-tekel, aber versteht seinen Sinn nicht", dachte er.

Als er und die anderen Gefangenen am Morgen zum Scheiterhaufen geführt wurden, waren sie alle guten Mutes. Sie hatten die feste Zuversicht, dass der Herr bald der Macht seiner Feinde ein Ende setzen werde. Ein Engel kam nicht, als die Flammen aufloderten. Sie starben alle und erfuhren nie, dass schon wenige Wochen später Judas, der den Zunamen Makkabäus bekam, mit einer Schar beherzter Männer einen Aufstand gegen die syrische Herrschaft wagte. Nach zahlreichen Kämpfen und Schlachten konnten die Aufständischen Jerusalem zurückerobern und den Tempel befreien. In einem feierlichen Gottesdienst wurde der Tempel gereinigt und neu dem heiligen Gott geweiht.

Zur Einführung der Erzählung in einer Erwachsenengruppe

Eine solche Überschrift bewirkt Stirnrunzeln: „Und wenn es das Leben kostet ...“ – Das kennen wir gegenwärtig nur als terroristische Verhaltensweise in Israel, in Nord-Irland und in manchen muslimischen Ländern. Um den Friedensprozess zwischen Israel und den arabischen Nachbarländern zu stoppen, gehen Menschen so weit, sich selbst in die Luft zu sprengen und in Bussen oder belebten Straßen, in Kaufhäusern und Märkten dadurch andere zu Tode zu bringen. Und wo das eigene und das Leben anderer „geopfert“ wird, redet man dabei vom „Heiligen Krieg“.

Und wenn es das Leben kostet ... – Das haben aber auch Menschen riskiert, die politischen Widerstand in Diktaturen geleistet haben. Auch die Männer und Frauen des Widerstandes gegen die faschistischen Nationalsozialisten in Deutschland am Ende des Dritten Reiches, die vom Holocaust wussten.

Innerhalb religiös begründeter Auseinandersetzungen gab und gibt es solche Haltung. Oft werden politische Auseinandersetzungen, ja brutale Machtpolitik religiös verbrämt. Mit Märtyrergeschichten kann Emotionalität irrational angestachelt werden. Im Namen unseres Gottes, der auch der unserer jüdischen Geschwister ist, kann niemand Menschenopfer fordern oder gutheißen. Wo Menschen Menschen opfern, geschieht das gegen Gottes Willen, stirbt Gott mit, ist Gott an der Seite der Leidenden und „denen nahe, die darüber zerbrochenen Herzens sind“.

Dennoch bleibt die Frage: Gibt es etwas in unserem Leben, das es wert ist, dafür das Leben hinzugeben?

Liedvorschläge

– Ehre sei Gott auf der Erde (ML 1/B 62)
– Es mag sein, dass alles fällt (EG 378)
– Freunde, dass der Mandelzweig wieder grünt und blüht (ML 1/B 127)

Kontexte

Dietrich Bonhoeffer, Ich glaube ... (Einige Glaubenssätze über das Walten Gottes in der Geschichte, 1942/43)
Conrad Ferdinand Meyer, Die Füße im Feuer (Ballade)

Die Versuchung Jesu

Mt 4,1–11

Bei der Auslegung der Versuchungsgeschichte stellt sich die Frage, ob der Text eine spezifisch messianische oder eine allgemein menschliche Versuchung meint. Geht es um das Problem, wie Jesus sich selber als Gesandten Gottes versteht, um die Auseinandersetzung mit einer teuflisch erkannten Missdeutung dieser Sendung – oder um das Problem, das sich jedem Christen stellen kann, die Abwehr einer verlockenden, einleuchtenden, aber als widergöttlich erkannten Verfälschung des Glaubens.

Mir leuchtet die erste Antwort mehr ein. Es geht um die Frage, wie versteht Jesus sein Amt als Christus? Welche damals auch vertretenen Deutungen des Christus-Amtes lehnt er ab? Für ihn hat die Befriedigung der leiblichen Bedürfnisse des Menschen nicht Priorität. Er beweist seine Beauftragung durch Gott nicht durch Schauwunder. Er strebt, um die Menschen zu befreien, nicht die politische Herrschaft über die Welt an. Würde ich diese Auslegung des Textes mit den mir zur Verfügung stehenden Mitteln erzählerisch gestalten, so müsste ich von einem innerseelischen Prozess in Jesus erzählen. Denn die mythologische Gestalt des Teufels, den Matthäus problemlos als Person auftreten lassen kann, müsste ich in psychologischen Begriffen umschreiben: als psychische Strebung, die sich nicht ohne weiteres als etwas Böses erkennen lässt (der Teufel bei Matthäus knüpft mit seinem ersten Vorschlag an den Gottes-Sohn-Titel an und begründet den zweiten biblisch). Erst nach einem langen inneren Ringen (bei Matthäus 40 Tage Fasten) weist Jesus diese Strebungen als satanisch zurück.

Doch eine Geschichte über innerseelische Vorgänge in Jesus will ich nicht erfinden, weil sie meiner Auffassung vom Geheimnis der Person Jesu widerspricht. Jesus als Mensch mit dem, was in ihm selber vorgeht, bleibt für mich der Unbekannte, nicht nur aus historischen Gründen, weil die Quellen uns darüber nichts Eindeutiges sagen, sondern noch mehr aus theologischen Überlegungen: Der Mensch, in dem mir Gott begegnet, hat selber Teil an der Verborgenheit Gottes. Er ist für mich psychologisch nicht analysierbar.

Wenn der Text eine messianische Versuchung Jesu meint, ist aber nicht auszuschließen, dass ein Jünger Jesu eine entfernt vergleichbare Versuchung erlebt. Ich meine nicht die Versuchung des Alltags, sondern eine Idee, die mit dem Glaubensverständnis zu tun hat, eine Möglichkeit zur Realisierung der Nachfolge. Sie scheint gut und verlockend zu sein. Bei genauerer Prüfung entpuppt sie sich als Eingebung des Teufels, als gefährliches Missverständnis der Sendung Jesu. Dieser Christ steht dann vor dem Entweder-Oder: Ist diese Idee von Gott gegebene Chance für den Glaubensweg – oder ist sie ein satanischer Irrweg? In eigener Verantwortung muss er eine Entscheidung treffen. Vielleicht hilft ihm dabei der Abschnitt über die Versuchung Jesu. Davon erzählt die Geschichte des römischen Christen Nereus.

Die Verantwortung nimmt uns niemand ab

Auf dem Gemüsemarkt von Ostia brannten Feuer. Darüber wurden fünf Schweine gegrillt. Die Sklaven von Nereus drehten die Spieße. In großen Kesseln kochten Suppen und Gemüse. Auf langen Tischen waren Brotlaibe aufgeschichtet, daneben Früchte und Kuchen. Auf dem Boden standen Krüge. Mit Schöpfkellen füllten Sklaven die Becher der Gäste. Aus den Straßen der Stadt waren die Leute herbeigeströmt. Eingeladen waren alle. Viele kamen, um wieder einmal satt zu werden.

Nereus freute sich über das Gastmahl. Wenn er mit seinem Schiff jeweils wohlbehalten heimgekehrt und die Waren auf den Märkten der nahen Hauptstadt verkauft hatte, verwendete er die Hälfte der Einnahmen zur Bewirtung der Armen in seiner Vaterstadt. Einige Hundert drängten sich auf dem Platz. Nereus dachte an die Speisung der Fünftausend am See Genezareth. Er kannte die Geschichte aus dem Markus-Evangelium. Jesus hatte damals zwar die Menschen nur mit fünf Broten und zwei Fischen gesättigt. Er, Nereus, hatte für viel Geld Speise und Trank eingekauft. Seine Sklaven hatten während Tagen das Fest vorbereitet. Doch die Feststimmung war vielleicht ähnlich, jetzt auf dem Gemüsemarkt von Ostia und damals, als Jesus mit den vielen Menschen am See zusammen war.

Nereus wollte mit diesem Fest Gott danken, dass er auf der langen Fahrt von Stürmen verschont geblieben war und dass er mit seinen Geschäften Erfolg hatte. Er hatte es weit gebracht in den letzten zwanzig Jahren. Als armer Hilfsmatrose hatte er angefangen und bald Karriere gemacht. Er war Steuermann, dann Schiffseigentümer geworden. Als sein eigener Herr und Meister hatte er ein neues Handelsgebiet erschlossen: Im Norden des Schwarzen Meeres, das damals „Gastliches Meer" hieß, hatte er nicht wie die anderen Kaufleute nur in den Städten an der Küste Handel getrieben. Er war zwei Tagereisen den breiten Strom Tanais, der heute Don heißt, in das Land der Skythen hinaufgefahren. Weil er ihre Sprache beherrschte, kam er gut ins Geschäft mit ihnen, verkaufte ihnen Messer, Dolche und Schwerter aus Rom und kaufte bei ihnen süße Früchte, die auf den Märkten Roms noch unbekannt waren, und junge, arbeitsfähige Sklavinnen und Sklaven. All das brachte er mit seinem Schiff nach Rom und verkaufte es mit gutem Gewinn. Darüber war er froh. Obwohl ihn die Volksfeste auf dem Gemüsemarkt einiges kosteten, wurde er von Jahr zu Jahr reicher.

Er hatte noch einen anderen Grund, seine Mitbürger in Ostia zu

Speise und Trank einzuladen: Als Christ gehörte er zu einer kleinen Minderheit. Die übrigen Bewohner der Stadt waren Heiden. Vor gut 20 Jahren war nach einem Großbrand in Rom das Gerücht aufgekommen, die Christen hätten das Feuer gelegt. Viele von ihnen hatten dafür mit dem Leben gebüßt. Auch in Ostia hörte man falsche Verdächtigungen gegen die Christen. Indem der Christ Nereus für Hunderte in der Stadt kochen und braten ließ, verbreitete er Wohlwollen gegenüber den Christen. Seit diese Feste stattfanden, waren die Christen in Ostia geduldet und ihre Zahl nahm langsam zu.

Einige Wochen später ging Nereus erneut auf eine Geschäftsreise zu den Skythen. Auch diese Reise verlief problemlos. Auf der Rückfahrt besuchte Nereus bei einem Zwischenhalt in Ephesus einige Christen, die er kannte. Bei ihnen wurde ihm eine Schriftrolle mit dem Evangelium nach Matthäus zum Kauf angeboten. Er öffnete sie. Was er in den ersten Spalten las, war neu für ihn. Das Evangelium nach Markus, das er bisher als einziges kannte, beginnt mit der Geschichte von Johannes, dem Täufer. In diesem Evangelium aber fand er am Anfang eine Liste der Vorfahren Jesu, dann die Geschichte von seiner Geburt, den Besuch der Sterndeuter beim Jesus-Kind und den Plan des Königs Herodes, das Kind zu töten. Der Preis für die Schriftrolle war hoch. Ein gesunder Sklave auf dem Markt kostete ebenso viel. Doch die Rolle interessierte Nereus, und er bezahlte.

Als er wieder auf dem Schiff war und nach Westen fuhr, vertiefte er sich in die Rolle. Bald stieß er auf einen Text, der ihn beunruhigte und wie zu einem schweren Kloß im Magen wurde: die Geschichte von der Versuchung Jesu. Bei Markus stand darüber nur der eine Satz, dass Jesus in der Wüste von Satan versucht wurde. Diesen Satz hatte Nereus bisher kaum bemerkt. Im neuen Evangelium stand darüber eine ganze Geschichte. Nachdem Jesus 40 Tage gefastet hatte, war er hungrig und fühlte sich geschwächt. Da habe ihm Satan vorgeschlagen: „Wenn du Gottes Sohn bist, so befiehl, dass aus diesen Steinen Brot wird." Nereus fand diese Idee Satans einleuchtend. Wenn Jesus mit seinem Erlösungswerk beginnen wollte, musste er zuerst selber wieder kräftig und stark werden. War es dann nicht sinnvoll, seine Wundermacht zu benützen und herumliegende Steine in Nahrung zu verwandeln? Würde er mit diesem Mittel nicht auch Zugang zu den Menschen finden? Würde er nicht bei ihnen beliebt werden, wenn er ihnen die Nahrungssorgen abnähme?

Doch Nereus kam nicht darum herum: Für Matthäus war das eine Idee Satans. Jesus wies sie als Versuchung zurück. Er wollte kein Messias sein, der sich durch Spenden von Mahlzeiten beliebt machte. Eben das beunruhigte Nereus: War er selber vielleicht auch einer Idee Satans erlegen, wenn er als freigebiger Veranstalter von Volksfesten bei den Mitbürgern beliebt werden und für den Glauben an Christus werben wollte? Nereus hatte sich dabei von Worten aus der heiligen Schrift leiten lassen. „Brich dem Hungrigen dein Brot", so hieß es einmal bei der Verlesung einer Prophetenrolle, ein andermal, als im Gottesdienst aus einem Paulusbrief gelesen wurde: „Seid allen Menschen gegenüber auf Gutes bedacht ... Wenn dein Feind Hunger hat, gib ihm zu essen." Bisher hatte Nereus gemeint, er handle im Sinn dieser Worte, wenn er das Volk von Ostia zu einem Festmahl einlud. Aber offenbar konnte auch der Satan seine Vorschläge mit solchen Worten der Bibel begründen. Hatte der Teufel ihn, Nereus, mit der Bibel verführt, einen falschen Weg einzuschlagen?

Auch das, was Nereus über die zweite Versuchung las, trieb ihn um. Satan habe Jesus aus der Wüste in die heilige Stadt geführt und dort auf einen Turm der Tempelmauer, wo man von hoch oben das Gewimmel der Menschen auf dem Vorplatz des Tempels sieht. Dort habe der Teufel Jesus vorgeschlagen: „Wenn du Gottes Sohn bist, so stürz dich hinab. Denn es heißt in der Bibel: Seinen Engeln befiehlt er, dich auf Händen zu tragen, damit dein Fuß sich nicht an einem Stein stößt."

Auch diesen Vorschlag fand Nereus beim Lesen zunächst einleuchtend. Denn für ihn war klar: Jesus hätte den Sprung unverletzt überstanden. Mit dieser Aufsehen erregenden Tat hätte er die Tempelbesucher beeindruckt und sich als den durch ein Wunder beglaubigten Gesandten Gottes erwiesen. Dieser Anfangserfolg hätte sein weiteres Wirken gewiss erleichtert. Dass Jesus diesen Vorschlag mit einem anderen Wort der Bibel zurückwies, konnte Nereus nicht leicht verstehen. Ihm kamen Auseinandersetzungen mit seinem Steuermann in den Sinn. Mehrmals war es vorgekommen, dass der, wenn ein Sturm im Anzug war, den dringlichen Rat gab, den nächsten Hafen anzusteuern. Jedesmal hatte Nereus als Schiffseigentümer die Weiterfahrt befohlen. Der Steuermann erinnerte dann an die Handelsschiffe, die bei Stürmen auf dieser Strecke schon Schiffbruch erlitten hatten. Nereus blieb dabei: „Wir fahren weiter. Ich habe gebetet, dass Christus uns behüte. Und ich vertraue, dass er es tun wird." – Es war ihm bisher nie etwas passiert. Die Gewalt der Wellen hatten die Schiffe anderer Kaufleute zerschmettert. Sie waren mit Mannschaft und Ladung untergegangen. Er war in den Stürmen bisher immer von Christus bewahrt worden. Hatte er damit Gott versucht? Hatte er sich mutwillig in Gefahr begeben und Gott auf die Probe gestellt?

Nereus wollte als Christ ein kühner, auf Gott allein vertrauender Seefahrer und ein freigebiger Wohltäter des Volkes sein. War er in beidem einer Einflüsterung Satans gefolgt? Musste er beides aufgeben und ein ganz anderes Leben anfangen? Die Volksfeste in Ostia absagen? Auf weitere Handelsreisen zu den Skythen verzichten? Einen bescheidenen Handel in der Heimat betreiben? Das Weiterlesen im neuen Evangelium verstärkte seine Zweifel an der Richtigkeit seiner bisherigen Lebensweise. Er glaubte zu verstehen, warum Christus die Verwandlung von Steinen in Nahrung und den Sprung vom Turm des Tempels abgelehnt hatte: Von Anfang an hat er sich damit für den Weg ins Leiden entschieden. Nereus las im Evangelium Worte, mit denen Jesus auch von den Jüngern die Bereitschaft zum Leiden verlangt: „Wer mir nachfolgen will, der verleugne sich selbst und nehme sein Kreuz auf sich und folge mir nach." Hatte Nereus in seinem bisherigen Leben vermieden, dem leidenden Christus nachzufolgen?

Es waren einige Tage verstrichen. Das Schiff fuhr entlang der Küste Italiens nach Norden. Bei Nereus hatten sich ganz andere Zweifel gemeldet. Hatte er die Geschichte von der Versuchung Jesu nicht zu schnell auf sich selber bezogen? Handelte sie nicht von einer Frage, die nicht jeden Christen betraf, sondern nur Jesus und den Gebrauch der ihm verliehenen Wundermacht? Er, Nereus, wollte doch nicht Steine in Brot verwandeln. Die Gefahren, mit denen er es zu tun hatte, waren kein Sprung in die Tiefe, der nach menschlichem Ermessen nur mit dem Tod enden kann. Was war Böses daran, wenn er mit der Festnacht seinen Mitbürgern eine Freude bereitete? War es nicht im Sinne Christi, wenn Hungrige sich wieder einmal satt essen konnten? Wie würden die Eingeladenen es empfinden, wenn er das Fest absagte? Sie würden sich ärgern und meinen, er sei geizig geworden. Sie würden in die alten Vorurteile gegen die Christen zurückfallen. Und was geschähe mit seinem Steuermann und den Matrosen, wenn er das Schiff verkaufte und die Fahrten ins Skythenland aufgäbe? Sie würden in der Mehrzahl arbeitslos werden. War das gut für sie?

Als der Heimathafen in Sicht kam, war Nereus ratlos. Er hatte vor, die Frage mit dem Leiter der Gemeinde von Ostia zu besprechen. Aber das Gespräch brächte vielleicht keine Klarheit. Der würde Nereus wahrscheinlich raten, weiterhin als Großkaufmann tätig zu sein und mit einem Teil des Ertrags die Volksfeste zu veranstalten. Er hatte schon oft betont, wie dankbar er als Gemeindeleiter für das Wohlwollen sei, das die Christen beim Volk von Ostia genossen.

Nereus erkannte: Auch nach dem Gespräch würde er selbst entscheiden müssen, ob er am bisher angestrebten Lebensziel auch in

Zukunft festhalten oder ob er es als teuflische Versuchung verstehen und verwerfen wolle. Er musste die Frage auf Grund der Einsichten seines Gewissens selbst beantworten. Er konnte Gott um Erleuchtung und Weisheit für das Gewissen bitten. Doch die Entscheidung war ihm damit nicht abgenommen. Es war die schwere Verantwortung, selbst entscheiden zu müssen, wo das Satanische in seinem eigenen Leben zu erkennen war. Das spürte Nereus, aber er wusste zugleich, dass diese Verantwortung zur besonderen Würde gehörte, mit der Gott ihn durch seine Berufung zur Nachfolge Christi ausgezeichnet hatte.

Einführung im Gottesdienst und bei Erwachsenengruppen

Die eigenen Möglichkeiten nutzen, um anderen Gutes zu tun, ist das denn nicht „Glauben konkret"? Den Überfluss reduzieren, Reichtum teilen, einen einfachen Lebensstil leben, wenigstens als Gemeinde verbindlich fasten, ist das denn nicht das „Gebot der Stunde"?

Aus dem Glauben daran, von Gott gehalten zu sein, die eigenen Ängste beherrschen und etwas riskieren, hat mit der „Freiheit eines Christenmenschen" zu tun. Wo andere aus Vorsicht oder Misstrauen keinen Schritt weiterkönnen, kann sich ein Christenmensch getrost fallen lassen und alles wagen.

Nur: Warum du es tust, das ist die Frage, die beantwortet werden will. Geht es dabei im Tiefsten um eigene Machtgelüste, gewollte Anerkennung? Soll mit allem „nur" die eigene Pracht und Herrlichkeit demonstriert oder vergrößert werden? Vielleicht hat Satan, der Versucher, für uns diese Gestalt? Wie Nereus in der Geschichte werden auch wir uns entscheiden müssen. Die Verantwortung nimmt uns niemand ab.

Liedvorschläge

– Du bist meine Zuflucht (ML 2/B 154)
– Meine engen Grenzen (ML 2/B 153)
– Vaterunser-Lieder

K. H.

Berufung des Matthäus

Mt 9,9–13

Viele Ausleger nehmen an, dass Matthäus diesen Text, mit leichten Veränderungen, aus Mk 2,13 ff. übernommen hat. Der wichtigste Unterschied ist der Name des Zöllners. Markus nennt ihn wie Lukas Levi. In unserem Text heißt er Matthäus. Wie ist das zu erklären? Handelt es sich um eine Person mit einem Doppelnamen (wie z. B. Joseph Barnabas in Apg. 4,36)? Haben Markus und Lukas den weniger bekannten Namen Levi benützt, um den bekannten Apostel mit seiner Zöllnervergangenheit zu schonen? Und hat Matthäus absichtlich den Namen des Matthäus gewählt, den er auch in seiner Liste der Zwölf nennt und als Zöllner bezeichnet (10,3)? Hat er hier, wie die kirchliche Traditon behauptet hat, seine eigene Berufungsgeschichte erzählt? Gegen diese Annahme spricht, dass Matthäus hier, wie bei vielen anderen Geschichten, weitgehend dem Wortlaut des Markus folgt. Warum hätte er Selbsterlebtes in Sätzen berichtet, die ein anderer, der nicht dabei war, formuliert hat? Bedeuten die beiden Namen also, dass zwei verschiedene Personen gemeint sind? Oder wurde die Geschichte ursprünglich von einem namenlosen Zöllner erzählt und beim Weitererzählen bekam dieser in der einen Version den Namen Levi, in der anderen hieß er Matthäus? Für diese Vermutung spricht einiges. Vielleicht war in der Zwölferliste, die der erste Evangelist kannte, Matthäus schon als Zöllner bezeichnet. Dann hat er angenommen, dass die Berufungsgeschichte, die Markus von einem Levi erzählt, diejenige des Matthäus sei.

So oder so ist wichtig, dass Jesus in seinen Jüngerkreis einen Zöllner aufgenommen hat, obwohl Zöllner im Volk aus politischen Gründen diskriminiert waren. Das ist auch deshalb bemerkenswert, weil in den lukanischen Listen des Zwölferkreises der andere Simon als Zelot bezeichnet wird (Lk 6,15; Apg 1,13). Die Partei der Zeloten bereitete bekanntlich den Befreiungskampf gegen die Fremdherrschaft der Römer vor. Wenn ein Zelot und ein Zöllner zum Jüngerkreis gehörten, sind die politischen Gegensätze in dieser Gruppe vermutlich groß gewesen.

Wie die andere Berufungsgeschichte in Mt 4,18–22 betont unser Text, dass die Initiative von Jesus ausgeht, wenn ein Mensch Jünger wird. Mit seiner Einladung, die zugleich ein in Vollmacht gesprochener Befehl ist, macht es Jesus möglich, dass ein Mensch seine bisherige Lebensweise aufgibt, sich von den Bindungen an den Brotberuf und den Verpflichtungen für die Familie löst und in die Lebensgemeinschaft mit ihm eintritt. Der eigene Entschluss, Schüler Jesu zu werden, die Bereitschaft zum Verzicht auf vieles, was bisher zum Leben gehörte, und der Wille zur Unterordnung unter den Meister und zur Eingliederung in die fremde Gemeinschaft spielten gewiss auch eine Rolle. Aber dieser eigene Wille, diese Bereitschaft, sein Leben zu ändern und Neues zu wagen, wurden durch das Berufungswort Jesu geweckt und gestärkt. So jedenfalls deutet der Text den Weg eines Menschen in die Jüngerschaft.

Die Form einer Lebensgemeinschaft zwischen dem Lehrer in Glaubensfragen

111

und einer Gruppe von Schülern wurde nicht von Jesus geschaffen. Schon vor ihm haben im Judentum prophetische Lehrer und Rabbiner mit ihrem Schülerkreis zusammengelebt. Neu für die Christen, die von Jesus und seinen Schülern erzählten, war, dass die Jüngerschaft nicht wie bei einem Rabbi auf einige Jahre beschränkt war, sondern dass sie das ganze Leben dauerte. Neu war wohl auch, dass Jesus keinen festen Wohnsitz hatte, sondern mit den Jüngern von Dorf zu Dorf wanderte und von dem lebte, was ein weiterer Kreis von Anhängern, Männer und Frauen, für den Lebensunterhalt der Lerngemeinschaft spendete.

Fragen wir nach heutigen religiösen Erfahrungen, die den Jüngerberufungen in den Evangelien entsprechen, so denken wir an Menschen, die durch eine nach ihrem bisherigen Lebenslauf nicht zu erwartende Bekehrung Christen wurden und von da an einen neuen Lebensstil praktizierten. Aber sie bilden eine Minderheit unter denen, die sich als Christen verstehen oder von sich selber sagen, sie seien religiös. Die „Durchschnittschristen", zu denen ich mich auch zähle, unterscheiden sich von den ersten Jüngern Jesu tiefgreifend. Unsere Beziehung zu Jesus hat nicht durch den Ruf in die Nachfolge zu einer Isolierung von den bisherigen sozialen Beziehungen geführt. Wir haben nicht auf die bisherige Erwerbstätigkeit verzichtet. Unser Glaube hat sich langsam aus kindlichen Anfängen entwickelt, vielleicht mit Unterbrechungen und im Auf und Ab von Zweifel und Gewissheit, aber es gibt in unserem Lebenslauf durch unser Ja zum Glauben keinen Bruch, kein eindeutiges Vorher und Nachher. Unserem Christentum fehlt die Radikalität der ersten Jünger Jesu. Wir verbringen nicht unseren gesamten Alltag in der Lebensgemeinschaft mit anderen Jüngern und mit ihm, dem Meister.

Dieser Unterschied ist für mich kein Grund, das Durchschnittschristentum schlecht zu machen und es wegen mangelnder Radikalität anzuklagen. Die Berufung des Matthäus veranlasst mich vielmehr, darüber nachzudenken, dass wir unseren Christus-Glauben u. a. auch solchen Christen verdanken, die sich in die radikale Nachfolge Jesu rufen ließen. Im Übrigen gilt auch für unser Durchschnittschristentum: Es ist eine menschliche Antwort auf den Ruf Christi. Die kontinuierliche oder vielfach unterbrochene Entwicklung meines Glaubens, mein immer wieder durch andere Tendenzen gestörter Wunsch, Jünger Christi zu sein, sind Wirkungen seiner Initiative, mit der er mich zur Nachfolge einlädt.

Um den äußeren Hergang der Berufung eines Zöllners zum Jünger Jesu zu verstehen, muss man einiges über das Zollwesen in einer Provinz des römischen Reiches wissen: Die Zölle wurden wie die Einnahmen aus den Steuern der eroberten Länder nur zum kleinen Teil für den Bau und den Unterhalt der Straßen verwendet. Der römische Staat wollte vor allem sich selbst aus den eroberten Ländern bereichern. Zoll- und Steuereinnehmer einer Provinz wurden einem Großunternehmer verpachtet. Der bezahlte dem Staat im Voraus den Betrag an Zöllen und Steuern, der nach Schätzungen in einem Jahr eingehen sollte. Der Unternehmer verpachtete seinerseits die einzelnen Zollstellen an Stadttoren, Flussübergängen und Provinzgrenzen an Helfer, die den ganzen Betrag ihrer Zollstelle ebenfalls im Voraus auf den Tisch legen mussten. Es gab auch für sie einen vorgeschriebenen Zolltarif: Für die mitgeführten Waren musste der Reisende 1/50 des Preises bezahlen. Zöllner konnten die Passanten massiv überfordern, indem sie den Preis der Ware zu hoch einschätzten. Die Zöllner waren bei der Bevölkerung verhasst, nicht nur weil sie die Menschen finanziell ausbeuteten, sondern weil sie mit dem Landesfeind gemeinsame Sache machten.

Erstaunlich in unserem Text ist, dass Jesus seine Zuwendung zu den Zöllnern, die in vielen anderen Texten bezeugt wird, hier mit dem Handeln des Arztes vergleicht. Damit wird eine rein moralische Beurteilung ihres Tuns in Frage gestellt. Die Arbeit der Zöllner war also nicht bloß Folge eines schlechten Willens, den man mit der Bußpredigt und dem Appell zur Umkehr bekämpfen konnte, sondern war eher einer seelischen Krankheit zu vergleichen, die ein ärztliches Handeln nötig machte.

Ein anderes Vorwissen, das bei Hörern dieser Geschichten vorhanden sein muss, betrifft die Lebensform der Jüngerschaft. Wir haben schon oft das Wort Jünger gehört, aber vielleicht nur vage verstanden. Was Jünger-sein im damaligen Judentum bedeutete, wie die Jünger Jesu mit ihrem Lehrer zusammenlebten, in welcher Weise ihr Leben durch die Berufung zur Jüngerschaft verändert wurde, sollte den Hörern eigentlich schon klar sein, wenn das Wort Jesu „Folge mir nach" ausgesprochen wird. Wir kennen die Bedeutung des Wortes Beruf im profanen Sinn, aber die Bedeutung von *berufen*, von *Berufung* im religiösen Sinn ist uns vielleicht nicht geläufig. Als Nacherzähler möchte ich den Hörern dieses Wissen vermitteln.

Im Text selber steht auch nichts darüber, warum es für die Juden damals ärgerlich war, wenn Jesus einen Zöllner in den Jüngerkreis aufnahm, und wie ein Zöllner selber es erlebt hat, dass er von Jesus zum Jünger berufen wurde. Diese Fragen versuche ich durch fingierte Einfügungen in der Nacherzählung zu beantworten. Das ermöglicht den Hörern, über das Bild des ärztlichen Handelns nachzudenken, das Jesus für sein Tun gebrauchte.

Wie Matthäus seine Karriere aufgab

Fische, die nachts gefangen wurden, mussten am anderen Vormittag verkauft werden. War nur wenig im Netz, boten Simon oder Andreas die Fische auf dem Dorfplatz von Kapernaum feil. Bei reicher Ausbeute wurden in der Morgenfrühe zwei oder drei Körbe auf den Maulesel geladen und auf den Markt nach Tiberias gebracht. Dieses Geschäft besorgte Andreas. Denn der Weg führte an einer Zollstelle vorbei. Zwei mit Fischen gefüllte Körbe kosteten, wenn Simon nach Tiberias wollte, sechs oder sieben Drachmen. Bei Andreas verlangte der Zöllner Matthäus nur zwei. Oft ließ er ihn ohne Zoll passieren. Die beiden waren Schulkameraden. Matthäus plauderte gern mit Andreas, bevor er weiter wanderte. Denn er hatte sonst keine Freunde.

Erst wenn ein anderer Reisender in Sicht kam, ließ er Andreas ziehen. Trat dieser Reisende dann an den Zoll, nahm es Matthäus genau. Jeder Sack musste geöffnet, jede Kiste aufgeschlossen werden. Jede Tasche wurde untersucht. Dann setzte der Streit über den Preis der Waren ein.

Ein Händler brachte Spangen und Gürtelschnallen und gab den Preis mit 200 Denaren an. Matthäus widersprach: „Diese Ware wirst du für 500 verkaufen."

Ein heftiger Wortwechsel entbrannte. „Räuber, Blutsauger, Volksverräter", war zu hören.

Matthäus war solche Schimpfwörter gewohnt. Er ließ sich nicht erweichen: „Der Preis ist 500 und du bezahlst 12½ Denare, basta!"

Der Händler gab nach und zahlte. Widerstand gegen einen Zöllner war nutzlos. Beharrte man auf dem eigenen Recht, ließ der Zöllner Soldaten des Herodes kommen. Dann musste man genau das bezahlen, was der Zöllner verlangte, dazu oft noch eine Buße, weil man den Dienst eines Beamten erschwert hatte.

Auch der nächste Reisende musste mehr bezahlen, als er wollte. Es war ein Kaufmann aus Persien. Sein Kamel war mit kunstvoll geknüpften Teppichen hochbeladen. Er musste alle herunternehmen und auf dem Boden ausbreiten. Der Preis, den er nannte, ein Talent Silber, schien Matthäus viel zu niedrig. Er verdoppelte ihn und berechnete daraus den Zoll. Der Perser murrte und legte das Geld auf den Tisch.

So ging es weiter bis zum Abend. Mit den Einnahmen dieses Tages war Matthäus zufrieden. Seit einem halben Jahr war er schuldenfrei. Das Geld, das ihm sein Onkel zum Kauf der Zollstelle vor zwei Jahren geliehen hatte, war zurückbezahlt. Er musste nur noch so viel einnehmen, dass er am nächsten Neujahrstag genügend Bargeld hatte, um die Zollstelle wieder für ein Jahr zu kaufen. Diese Summe war jetzt schon fast beisammen. Was er darüber einnahm, war für die eigene Tasche. Das erste Jahr seiner Arbeit als Zöllner war hart gewesen. Er hatte äußerst sparsam gelebt und sich kein Vergnügen gegönnt.

Als das nächste Mal in der Morgenfrühe Andreas mit dem Maulesel am Zoll vorbeikam, sprachen die beiden über allerlei, was in der letzten Zeit passiert war. Andreas erzählte von seiner Wanderung ins untere Jordantal. Dort wirkte der Einsiedler und Prophet Johannes. Täglich pilgerten zu ihm aus allen Landesteilen Leute und wollten seine Predigt hören. Johannes kündigte an, dass in den nächsten Monaten der Weltrichter erscheinen werde.

Andreas war noch ganz bewegt von dem, was er erlebt hatte: „Wenn du ihn hörst, bekommst du Angst und erschrickst über dich selber. Er deckt dir alle deine heimlichen Sünden auf und zeigt dir, warum der Weltrichter dich strafen wird. Doch denen, die ihre Sünden einsehen und bereuen, bietet er an, dass sie sich von ihm im Jordan taufen lassen. So werden sie von den Sünden gereinigt. Auch ich habe mich gemeldet und Johannes hat mich dreimal ins Wasser getaucht. Ich bin froh. Jetzt wird der Weltenrichter, wenn er kommt, mich hoffentlich nicht wegen meiner Sünden wie einen faul gewordenen Baum umhauen und ins Feuer werfen. Willst du nicht auch einmal dort hingehen und dir diesen Mann anhören?"

Matthäus winkte ab: „Das ist viel zu fromm für uns Zöllner. Wir haben einen harten Beruf und können es uns nicht leisten, auf eine solche Predigt zu hören, auch wenn sie schön ist."

Andreas widersprach: „Nein, ich sah auch Zöllner unter den Hörern. Johannes wandte sich ausdrücklich an sie und sagte ihnen, sie sollten von den Leuten nicht mehr fordern, als was verordnet ist."

In diesem Augenblick kam eine Karawane am Zoll an. Es war Matthäus recht, dass dadurch das Gespräch mit Andreas beendet war. Ihn interessierten nur noch das Gepäck der Reittiere und die mitgeführten Waren. Er verabschiedete Andreas und wandte sich der Karawane zu. Doch nachdem er sie abgefertigt hatte, sann er wieder und wieder über das nach, was er über diesen Johannes und über den kommenden Weltrichter gehört hatte.

In den nächsten Wochen fiel Matthäus auf, dass Andreas nicht mehr am Zoll vorüberkam. Hatte er für seine Fische einen anderen Markt entdeckt? Gab es keine reichen Fänge mehr? Oder war er wieder zu diesem Johannes am unteren Jordan gegangen und dort hängen geblieben?

Als Matthäus einmal in Kapernaum Besorgungen machte, erkundigte er sich nach Andreas. Was er hörte, kam ihm merkwürdig vor.

„Andreas und sein Bruder Simon haben den Fischerberuf aufgegeben", erzählten die Leute. „Ein neuer Rabbi namens Jesus hat sie als Schüler angeworben. Sie begleiten ihn auf seinen Wanderungen durch die Dörfer."

Jesus – von diesem Mann hatte Matthäus auch schon gehört. Er habe einen Gelähmten geheilt und einen Aussätzigen von seinem Leiden befreit. Auch wenn das zutraf – wie konnte man nur den Broterwerb aufgeben und Schüler eines Rabbi ohne festes Einkommen werden, so fragte sich Matthäus. Er jedenfalls wollte noch so viel Geld verdienen, dass er sich wie der Oberzöllner Zachäus eine Villa mit Schwimmbad bauen lassen konnte, dazu einen Garten mit Palmbäumen und ringsherum eine hohe Mauer. Ein Verzicht auf das Geldverdienen kam für ihn nicht in Frage. Und doch spürte er in sich so etwas wie Neid auf Menschen, die von den irdischen Dingen so frei waren wie die beiden Fischer. Oder war er unzufrieden, dass ihm der Zöllnerberuf ans Herz gewachsen war? Im Übrigen, so sagte er sich, brauchte er sich über diese Fragen keine Gedanken zu machen. Er konnte sich an den Fingern abzählen, dass dieser Rabbi und Wundertäter keinen Zöllner unter seinen Schülern dulden würde.

Wieder vergingen einige Wochen. Da näherten sich eines Tages fünf Männer dem Zollhaus. Matthäus erkannte von weitem unter ihnen seinen Schulkameraden Andreas. Das wird wahrscheinlich der neue Rabbi mit seinen Schülern sein, dachte er und spürte auch gleich – er wusste nicht, wieso – welcher der fünf der Rabbi war. Die Männer hatten kein Gepäck bei sich. So gingen sie ihn als Zöllner nichts an. Er wollte sie vorbeigehen lassen und so tun, als hätte er Andreas nicht bemerkt. Aber der, den er als den Rabbi Jesus angesehen hatte, trat auf ihn zu, legte ihm beide Hände auf die Schultern, schaute ihn an und sprach: „Gegrüßt seist du, Matthäus! Komm mit! Von jetzt an sollst du mein Schüler sein."

Matthäus begriff nicht, was in ihm vor sich ging: Er fühlte sich wie einer, der bisher in einem dunklen Kellerloch eingesperrt war und dem auf einmal die verschlossene Tür geöffnet wird. Er tritt hinaus an die frische Luft und sieht seit langem wieder einmal das Sonnenlicht und den Himmel, die Wiesen und die Bäume. Er blinzelt und kann es nicht glauben… Solch ein Gefühl von unerwarteter Freiheit erfüllte Matthäus. Er – Schüler des Rabbi Jesus wie Andreas! Er – nicht mehr Zöllner! Er konnte es sich ja leisten, die Arbeit als Zöllner an den Nagel zu hängen, den Zollposten zu verlassen. Seine Schulden waren bezahlt. Seine Träume vom Reichwerden kamen ihm jetzt dumm vor. Eine Villa mit Schwimmbad und einem Garten – Unsinn! Viel wichtiger war ihm, dass sein Leben durch den Rabbi Jesus wieder mit Gott in Verbindung kam.

Und das Geld in der Kasse mit den Einnahmen der letzten Monate? Er würde es mitnehmen. Der Rabbi und seine Schüler mussten wie alle Menschen essen und vielleicht auch einmal ein anderes Gewand kaufen. Da konnten sie wohl brauchen, was er erspart hatte.

In seinem Innern war ein solcher Sturm von Gefühlen und Gedanken, dass er noch immer dastand, den neuen Rabbi ansah und kein Wort über die Lippen brachte. Dann stammelte er: „Ich freue mich, dass ich dein Schüler sein darf."

Und in diesem Augenblick kam ihm eine gute Idee. Er rief: „Ich möchte euch alle heute Abend zu einem guten Essen ins Dorfgasthaus einladen."

An diesem Abend saßen sie alle beisammen, Jesus, seine bisherigen Jünger, der Neue, auch einige Zöllner aus der Nachbarschaft mit ihren Frauen. Es ging lustig zu, bis in die tiefe Nacht hinein.

Aber im Dorf ärgerten sich viele über dieses Fest. Sie dachten daran, wie die verhassten Zöllner sie schröpften und ausbeuteten. Ihnen fielen die Drachmen und Denare ein, die sie zuviel bezahlt hatten, weil ein Zöllner den Preis der mitgeführten Waren zu hoch eingeschätzt hatte. Ein Rabbi, der Gott und seine Gebote ernst nimmt – so fanden sie – darf nicht mit den Halunken vom Zoll zusammensitzen und mit ihnen Feste feiern. Damit unterstützt er ihr übles Treiben. Es fielen böse Worte gegen Jesus.

Als er am anderen Morgen mit seinen Jüngern das Dorf verlassen wollte, blieben einige Bewohner, die ihnen entgegenkamen, stehen und machten ihnen bittere Vorwürfe: „Du weißt doch auch, wie die Zöllner, diese Räuber, uns das Geld aus dem Beutel ziehen. Warum verbrüderst du dich mit ihnen?"

„Man muss dir doch nicht sagen, wie sie unseren Feinden, den Römern, helfen! Warum hockst du die ganze Nacht mit ihnen zusammen?"

Ein anderer schimpfte: „Du stinkst wahrhaftig schon nach dem Gestank, der von ihrer Geldgier ausgeht."

Darauf antwortete Jesus: „Die Gesunden brauchen den Arzt nicht. Nur die Kranken brauchen ihn. Darum geht er zu ihnen und nicht zu den Gesunden."

Zur Gestaltung im Unterricht und mit Jugendgruppen

Diese Erzählung eignet sich besonders zum pantomimischen Mit- und Nachspielen, während sie vorgelesen wird. Die Gruppe steht dazu im großen Kreis, die mitspielenden Personen treten, wenn sie in der Erzählung vorkommen, einige Schritte zur Mitte hin und versuchen, ihre Rolle pantomimisch, d. h. ohne Worte und mit wenigen eindeutigen Gesten oder einer charakteristischen Haltung, darzustellen. Personengruppen werden mit mindestens einer Person besetzt. Hinzu kommen wechselnde „Statisten", die sich genauso verhalten, wie der/die eine es vormacht.

Mögliche Rollen in der Reihenfolge des Auftretens (eingeklammerte Rollen können bei kleineren Gruppen oder mit Rücksicht auf den Erzählfluss entfallen): Simon – Andreas – (Käufer) – Matthäus – (Reisender) – ein Händler – (Soldaten des Herodes) – ein Kaufmann aus Persien – (Onkel von Matthäus) – (der Prophet Johannes/Leute, die seine Predigt hören) – eine Karawane – Leute von Kapernaum – fünf Männer, darunter Jesus und Andreas – einige Zöllner aus der Nachbarschaft – ihre Frauen – Bewohner des Dorfes.

Je nach Gruppengröße können auch mehrere Rollen von denselben Personen übernommen werden, insbesondere Händler, Karawane, Leute von Kapernaum, fünf Männer, Zöllner, Bewohner des Dorfes. Der Leiter/die Leiterin liest die Geschichte vor und führt gleichzeitig Regie. Er/sie bringt die Rollen ins Spiel und lässt, wo es angebracht ist, Zeit zum Ausspielen einer Rolle. Wichtig ist, vor Beginn des Spiels zu überschlagen, welche Rollen von der jeweiligen Gruppe besetzt werden können. Die Jugendlichen sollten vor Beginn der pantomimischen Darstellung wissen, dass sie nichts sagen müssen, dass sie von der Regie geführt werden und dass sich alles Weitere aus dem Erzählten ergibt.

In ungeübten Gruppen kann es angebracht sein, die Szenen anhand des Textes in Kleingruppen, eventuell unter Anleitung (z. B. durch ältere Jugendliche), vorzubereiten und/oder die Erzählung als Schattenspiel mit wenigen elementaren Gesten und Bewegungen zu gestalten.

Nach entsprechender Vorbereitung können die Szenen auch im Gottesdienst vorgestellt werden.

Liedvorschläge

– Die Sache Jesu braucht Begeisterte (ML 1/B 39)
– Ich möcht', dass einer mit mir geht (EG 207)

R. St.

Der sinkende Petrus

Mt 14,22–33

Die Evangelien erzählen zweierlei Geschichten von einer wunderbaren Rettung in Seenot. Die eine berichtet in drei Varianten (Mt 8,23–27; Mk 4,35–41; Lk 8,22–25), wie die Jünger zusammen mit Jesus im Boot durch den Sturm gefährdet sind und wie Jesus Sturm und Wellen durch ein Machtwort zum Schweigen bringt. Nach der anderen Geschichte, ebenfalls in drei Varianten (Mt 14,22–33; Mk 6,45–51; Joh. 6,16–21) sind die Jünger bei Nacht allein im Boot, kommen durch einen Sturm in Not und sehen dann, wie Jesus ihnen, auf dem Wasser wandelnd, entgegenkommt und den Sturm stillt. Nach der Matthäus-Variante will Petrus dem Herrn auf dem Wasser entgegengehen, sinkt und wird von ihm gerettet.

Ein Vergleich der Varianten zeigt kleine Unterschiede in Formulierungen. Sie lassen sich durch die Annahme erklären, dass die gleichen Vorlagen (wahrscheinlich die beiden Markus-Texte) beim Weitererzählen verändert wurden. So ist wohl auch die Szene mit Petrus (Mt 14,28 ff.) entstanden. Es ist unwahrscheinlich, dass Matthäus diese Szene als Augenzeuge erlebt hat, weil er in den übrigen Geschichten, die er gemeinsam mit Markus und Lukas hat, jeweils mit leichten Veränderungen die Markus-Version übernimmt.

In jüdischen und hellenistischen Büchern aus dieser Zeit finden sich ähnliche Rettungsgeschichten. Sie werden von anderen Personen erzählt, aber stimmen im Handlungsablauf und im Wunder der Rettung weitgehend mit den Geschichten in den Evangelien überein. Alle diese Geschichten enthalten mythische Elemente: Der Gottesmann befiehlt dem Wind, dieser gehorcht. Der Gottesmann wandelt auf der Wasseroberfläche und bewirkt dadurch etwas. Dieses Motiv kommt übrigens auch in einer buddhistischen Legende vor.

Es ist nicht feststellbar, ob Sturmstillung und Seewandel auf bestimmte Erlebnisse der Jünger mit Jesus zurückgehen. Könnten es zwei verschiedene Ereignisse gewesen sein, das eine Mal mit Jesus im Boot, das andere Mal ohne ihn? Oder handelt es sich um die gleiche Nacht, von der die einen so, die anderen anders erzählen? Oder wurde ein Wundermotiv, das von einem anderen Gottesmann erzählt wurde, auf Jesus übertragen? Darauf kann man mit Methoden der historischen Forschung nicht antworten.

Sicher ist, dass die sechs Geschichten in den Evangelien für Leser geschrieben sind, die mehrheitlich als Landratten nie in der Nacht durch einen Sturm in Lebensgefahr gekommen sind. Sicher ist auch, dass diese Geschichten für die Evangelisten und ihre Leser eine Wahrheit des Glaubens enthalten, die mit Boot, Wasser und Sturm nichts zu tun hat. Darauf will ich die Hörer hinweisen, wenn ich eine dieser Geschichten heute erzähle.

Aber das Kolorit dieser Geschichten will ich auch beachten. So erzählen nur Fischer, die wie keine anderen Berufsleute durch ihre tägliche (natürliche!) Arbeit gezwungen sind, sich der Gefahr durch einen Sturm auszusetzen. Damals am See Genezareth waren die Boote technisch noch nicht so sicher gebaut wie heute. Es gab keine Rettungsringe, keine Sicherheitswesten, keine verlässlichen Wettervorhersagen. Die wirtschaftliche Lage in jener Zeit zwang die Fischer, auch bei ungünstigem Wetter zum Fang auszufahren, wenn sie nicht die Familie dem Hunger aussetzen wollten. Todesfälle durch das Kentern eines Bootes kamen häufiger vor als bei heutigen Fischern auf einem Binnensee. Häufig waren wohl auch Erfahrungen von extremer Gefahr und unerwarteter Rettung. Solche aufregenden Erlebnisse gaben Anlass zum Erzählen von Geschichten. Was den einen widerfahren war, wurde von den Kollegen weitererzählt und dabei umgeformt.

Die vier ersten Jünger Jesu waren Fischer. Ich nehme an, dass auch sie solche unvergesslichen Nächte erlebt haben – mit Jesus im Boot oder ohne seine leibliche Anwesenheit, aber in Gemeinschaft mit ihm. Aus solchen Erfahrungen sind Geschichten entstanden. Sie wurden für Christen bedeutsam in Situationen, die äußerlich ganz anders waren als eine Sturmnacht auf dem Wasser.

Jesus sagte: Komm!

Auch heute ging Bath-Ela, wie jeden Tag seit dem Tod der Nachbarin, wieder hinüber, um das Nötigste zu besorgen. Sie trieb die Hühner und die beiden Schafe aus der Hütte, säuberte den Fußboden vom Mist, nahm die drei Kinder auf und kochte für sie. Das Jüngste musste noch gefüttert werden. Nachher putzte sie den Raum weiter, obwohl sie spürte, dass sie mit dem Schmutz nie fertig werden würde. Sie flickte, was zerrissen war, und spielte mit den Kindern. Der Nachbar war schon früh zur Arbeit auf dem Bauplatz weggegangen und sie war froh darüber. Denn er war ständig übel gelaunt und hatte an allem etwas auszusetzen.

Mit einem unterdrückten Seufzer verabschiedete sie sich von den Kindern und atmete auf, als sie ihr eigenes Häuschen betrat. Es war nicht größer als das des Nachbarn, Tisch und Bank, Herd und Bett in einem Raum, aber alles blitzblank und sauber. In den Wochen, als die Nachbarin schwer krank im Bett lag, hatten sich noch andere Frauen aus der Nachbarschaft an der Pflege beteiligt. Jetzt waren die anderen weggeblieben, wohl weil sie den Gestank in diesem Haus und das Geschimpfe des Mannes nicht mehr ertrugen. Sie hatte bis jetzt durchgehalten. Sie wollte in dieser Lage als Christin handeln. Hatte nicht der Herr ihr, der kinderlosen Witwe, diesen Dienst an den Waisenkindern anvertraut? Doch immer wieder zweifelte sie. War das nicht eine Aufgabe, die ihre Kräfte bei weitem überstieg? War es nicht Hochmut, wenn sie meinte, sie müsse den Kindern drüben die Mutter ersetzen? Wenn sie doch nur in dieser Sache von Christus eine klare Weisung bekäme! Andere Christen erzählten in der Versammlung manchmal, dass der Herr zu ihnen durch den Geist geredet hätte.

Beim Wasserholen hörte Bath-Ela von den Frauen, dass die Leichen der beiden Fischer, die man seit der letzten Sturmnacht vermisste, ans

Ufer gespült worden waren. Wellen hatten schon mehrmals Teile ihres Bootes auf den Strand geworfen. Jetzt zweifelte niemand mehr an ihrem Tod. Bath-Ela hatte einen der beiden gut gekannt.

Am anderen Tag fanden sich alle Erwachsenen des Dorfes zur Bestattung ein, Juden und Christen. Denn in Kapernaum wohnten Juden und Christen friedlich nebeneinander. Die Christen nahmen am Sabbat in der Synagoge am Gottesdienst teil und versammelten sich am Tag nach dem Sabbat unter sich, um Gott für die Auferweckung Christi zu preisen und miteinander das heilige Mahl zu feiern. War eine Familie im Dorf vom Leid betroffen, nahmen alle Anteil, ohne Unterschied der Glaubensweisen.

Nach der Feier am Begräbnisplatz saßen alle beim Leichenmahl an den Tischen, die im Schatten der drei Terebinthen aufgestellt waren. Essen und Trinken löste die Zungen. Man erzählte wieder einmal von den Schrecknissen, die Fischer und Fährleute im Kampf gegen Stürme und Wasser erlebten. Es blieb wohl keiner unerwähnt, der in den letzten Jahrzehnten in den Wellen umgekommen war.

„Wisst ihr noch, wie vor zehn Jahren mein Onkel und sein Sohn ertrunken sind? Sie hatten einen Kahn nach der neumodischen Bauart. Aber der war zu schwach und brach mitten entzwei. Sie konnten gut schwimmen, aber der Sturm trieb sie immer wieder vom Ufer weg und schließlich zog eine Welle sie nach unten."

Erinnerungen an diese Verstorbenen wurden ausgetauscht.

„Die beiden, die wir jetzt bestatten mussten, hatten aber ein Boot mit der guten, altbewährten Verstärkung am Kiel. Warum hat dieser Kahn nicht standgehalten?"

„Mein Großvater hat oft erzählt, dass im tiefsten Grund des Sees ein ungeheurer Fisch oder eine riesige Seeschlange haust. In Sturmnächten kommt sie an die Oberfläche. Bemerkt sie dann ein Boot mit Menschen drin, versetzt sie ihm mit dem Schwanz einen Schlag, dass es in Stücke zerbricht wie ein Tonbecher, den man zu Boden wirft. Da nützt die Verstärkung des Kiels nichts."

Auch andere hatten von der Seeschlange gehört. Einer behauptete: „Mein Urgroßvater hat sie seinerzeit mit eigenen Augen gesehen. Nur mit blitzschnellen und kräftigen Ruderschlägen konnte er sich und die anderen im Boot dem Schlag des Schwanzes entziehen!"

Dieses Stichwort gab der Erzählrunde ein anderes Thema. Anstatt von tödlichen Unfällen in Sturmnächten erzählte man von wundersamen Rettungen. Solche Geschichten hatten die Hörer auch lieber. Nur sie helfen gegen die Angst vor der übermenschlichen Macht der Stürme, gegen die ein Fischer sich behaupten muss.

„Es war vor etwa zwanzig Jahren, als nach einer Sturmnacht zwei von uns Fischern nicht mehr zurückkamen. Als sie auch nach Sonnenuntergang noch nicht da waren, rechneten wir mit dem Schlimmsten. Doch die zwei waren vom Sturm ans jenseitige Ufer getrieben worden. Dort mussten sie zuerst das beschädigte Boot notdürftig reparieren. Das brauchte mehr Zeit als üblich. Am übernächsten Tag fuhren sie in den Bootshafen ein. Die Freude war groß, obwohl sie keinen einzigen Fisch gefangen hatten."

„Ich war einer der beiden", meldete sich ein alter Mann, „mein Kollege ist längst gestorben."

Einer berichtete von einem Freund im Nachbardorf. „Er hatte einmal einen Rabbi zur Überfahrt auf die andere Seeseite im Boot. Da zogen Gewitterwolken auf. Es begann zu regnen und ein heftiges Gewitter entlud sich. Die Wellen überspülten das Boot, der Boden war schon mit Wasser bedeckt. Eine Sturmbö zerfetzte das Segel. Da stand der Rabbi auf und herrschte den Wind und die Wellen an: ,Was fällt euch eigentlich ein, euch so wild zu gebärden und uns zu bedrohen? Im Auftrag des Herrn fahre ich ans andere Ufer, um dort meine Schüler in der Tora zu unterrichten. Das ist für ihn, den Herrn der Welt, wichtiger als euer Tosen und Stürmen. Seid sofort still und schweigt!' Diesem Befehl des Rabbis gehorchten Wind und Wellen. Das Gewitter verzog sich, bald war der See spiegelglatt. Mein Freund musste mit Rudern, ohne Segel, das andere Ufer erreichen."

Die Hörer staunten über die Vollmacht des Rabbi. Bath-Ela hatte in der Versammlung der Christen eine ähnliche Geschichte von Jesus gehört. Das sprach auch Clemens, der ein Enkel des Apostels Andreas war, deutlich aus: „Von unserem Rabbi Jesus gibt es eine Geschichte, die fast genauso verläuft. Mein Großvater, der dabei war, hat sie mir erzählt. Von ihm habe ich noch eine andere Geschichte von einer Sturmnacht gehört, die noch eindrücklicher ist."

Und Clemens erzählte: „An einem Abend – es war am Ufer dort drüben – befahl der Rabbi den Jüngern, das Schiff zu besteigen und ohne ihn zurückzufahren. Er wollte in jener einsamen Gegend noch für sich sein und beten. Mitternacht war schon vorüber, die Jünger ruderten immer noch. Da kam ein starker Gegenwind auf. Das Rudern wurde mühsam. Das Schiff schaukelte. Oft griffen die Männer mit einem Ruder ins Leere. Einige waren schon beunruhigt: Wie werden wir bei diesem Wind hinüberkommen?

Da sahen sie auf einmal eine Gestalt, die auf dem Wasser schritt, als wäre es fester Boden. Die Gestalt kam auf sie zu. Alle erschraken und meinten, es sei ein Gespenst. Doch die unheimliche Gestalt sprach zu ihnen: ,Seid getrost, ich bin's, fürchtet euch nicht!' An der Stimme erkannten sie sogleich, dass es Rabbi Jesus war. Ihre Freude war groß. Simon, der Bruder meines Großvaters, war ganz außer sich vor Begeisterung. Er sprach: ,Wenn du es bist, Herr, dann sehe ich, dass für dich durch Gott kein Ding unmöglich ist. Dann kannst du auch mir die Kraft verleihen, auf dem Wasser zu wandeln.' Der Rabbi Jesus sprach zu ihm: ,Komm!' Simon stieg über den Rand des Boots und wagte einige Schritte auf der Oberfläche des Wassers. Da sah er, wie eine große Welle auf ihn zukam. Er fürchtete sich und begann zu sinken. Voller Angst schrie er: ,Herr, rette mich.' Der Rabbi Jesus ergriff ihn, zog ihn an sich und sagte: „Du Kleingläubiger, warum hast du gezweifelt?" Dann stiegen die beiden ins Schiff und der Sturm ließ nach. Als sie hier am Ufer anlegten, sagten die Jünger zueinander: ,Unser Rabbi ist wahrhaftig ein Sohn Gottes.'"

Diese Geschichte war für viele Trauergäste damals nicht neu. Sie waren dennoch von neuem beeindruckt. „Welch unerhörte Kraft verleiht Gott doch einem Rabbi, der ihm dient", meinte einer und ein anderer: „Auf dem Wasser wandeln, das kann nur ein Rabbi, das ist nichts für einen gewöhnlichen Fischer."

Auch Bath-Ela hatte in der christlichen Versammlung diese Geschichte schon mehrmals gehört. Doch bisher hatte sie nie viel darüber nachgedacht. Das war diesmal anders. Die Geschichte war ihr wie für sie besonders erzählt vorgekommen. Es war ihr, als ob sie den Rabbi Jesus drüben im Nachbarhaus sähe, wie er mit den Kindern spielte. Auf ihre Zweifelsfrage, ob der Dienst im Nachbarhaus für sie nicht viel zu schwer sei, hatte er mit dem ermutigenden „Komm doch herüber" geantwortet.

Zur Einführung der Erzählung im Gottesdienst oder in einer Erwachsenengruppe

Solche Situationen kennen wir alle. Da steht uns das Wasser bis zum Hals. Oder wir können uns gerade noch über Wasser halten. Wo diese Bildworte menschliches Leben beschreiben, sind Angst, Enttäuschung, Entmutigung, Hoffnungslosigkeit bestimmend. Da gibt es kein Bild mehr von der eigenen Zukunft. Und sehr oft gehen Lebenskrisen damit einher, dass aller Kontakt zu anderen verloren geht. In der Krise bin ich auf mein Versinken zentriert.

Das Bedrohliche solcher Krisen malen Erzähler außerhalb und in der Bibel in die von Fischern immer wieder erlebte Konfrontation mit den Elementen Wasser und Sturm. Kein Mensch kann sie beherrschen. Sie ermöglichen Leben und sie können es zerstören.

Hätten wir in solchen Krisen doch den Blick frei für den oder das, was von außen rettend auf uns zukommen kann. Petrus sieht Jesus über Wasser auf sich im Boot zukommen. Das ermutigt ihn selbst alles zu wagen. Jesus vor Augen wagt er, über seine Möglichkeiten hinauszugehen. „Wenn du es bist, Herr, befiehl mir, zu dir zu kommen und über das Wasser zu gehen." Jesus antwortet: „Komm!" Petrus kann über das Wasser gehen, solange er mit Jesus in Kontakt bleibt, solange er glaubt. Im Glauben verliert die Wirklichkeit ihre hinabziehenden tödlichen Kräfte. Als Petrus sie in seiner Angst wieder in den Blick nimmt, sinkt er. Alles ist wieder beim Alten. Und dennoch: Glaube kann über Wasser halten. Jesus rettet ihn.

Liedvorschläge

– Fürchte dich nicht (EG Bayern, 630)
– Gib mir deine Hand (ML 2/B 172)
– Meine engen Grenzen (ML 2/B 153)

K. H.

Die kanaanäische Frau

Mt 15,21–28

Unter den Heilungsgeschichten bilden die Dämonenaustreibungen (Exorzismen) eine besondere Gruppe (z. B. bei Mk 1,23–28, Der Besessene in der Synagoge von Kapernaum; Mk 5,1–20, Der Besessene an den Gräbern von Gerasa; Mk 7,24–30, Die besessene Tochter der heidnischen Frau; Mk 9,14–29, Der von einem stummen Geist besessene Knabe). Auch in Sammelberichten werden Exorzismen erwähnt, z. B. Lk 10,17, wo die 72 Jünger berichten: „Herr, sogar die Dämonen gehorchen uns, wenn wir deinen Namen aussprechen." An allen diesen Geschichten lassen sich ähnliche Züge feststellen: Der Mensch wird von dem in ihm wohnenden Dämon (oder von den Dämonen) beherrscht. Er hat keinen eigenen Willen. Bei einigen Geschichten spricht der Dämon aus dem Besessenen. Zwischen den Exorzisten und dem Dämon findet ein Kampf statt, oft in Worten. Der Kampfplatz ist im Inneren des Besessenen. Die Austreibung ist eine Befreiung, die für die Mitmenschen des Besessenen feststellbar ist. Da im NT auch einzelne Krankheiten auf die Wirkung eines Dämons zurückgeführt werden, lassen sich Exorzismen nicht eindeutig von Glaubensheilungen abgrenzen (z. B. Lk 13,10–17: Eine Frau muss seit achtzehn Jahren mit einem verkrümmten Rücken leben, weil „sie von einem Dämon geplagt wurde").

Wer diese Geschichten nacherzählen will, muss sich klar machen, wie er die entscheidenden Begriffe versteht. Wie stellt er sich einen von einem Dämon Besessenen, wie die Austreibung des Dämons vor? Das ist nicht nur unerlässlich, weil in der Alltagswelt der Hörer keine Dämonen vorkommen, die Begriffe für sie also fremd sind und wilde Assoziationen auslösen, wenn sie nicht geklärt werden. Die Begriffsbestimmung ist auch nötig, weil sich in der Auslegungsgeschichte drei verschiedene, sich gegenseitig ausschließende Möglichkeiten, diese Begriffe zu verstehen, ausgeformt haben:

1. Die Kirchenväter im östlichen Römerreich haben mit dem Begriff *Dämon* die Vorstellung einer teuflischen, im moralischen Sinn verwerflichen Macht verbunden. Der Besessene ist ein Mensch, der sich dieser Macht (Hass, Grausamkeit, Stolz, sexuelle Begierde, Alkoholgenuss u.ä.) hingegeben hat und jetzt von ihr beherrscht wird. Von Maria aus Magdala heißt es, Jesus habe „sieben Dämonen aus ihr ausgetrieben" (Mk 16,9). Die Kirchenväter haben bei diesem Text an eine Frau gedacht, die vor ihrer Befreiung durch Christus als Dirne ein lasterhaftes Leben geführt hat und sich aus eigener Kraft nicht daraus befreien konnte.

Auch heute werden in den orthodoxen Kirchen Exorzismen erzählt, in denen durch das vollmächtige Gebet eines Eremiten ein Mensch von solchen Süchten und Bindungen befreit wurde und dann das Leben eines frommen und gläubigen Christen geführt hat.

2. Die biblizistische Frömmigkeit des Westens hat durch Kombination aller biblischen Texte über Dämonen und über den Satan eine Lehre aufgebaut, nach welcher Dämonen satanische Mächte im Sinn einer widergöttlichen Kraft sind. Besessenheit ist die Strafe dafür, dass ein Mensch sich mit Satan eingelassen, dass er sich durch einen Teufelspakt, durch Teufelsanbetung, Zaubereisünden, Astro-

logie oder durch parapsychologische Aktivitäten der satanischen Macht hingegeben hat. Besessenheit nach diesem Verständnis lässt sich nicht an besonders amoralischem Verhalten erkennen, sondern am blasphemischen Reden des Besessenen, an seinem Widerstand gegen alles Religiöse, an seinen übermenschlichen Kräften oder an parapsychologischen Phänomenen, die sich in seiner Nähe ereignen. In der katholischen Kirche gibt es Priester, die dafür spezialisiert sind, bei solchen Fällen die vorgeschriebenen exorzistischen Riten zu zelebrieren. In evangelikalen Gruppen vollzieht man den Exorzismus durch besonders intensive Gebete oder durch charismatische Austreibungsbefehle.

3. Aus der Erforschung der Texte der Antike wissen wir, dass auch in der jüdischen und in der hellenistischen Kultur von Wundertätern erzählt wurde, die Exorzismen vollzogen haben. Diese außerbiblischen Geschichten gleichen in verschiedener Hinsicht den in den Evangelien erzählten. In einigen Beschreibungen von Besessenheit (auch in solchen im NT) werden wir an Krankheitsbilder erinnert, die uns bekannt sind. Nach Mk 9,38 überfällt der stumme Geist den Knaben, wirft ihn zu Boden, und Schaum tritt ihm vor den Mund. Hier denkt man an einen epileptischen Anfall. Die historisch-kritische Auslegung nimmt an, dass Besessenheit die Modellvorstellung war, mit der in der jüdischen und in der hellenistischen Kultur der neutestamentlichen Zeit rätselhafte Krankheiten gedeutet wurden: Wahnvorstellungen, Depressionen, Epilepsie, abnorme Verhaltensweisen, aber auch schwere, chronisch gewordene körperliche Leiden. Bei solchen Krankheiten hatten die Umwelt des Kranken, oft auch er selber, den Eindruck, dass eine fremde Macht von ihm Besitz ergriffen habe.

Im Streit zwischen den drei Typen des Verständnisses von Besessenheit gibt es für alle mehr oder weniger überzeugende Gründe. Der Streit lässt sich mit rationalen Argumenten nicht beilegen. Die Behauptung, dass in den biblischen Texten über Exorzismen die göttliche Wahrheit über die uns verborgene Dämonenwelt offenbart werde, überzeugt mich wegen der Ähnlichkeit zwischen biblischen und nichtbiblischen Exorzismen nicht. Das eigene Dämonenverständnis wird weniger durch Aussagen der Bibel oder durch Vernunftgründe, als durch biographische Faktoren bestimmt. Über diese Faktoren sollte der Nacherzähler im Bilde sein, sich dabei das eigene Dämonenverständnis klar machen und verstehen, welche andere Auffassungen es neben seiner eigenen gibt.

Mir leuchtet die Deutung der Exorzismen durch die historisch-kritische Auslegung ein. Ich möchte dem heutigen Hörer biblischer Geschichten aber Verständnis für die antike Deutung von seelischen und chronifizierten körperlichen Krankheiten vermitteln. Darum wähle ich zum Nacherzählen die Geschichte von der heidnischen Frau, deren Tochter von einem „unreinen Geist" (= Dämon) besessen war. An ihr wird deutlich, dass die Vorstellung von Dämonen, die von einem Menschen Besitz ergreifen, und von Heilern, die Dämonen austreiben, nichts Spezifisches für den biblischen Glauben war, sondern zum antiken Weltbild gehörte. Ich habe mir ein Krankheitsbild bei diesem Mädchen ausgedacht, bei dem wir uns in die Deutung der Krankheit einfühlen können, obwohl sie antiquiert ist, zugleich eine Krankheit, bei der in seltenen Fällen unerklärliche Spontanheilungen vorkommen.

Das Problem der Heilung von Besessenheit in dieser Geschichte ist aber nur das Nebenthema. Im Zentrum steht die Frage, ob und mit welchem Recht eine Heidin die Hilfe Jesu als Exorzist erwarten darf. Für heutige Bibelleser ist das keine Frage. Für uns ist selbstverständlich, dass Jesus als Retter zu allen Völkern gesandt wurde. Für die Urgemeinde in den ersten Jahren nach der Auferstehung Jesu war das anders. Sie verstanden sich als Teil der jüdischen Glaubensgemeinschaft und unterschieden sich von ihr nur durch den Glauben, dass der verheißene Messias in Jesus, dem Gekreuzigten und Auferstandenen, schon erschienen sei. Aber sie glaubten weiterhin an die Erwählung Israels zu einer besonderen Stellung über den Völkern und waren überzeugt, dass Heiden nur in die christliche Gemeinde aufgenommen werden konnten, wenn sie zuvor zum Judentum übergetreten waren. Die Apostelgeschichte und die ersten beiden Kapitel des Galaterbriefes berichten, wie viele Auseinandersetzungen in der Urgemeinde nötig waren, bis sich die Auffassung durchgesetzt hatte, dass ein Heide auch Christ werden konnte, ohne den Umweg über das Judentum.

Was die Jünger vor dem Tode Jesu von ihm selber über das Verhältnis zu den Heiden gehört hatten, ist historisch nicht sicher festzustellen. Als er die Zwölf zur Verkündigung des Evangeliums in die Dörfer Galiläas aussandte, beschränkte er ihr Wirken ausdrücklich auf „die verlorenen Schafe des Hauses Israel": „Geht nicht zu den Heiden, betretet keine Stadt der Samariter" (Mt 10,5). Auf die Bitte des römischen Hauptmanns von Kapernaum um Heilung seines Knechts antwortete Jesus sofort mit der Bereitschaft zu kommen und zu heilen (Mt 8,7). Ganz anders bei der heidnischen Frau, die um Heilung ihrer Tochter bittet: Sie wird als Heidin hart zurückgewiesen, in der Markus-Version etwas milder als bei Matthäus („Lasst zuerst die Kinder satt werden; denn es ist nicht recht, das Brot den Kindern wegzunehmen und den Hunden vorzuwerfen" (Mk 7,27). Nach der Meinung des Matthäus hatte die Frau kein Recht, von Jesus ein Heilungswunder zu erwarten. Das widersprach der Ordnung der Heilsgeschichte, nach welcher die Heidenmission erst nach der Auferstehung Jesu angeordnet wurde. Die Heilung wurde ihr ausnahmsweise gewährt, weil sie das demütigende Urteil Jesu über die Heiden ohne Widerspruch akzeptierte. Ihr Glaube kam darin zum Ausdruck, dass sie die heilsgeschichtliche Verordnung der Juden bejahte und dennoch auf die helfende Gnade von Jesus hoffte.

Wenn ich diese Geschichte nacherzähle, muss ich mich entscheiden, ob ich diese Sicht der Heiden bei Matthäus übernehme. Dann bejahe ich auch den Vergleich des Wertunterschieds zwischen Juden und Heiden mit dem zwischen Kindern und Hunden. Ich empfinde diesen Vergleich für die Frau als entwürdigend. Dieses Gefühl macht mir bewusst, dass mir der ganze Vorstellungskomplex von der Erwählung eines einzigen Volkes und damit der Diskriminierung aller anderen fremd ist. Ich kann nicht im Ernst annehmen, dass für Gott je einmal in seiner Geschichte die Juden so hochgeschätzt waren wie Kinder und alle übrigen Menschen ihm bloß so viel galten wie Hunde, die man hungern lassen oder notfalls totschlagen kann. Diese Vorstellung ist für mich nichts anderes als eine der Formen der Selbstüberschätzung, wie man sie beinahe bei allen Völkern in einer Phase ihrer Geschichte findet. Sie sind überzeugt, allen anderen Völkern in bestimmter Hinsicht überlegen zu sein: „Wir sind stärker, tapferer, klüger, tüchtiger, freier, demokratischer oder humaner als alle übrigen Völker." Bisweilen steigert sich die Überhöhung des eigenen Wertes bis zur Behauptung: „Wir sind die einzig wahren Menschen, alle anderen sind Untermenschen oder Tiere." Oder: „Wir sind von Gott mehr geliebt als alle andern, wir wohnen in ‚God's own country'." Bei den Juden hatte das Wir-Bewusstsein die Gestalt des Glaubens an ihre einzigartige

Erwählung durch Gott mit dem Ziel, dass sie ihm durch Gehorsam gegenüber seinen Geboten dienen sollten.

Weil die Kirche von den Judenchristen das heilige Buch der Juden geerbt hatte, eignete sie sich auch den Erwählungsglauben an. Die Christen glaubten, dass sie das erwählte Volk Gottes seien, und zogen daraus oft den Schluss, die Juden seien in besonderer Weise von Gott verworfen. Im Lauf der Geschichte wurden mit dem christlichen Erzählungsbewusstsein zahlreiche Unmenschlichkeiten gerechtfertigt: religiös verbrämter Hochmut, Menschenverachtung, Intoleranz, Verfolgung von Andersgläubigen, Zwangsbekehrungen, Religionskriege, Ketzerverbrennungen...

Angesichts solcher erschreckenden Folgeerscheinungen des Erwählungsglaubens meine ich, wir sollten heute den christlichen Glauben von der Vorstellung befreien, Gott habe seine Liebe nur einem einzigen Volk zugewandt und die übrigen Menschen seien ihm gleichgültig oder Gott sei nur durch den christlichen Glauben zu erkennen und nicht auch in nichtchristlichen Religionen gegenwärtig. Der Verzicht auf den Erwählungsglauben ist für mich verbunden mit der Überzeugung, dass Gott in der Geschichte der Juden von Abraham bis heute und in der Geschichte der Christen wirklich gehandelt hat und noch handelt, aber nicht grundsätzlich anders als in der Geschichte anderer menschlicher Gruppen. Auch einzelne biblische Autoren haben sich Gedanken gemacht, die den Glauben an die Bevorzugung Israels durch den erwählenden Gott sprengen. Für Amos z. B. wirkt Gott ebenso wie unter den Juden auch in der Geschichte der Ägypter, der Philister und der Aramäer (Am 9,7). Und Petrus bekennt nach all dem Merkwürdigen, das er vor und beim Zusammentreffen mit dem Heiden Cornelius erfahren hat: „Jetzt begreife ich, dass Gott nicht auf die Person sieht, sondern dass ihm in jedem Volk willkommen ist, wer ihn fürchtet und tut, was recht ist" (Apg 10,34 f.). Solche Ansätze zu einem universalistischen Gottesverständnis müssen wir heute in unserer pluralistischen Welt, in der Menschen aus verschiedenen Nationen und mit gegensätzlichen Weltanschauungen miteinander leben müssen, meiner Meinung nach weiterführen und zu Ende denken.

Doch wie soll ich nach diesen Überlegungen mit einer Geschichte umgehen, deren Hauptthema der durch die Erwählung begründete Mehrwert der Juden vor den Heiden ist? Führe ich das abwertende Urteil über die Heiden, das in ihrem Zentrum steht, auf ein Vorurteil des Matthäus zurück, das er Jesus in den Mund gelegt hat? Soll ich ihn korrigieren und von einem Jesus erzählen, der frei ist von Ethnozentrismus?

Mir leuchtet ein anderer Weg ein: Der Mensch Jesus war Jude. Er wurde im jüdischen Denken und Glauben erzogen. Es ist möglich, dass er sich zunächst von Gott nur zu den Juden gesandt wusste und dass er erst in der Begegnung mit Menschen, auch mit Nicht-Juden, gelernt hat, seine Aufgabe nicht so eingeschränkt zu verstehen. Dass Jesus nicht von Anfang an ein vollkommener Mensch war, sondern dass er in der Vorbereitung auf den Tod lernen musste, deutet Hebr 5,8 an: „Obwohl er der Sohn war, hat er durch Leiden den Gehorsam gelernt." Warum sollte dieses Lernen auf die Zeit seiner Passion beschränkt sein? Vielleicht erzählt dieser Text davon, wie Jesus schon lange vorher bereit war, auf einen Menschen, hier auf eine Frau, zu hören, und wie er tatsächlich von ihr etwas gelernt hat.

Doch was muss das für eine Frau gewesen sein, die bei ihm eine Veränderung seiner Einstellung gegenüber den Heiden bewirkt hat! Wir kennen sie nur aus ihrer schlagfertigen Antwort (Mt 15,27). Eine Frau, die einem ihr unbekannten Mann so klug und so wirksam antwortet, musste – so vermute ich – schon lange gelernt haben, sich in der Männergesellschaft, in der ihr immer eine untergeordnete Stellung zugewiesen war, zu behaupten. Sie hatte gelernt, sich mit der Waffe der Ironie zu wehren und in günstigen Augenblicken einem Mann die eigene Unterlegenheit mit Witz und Charme so eindrücklich vor Augen zu halten, dass der nicht anders konnte als nachzugeben und ein wenig auf seine Macht zu verzichten. Ich meine nicht, dies sei für heutige Frauen die beste Waffe, um die Männerherrschaft zu bekämpfen. Aber in der Vergangenheit konnten kluge Frauen und gescheite Sklaven wohl ab und zu auf diese Weise die Herrschaftsverhältnisse zu ihren Gunsten auflockern.

Es hat mich gereizt, mir die Geschichte dieser Frau auszudenken. Ich bin froh, dass Jesus sich von ihrem Kampfmittel beeindrucken ließ. Ich will dem Hörer das Überlegenheitsgefühl des jüdischen Erwählungsglaubens, das aus der Geschichte spricht, verständlich machen, aber mich auch davon distanzieren. Wenn die Frau sich in ihrer Antwort bescheiden mit der Position von Hunden begnügt und die Position der Kinder den sogenannten Erwählten überlässt, ist das für mich nicht eine Aussage über einen objektiv gegebenen Wertunterschied. Sie meint es ironisch.

Indem Matthäus diese Frau, die bei Markus als Syrophönizierin bezeichnet wird, „kanaanäisch" nennt, erinnert er an das Volk, das vor der Einwanderung der Israeliten in „Kanaan" gewohnt hat. Die Kanaanäer, die zur Zeit Jesu nicht mehr als Volksgruppe existierten, waren Heiden. Das wussten die Leser des Evangeliums. Heutigen Hörern der Geschichte kommt beim Wort „kanaanäisch" nicht mehr das Wort „heidnisch" in den Sinn. Ich habe der Frau darum einen Namen gegeben, der griechisch klingt.

Jesus lernt von einer Frau

Die Stammgäste waren nicht mehr hungrig, wenn sie am Sabbat nach Sonnenuntergang in der Gaststube von Ben-Jizschak das reiche Mahl gegessen hatten. Rhodokleia hatte es kunstvoll zubereitet: Felchen aus dem See Genezareth, Lammkeule mit Steinpilzen, zur Nachspeise Honigplätzchen, dazu Karmelwein. Sie trug viele Reste ab. In der Küche legte sie in einen Krug Knochen und Fischgräten, in einen andern, was noch essbar war.

Gegen Mitternacht, als die Gaststube aufgeräumt war, nahm sie beide Krüge in einem Korb mit. Sie wohnte im Hinterdorf. Vor der Tür zu ihrer Wohnung leerte sie mit Schwung den Krug mit Knochen und Fischgräten auf die Gasse. Gleich waren, laut bellend, die hungrigen Hunde da. Jeder schnappte nach einem Brocken. In der ersten Zeit, als sie bei Ben-Jizschak arbeitete, hatte sie die herrenlosen Hunde des Dorfes vor der Küche des Gasthauses gefüttert. Doch der Wirt hatte das streng verboten.

„Die Hunde, diese kläffenden, schmutzigen Viecher, die will ich nicht um mein Haus herum haben. In jedes Aas stecken sie ihre Schnauze und machen unrein, was sie berühren. Wenn man sie nicht mit Steinen verjagt, schnappen und beißen sie noch."

Rhodokleia hatte von da an das Füttern der Hunde vor die Tür zu ihrer Wohnung verlegt. Sie mochte die Hunde gern. Wenn sie eine reiche Dame wäre, würde sie sich mehrere halten und ihnen gut zu fressen geben. Doch in ihrem Geldbeutel waren die Drachmen seltene Gäste. Sie war froh, dass sie bei Ben-Jizschak im Tagelohn arbeiten konnte, seit damals, als ihre Familie sie verstoßen hatte, weil sie als ledige Frau Mutter wurde. Von den Speiseresten, die sie fast jeden Tag mitbrachte, hatten sie und ihr Kind genügend zu essen. Das Geld, das sie verdiente, reichte zum Bezahlen der kleinen Wohnung und der Nachbarin, die das Kind versorgte vom späten Nachmittag bis Mitternacht, während sie im Gasthaus arbeitete.

Die Gäste von Ben-Jizchak waren die paar Großbauern in diesem Grenzdorf zwischen Galiläa und dem Phönikerland. Sie hatten die guten Äcker aufgekauft und bewirtschafteten sie. Viele Bauern, die früher ihre Felder auf eigene Rechnung besorgt hatten, arbeiteten jetzt bei ihnen als Tagelöhner.

Die Gespräche in der Gaststube drehten sich um den Markt in Sidon und Sephoris, um die Zucht von Rindern, den Preis für Saatgut und die neue Sorte von Hirse, die angeboten wurde. Oft redeten sie auch von ihrem Gott, und davon, dass er die Juden erwählt und ihnen das Gesetz gegeben hatte und aus ihnen ein Geschlecht von Königen und Priestern machen wollte.

Wenn Rhodokleia die Speisen auftischte, hörte sie genau, was sie sprachen. Wenn sie die Becher neu gefüllt hatte, blieb sie stehen und folgte aufmerksam jedem Wort. Die Männer sahen das nicht gern: „Geh an deine Arbeit in die Küche. Du bist ein Weib. Von dem, was wir reden, verstehst du nichts."

Sie verschwand in der Küche. Am nächsten Tag, als die Männer von den 613 Geboten redeten, die der Herr den Juden und nur ihnen gegeben hatte, stand sie wieder da und hörte zu.

„Das ist nichts für dich. Du bist ein Weib. Dir fehlt nicht nur unten etwas, sondern auch oben im Kopf. Du begreifst gar nicht, wovon wir reden."

Sie bemerkte trocken: „Ein Löwe lässt sich doch nicht stören, wenn ein Wurm zu ihm aufschaut und ihn in seiner Größe bewundert."

Die Männer lachten und ließen sie von da an gewähren. So lernte sie vieles über die Juden und über die Meinungen, die sie von anderen

Völkern hatten. Die Juden hielten sich für ein ausgesondertes Volk. Dafür hatten sie an ihrem Leib ein heiliges Zeichen empfangen, die Beschneidung. Aber nur die Männer waren beschnitten, die Fauen nicht. Die übrigen Völker – die Juden nannten sie Heiden – waren unbeschnitten. Einer sagte einmal: „Wie ein Hund nicht beschnitten ist, so sind auch die Heiden unbeschnitten." Die Heiden hießen bei ihnen auch Götzendiener. Die Götter, die andere Völker verehrten, waren für die Juden Götzen. Der Gott der Juden musste ein herrschsüchtiger Gott sein. Er duldete nicht, dass neben ihm noch andere Mächtige göttliche Verehrung empfingen. Rhodokleia betete wie die übrigen Dorfbewohner zur Himmelskönigin. Zweimal im Jahr zog das ganze Dorf auf die Anhöhe zum Altar der Himmelskönigin. Man warf Weihrauchkörner ins Feuer des Altars und feierte das Fest zu Ehren der gütigen Mutter, die alles, was lebt und wächst, segnet und mit Kraft erfüllt. Rhodokleia ärgerte sich, dass die Großbauern die Dorfbewohner Götzendiener nannten. Aber sie behielt den Ärger bei sich. Sie durfte es mit den Gästen Ben-Jizchaks nicht verderben.

Nur einmal gab es Schwierigkeiten. Einer der Bauern saß allein in der Gaststube. Der Wirt war gerade nicht da. Sie bediente ihn. Da packte er sie an den Armen und wollte sie auf den Schoß ziehen. Sie entwand sich ihm blitzschnell. Da beschimpfte er sie laut: „Du Teufelsweib, du Schlange. Du wolltest mich zur Sünde verführen, aber ich bin dir nicht auf den Leim gekrochen."

Noch in der Tür zur Küche sagte sie bissig: „Ein Wolf hat wohl das Recht, eine Katze zu fressen. Und wenn sie ihm entwischt, darf er auch sagen: Sie wollte mir schmeicheln und mich betören und ich habe sie mit Erfolg abgewehrt."

Zum Glück kehrte in diesem Moment Ben-Jizchak zurück. Der Gast blieb stumm.

Später, als die ganze Runde beisammen war, hörte sie aus der Küche, dass von ihr die Rede war. Einer sagte: „Sie ist eine freche Person. Wenn sie dir antwortet, sieht es so aus, als ob sie dich streichle. In Wirklichkeit aber gibt sie dir eine Ohrfeige."

Rhodokleia erschrak. War sie mit den Männern zu stachlig? Musste sie vorsichtiger sein?

In diesen Tagen hatte sie große Sorgen mit ihrem Kind. Das Mädchen war achtjährig und bisher immer gesund gewesen. Jetzt hatte es plötzlich ein Jucken und Brennen auf der Haut bekommen, zuerst am Hals und auf der Brust, dann am Rücken und auf den Armen. Die Haut war gerötet, an einigen Stellen ganz dunkelrot. Das Kind klagte und weinte und kratzte sich ständig. Man sah überall auf der Haut die

Striche der Fingernägel, die die Haut blutig geritzt hatten. Die Mutter redete dem Kind zu, nicht zu kratzen, weil es dadurch das Leiden verschlimmere. Das nützte nichts. Die Mutter verbot ihm das Kratzen. Das Kind kratzte trotzdem. Die Mutter strafte und schlug es. Das Kind konnte das Kratzen nicht lassen. Sie umwickelte die Hände und Finger des Kindes eng mit Binden, damit es die Nägel nicht gebrauchen konnte. Das Kind zerbiss die Binden jedesmal und kratzte weiter an den blutigen Stellen auf seiner Haut.

Da nahm die Mutter das ersparte Geld aus dem Versteck und ging mit dem Kind ins Nachbardorf zu der alten, weisen Frau, die sich auf Heilkunst verstand. Die sah sich die Haut des Kindes an und meinte: „Ein böser und stummer Geist hat sich im Körper deiner Tochter festgesetzt. Er rötet die Haut und zwingt das Kind, ständig zu kratzen und damit sich selber zu zerstören. Du kannst den bösen Geist nur besiegen durch einen stärkeren Geist."

Sie verkaufte der Mutter eine Salbe zur Linderung des Juckreizes und ein Papyrusblatt. Darauf waren sieben Namen von unsichtbaren Mächten aufgeschrieben: „Jakuth, Albanathanalba, Jathabrahtra, Abrasiloth, Chamynchel, Allelu, Jelosai." Die Mutter sollte das Blatt in einem Brei zerkochen und dem Kind zu essen geben. Dann werde der böse Geist aus dem Kinde weichen.

Die Mutter befolgte die Anweisungen genau. Aber es trat keine Besserung ein. Die Rötungen breiteten sich auch auf dem Bauch und den Schenkeln aus. Das Kind litt unsäglich.

Rhodekleia war verzweifelt. Dass sie nicht helfen konnte, schmerzte sie wie eine eigene Krankheit. Gespannt hörte sie zu, als die Bauern in der Gaststube von einem Juden mit Namen Jesus sprachen, der in den Dörfern Galiläas von sich reden machte. Er heile Kranke und treibe böse Geister aus. Die Bauern hatten viel an Jesus zu tadeln: Er nehme es mit der Erfüllung der Gebote nicht genau. Er pflege Freundschaft mit Juden, die die Gesetze überhaupt nicht hielten. Er dulde unter seinen Schülern auch Weiber. Nach der Meinung seiner Anhänger sei er der verheißene Heilskönig, der Sohn Davids, doch das sei ausgeschlossen.

Was Rhodekleia hörte, weckte in ihr die Hoffnung, dass dieser Jesus ihr Kind von dem bösen Geist befreien könne. Doch wie sollte sie ihn finden? Und wie bewirken, dass er auf ihre Bitte einging? Er war doch ein Jude und sie war in seinen Augen eine Götzendienerin.

Da hörte sie eines Morgens beim Wasserholen, der Jude Jesus sei mit einer Gruppe von Leuten am Dorfbrunnen vorübergegangen und wandere auf der Straße nach Sidon weiter. Sie brachte den Wasserkrug nach Hause, übergab das Kind der Nachbarin und lief, so schnell sie konnte, die Straße nach Sidon hinunter. Und richtig, in der Ferne sah sie die wandernde Gruppe. Der Abstand wurde kleiner. Als sie in Rufnähe kam, begann sie laut zu schreien: „Jesus, hab Erbarmen mit mir! Hilf mir!"

Ihr kam der Würdename in den Sinn, den die Bauern in der Gaststube für Jesus abgelehnt hatten. Sie verwendete ihn jetzt: „Hab Erbarmen, Herr, du Sohn Davids!"

Sie sah beim Laufen, wie die Männer sich zu ihr umdrehten und sich offenkundig über die Störung, die sie verursachte, ärgerten. Sie lief trotzdem weiter, bis sie außer Atem die Gruppe erreichte. Irgendwie spürte sie, wer von den vielen, die stehen geblieben waren und sie anstarrten, Jesus sein musste. Zu ihm wandte sie sich, kniete vor ihm nieder und wiederholte die Bitte: „Jesus, du Sohn Davids, hilf uns doch. Meine Tochter wird arg von einem bösen Geist gequält."

Jesus schüttelte den Kopf: „Ich bin nur gesandt zu den verlorenen Schafen im Hause Israel."

Das war wie ein Stich in ihr Herz. Er weigerte sich zu helfen, weil sie nicht zum auserwählten Volk gehörte. Sie war für ihn eben eine Götzendienerin.

Jesus sagte: „Es ist nicht recht, den Kindern das Brot wegzunehmen und den Hunden vorzuwerfen."

Das war bitter. Jesus verachtete sie genau wie die Bauern in der Gaststube. Sie und ihr Kind waren für ihn nichts anderes, als was die Hunde für Ben-Jizchak waren. Und wie geizig seine Worte klangen! Als ob auch nur ein einziger Jude zu kurz kommen würde, wenn er das Kind einer heidnischen Frau von einem bösen Geist befreite! Dabei spürte sie doch, welch große Gotteskraft in ihm war – viel größer, als er selber meinte. Diese Kraft reichte doch weiter als nur für das auserwählte Volk. Wie konnte sie ihm das nur verständlich machen? Wie konnte sie ihn umstimmen? Sie dachte an die Hunde, die nach wie vor vom Überfluss aus dem Hause Ben-Jizchaks ernährt wurden.

„Du hast Recht, Herr, aber fressen denn die Hunde nicht auch von den Abfällen, die vom Tisch ihrer Herren auf den Boden fallen?"

Jesus stutzte und blieb eine Weile still. Dann sprach er: „Frau, du hast einen großen Glauben. Dir geschehe, was du willst."

Sie stammelte Worte des Danks, erhob sich und eilte ins Dorf zurück. Sie fand das Kind bei der Nachbarin friedlich am Boden spielend. Sie nahm es in die Arme. Das Kind sagte: „Mutter, es juckt nicht mehr. Ich muss nicht mehr kratzen."

Rhodokleia war überglücklich und stolz. Sie hatte es fertiggebracht, das Nein dieses Juden aufzuweichen. Und was er ihr gegeben hatte, war mehr als die Knochen, die man einem Hund hinwirft. Aber wenn sie an Jesus dachte, war sie auch besorgt. Sie hatte ihn umgestimmt, ihr zu helfen, obwohl sie nicht zum Hause Israel gehörte. Wird ihm das bei den Juden nicht noch mehr Feindschaft zuziehen? War sie dann mit ihrer Zudringlichkeit mit schuld, wenn ihn die Seinen ablehnten?

Doch ich denke: Es war gut, dass sie beharrlich blieb und sich nicht mit seiner Weigerung abfand. Sie hat ihn genötigt, seine Sendung anders als bisher zu verstehen.

Zur Weiterarbeit mit dieser Geschichte in Gruppen (Jugendliche und Erwachsene)

1. Stehbildszenen: Stehbilder sind aus der Pantomime abgeleitete „Momentaufnahmen", in denen Vorgänge, Emotionen und Beziehungen zwischen Personen gewissermaßen „eingefroren" und für einen Moment (10–20 sec.) herausgestellt werden. Sie dienen der vertiefenden Beschäftigung mit einer (biblischen) Geschichte und deren impliziten Interaktionen, die auf diese Weise transparent werden. Aus der Erzählung „Jesus lernt von einer Frau" bieten sich dafür vor allem die Vorgänge im Gasthaus, die Beziehung zwischen Mutter und kranker Tochter sowie natürlich die Begegnung mit Jesus an. Dazu können, evtl. in Teilgruppen, jeweils ein bis drei Stehbildszenen entwickelt werden.

Stehbilder gelingen leichter, wenn die Gruppe sich vorher mit Körperarbeit „aufgewärmt" hat. Wichtig ist auch, dass die Spielerinnen und Spieler sich für ihre Rolle einen „inneren Monolog" (z. B. einen Satz oder ein Wort aus der Erzählung) zurechtlegen, den sie in eine Bewegung, eine Geste oder eine Haltung umsetzen und „einfrieren". Besonders eindrücklich geraten Stehbilder, wenn das „Einfrieren" aus einer Bewegung heraus erfolgt, die noch nicht zu Ende geführt ist.

Die Zuschauer sollen nur das Stehbild und nicht schon dessen Aufbau sehen. Ein improvisierter Vorhang kann die Szenen voneinander trennen, oder die Zuschauer öffnen und schließen die Augen auf ein entsprechendes Signal hin. Spotbeleuchtung: Studiolampe, Dia- oder Tageslichtprojektor.

2. Schreibwerkstatt (Frauengruppe): Sich gedanklich in die Rolle der Frau hineinversetzen und die Begegnung mit Jesus noch einmal aus dieser Perspektive darstellen. Hilfreich ist, wenn die Teilnehmerinnen zunächst im Raum umhergehend imaginieren, wie sie sich Rhodokleia vorstellen, wie sie als diese Frau gekleidet, frisiert usw. wären, gehen und sich bewegen würden und was sie an diesem Tag bis zur Begegnung mit Jesus getan hätten. Danach Einzelarbeit: Rhodokleia schreibt einen Brief an eine Freundin und schildert darin, wie sie die Begegnung mit Jesus erlebt hat. Die Briefe im Plenum vorstellen und besprechen.

Liedvorschläge

– Kleines Senfkorn Hoffnung (ML 2/B 190)
– O Lord, hear my prayer ... (Taizé)

R. St.

Das Gleichnis vom barmherzigen König und vom unbarmherzigen Knecht

Mt 18,21–35

Die Bitte um Vergebung, die Bereitschaft, seinem Nächsten zu verzeihen, gehören unverzichtbar zur christlichen Frömmigkeit. Das zeigt auch das Vaterunser. Entsprechend war das Gewicht, das dieses Thema lange Zeit in Predigt, Liturgie und im Erleben vieler Christen hatte. Man fühlte sich täglich schuldig und war dankbar für das Bußgebet im sonntäglichen Gottesdienst und den Zuspruch der Vergebung.

Wie alles Denken, Fühlen und Verhalten dem geschichtlichen Wandel unterworfen sind, so haben sich auch das Verständnis von Vergebung und ihre Bedeutung für die Frömmigkeit in den letzten Jahrzehnten verändert. Von den vielen Ursachen dieses Wandels seien einige genannt: Bürgerlich-christliche Normen, die in den dreißiger Jahren für kirchlich Engagierte ebenso selbstverständlich waren wie für die von der Kirche Distanzierten, gelten heute nur noch abgeschwächt und nähren nicht ständig das Gefühl des eigenen Ungenügens und Versagens. Probleme im menschlichen Zusammenleben und im Umgang mit dem eigenen Körper, die damals häufig Schuldgefühle auslösten und zur Bitte um Vergebung führten, werden heute auf gesellschaftliche oder konstitutionelle Bedingungen zurückgeführt und psychologisch erklärt. Zudem lehren psychologische Gurus, dass das ständige Sündenbewusstsein, das im christlichen Milieu gezüchtet wurde, für das gesunde Ich-Bewusstsein schädlich sei. Die christliche Forderung, man müsse denen, die uns Unrecht getan haben, vergeben, mache seelisch krank. Gesund sei vielmehr, die eigenen Hass- und Rachegefühle bewusst zuzulassen und ihnen, innerhalb kontrollierter Grenzen, sprachlich und im Verhalten Ausdruck zu geben.

Viele Menschen, auch aktive Gemeindemitglieder, sind durch solche Zeitströmungen beeinflusst. Die Schuldproblematik steht für sie nicht mehr im Zentrum ihres Lebensgefühls. Sie fragen normalerweise nicht: „Wie bekomme ich einen gnädigen Gott?", sondern höchstens: „Warum hat Gott, von dem es heißt, er sei gnädig, mich so gemacht, wie ich bin?"

Beim Gleichnis vom barmherzigen König und vom unbarmherzigen Knecht, das zu den grundlegenden Texten über Vergebung gehört, lässt sich beobachten, wie sich das Verständnis von Vergebung bereits in der Zeit zwischen dem irdischen Jesus und der Niederschrift des Evangelismus (um 80 n. Chr.) verändert hat. Die neutestamentliche Forschung untersucht die Texte auch mit der Frage, ob sich an ihnen, z. B. durch Veränderung der Zielrichtung eines Textes, Anzeichen einer Umformung in dieser Zeit der mündlichen Tradition erkennen lassen. Die Analyse unseres Textes führt zur Vermutung, dass der Rahmen (V. 21.22.35) nicht zum ursprünglichen Bestand gehört. Im Gleichnis spielt die Anzahl der Gelegenheiten, in denen Vergebungsbereitschaft erwartet wird, keine Rolle. Es geht um die Frage, ob ich meinem Bruder überhaupt Vergebung schuldig bin. Zudem könnte der Begriff „Bruder" darauf hinweisen, dass das Gleichnis in der matthäischen Gemeinde als Lehrgespräch verstanden wurde.

Eine weitere traditionsgeschichtliche Vermutung betrifft den ursprünglichen Schluss des Gleichnisses. Sie stützt sich auf den Widerspruch zwischen dem Willen des Königs, den verschuldeten Knecht mit seiner Familie in die Schuldsklaverei zu verkaufen (V. 25), und seinem Befehl, den Schuldner den Folterknechten zu übergeben (V. 34). Einen weiteren Bruch im Duktus der Parabel erkennt man, indem man nach der Absicht des Gleichniserzählers fragt. Was vom ersten Knecht erzählt wird, lässt zunächst an einen Adressaten denken, der sich selber vor Gott als Sünder versteht und auf Vergebung hofft, aber sich nicht klar macht, welche Konsequenzen das für seine Beziehung zum Mitmenschen hat. Die Frage des Königs „Hättest du nicht auch mit jenem, der gemeinsam mit dir in meinen Diensten steht, Erbarmen haben müssen, wie ich mit dir Erbarmen hatte?" (V. 33) weckt bei diesem Hörer Scham und Erschrecken über das eigene hartherzige Verhalten. Sie appelliert an seinen Sinn für Güte und Fairness. Er muss sich überlegen, warum er sich nicht von der Barmherzigkeit Gottes, die ihm zuteil wurde, anstecken lässt.

Man kann den ursprünglichen Schluss der Parabel, wie H. Weder[1] zeigt, auch bei der nicht weiter kommentierten Aussage über das unbarmherzige Verhalten des ersten Knechts (V. 30) ansetzen. Dieser Schluss würde beim Hörer erst recht Schock und Protest auslösen. So kann sich doch jemand nicht zu seinem Mitknecht verhalten, der vorher so viel unverdiente Barmherzigkeit empfangen hat! Und wie ist's mit mir: Gleiche ich diesem unbarmherzigen Knecht?

Der jetzige Schluss (V. 34), erst recht, wenn er durch die das Gleichnis auslegende Gerichtsdrohung verstärkt ist (V. 35), verändert den werbend argumentativen Ton der Parabel. Er löst andere Gefühle beim Hörer aus: Angst vor dem Gericht nach dem Tod, wenn er jetzt nicht zum Vergeben bereit ist. Schrecken vor der Strafe im Jenseits, wenn er jetzt dem Befehl nicht gehorcht, mit den Mitmenschen barmherzig zu sein. Ich nehme nicht an, dass die ursprüngliche Parabel beides gleichzeitig beabsichtigte; die Hörer einzuladen, dass sie sich von der Güte Gottes anstecken lasen, *und* ihnen vor der Höllenstrafe Angst zu machen. Jesus hat doch wohl nicht die Barmherzigkeit Gottes und ihre die Menschen verwandelnde Kraft gepriesen und, gleichsam im selben Atemzug, ihnen mit der Peitsche gedroht. Für mich ist es wahrscheinlicher, dass V. 34 (evtl. zusammen mit V. 35) von einem Nacherzähler hinzugefügt wurde, der von einem Appell zur Güte nicht allzu viel Wirkungen auf Menschen erwartete.

Wenn diese traditionsgeschichtlichen Vermutungen zutreffen, haben wir es mit einem schon früh erfolgten Wandel im Verständnis von Vergebung zu tun. Die ursprüngliche Auffassung, dass allein die Kunde vom Ereignis-werden der Barmherzigkeit Gottes Menschen bereit mache, dem Nächsten zu vergeben, wurde durch die Auffassung korrigiert, dass die gewünschte Wirkung nur erreicht wird, indem man die Drohung mit dem kommenden Gericht hinzufügt. Die unter Menschen übliche Doppelstrategie mit Zuckerbrot und Peitsche setzte sich früh auch in der christlichen Frömmigkeit durch.

Im heutigen Denken steht die Angst vor Höllenstrafen als Motiv für christliches Handeln nicht hoch im Kurs. Wir nehmen gewiss zu Recht an, dass diese Angst für die seelische Gesundheit vieler Menschen schädlich sei. Es ist nicht zu

---

1 Hans Weder, Die Gleichnisse Jesu als Metaphern. Traditions- und redaktionsgeschichtliche Analysen und Interpretation, Göttingen 1978, 210 ff.

bestreiten, dass manche Neurosen durch die Rolle, die der strafende Gott in der Erziehung gespielt hat, mitverursacht wurden. Doch man muss auch sehen, dass die Strafangst in verschiedenen christlichen Kulturen ein starker Antrieb für sittliches Handeln, z. B. für die Unterdrückung von Hassgefühlen, war und teilweise noch ist. Das kann ich nicht nur negativ beurteilen. Ich muss vielmehr in jedem Fall fragen, ob die durch die Verdrängung entstandenen seelischen und körperlichen Leiden gravierender waren als die Schäden, die durch offen empfundene und im Verhalten sich auswirkende Hassgefühle verursacht worden wären. Es ist möglich, dass manche Christen nur vor einer inneren Vergiftung durch Hass bewahrt wurden, weil die Höllenangst sie zur Vergebung nötigte. Die Bergpredigt rechnet mit dieser Möglichkeit, die für verschiedene psychologische Theorien ausgeschlossen ist: dass es unter Umständen für den Leib nötig ist, eine Hand abzuhacken oder ein Auge auszureißen, besser, als wenn der ganze Leib in die Hölle geworfen werden müsste (Mt 5,30).

Solche Erkenntnisse über Motive, die zum Vergeben bereit machen, und über den Wandel im Verständnis von Vergebung sollten heutigen Menschen zugänglich sein. Dann wären sie eher in der Lage, über ihren eigenen, noch einmal gewandelten Begriff von Vergebung nachzudenken und sich darüber auszusprechen.

Um diese Erkenntnis zu vermitteln, habe ich Rahmengeschichten erfunden, in denen das Gleichnis in einer nacherlebbaren Situation seinen Sinn als Gleichnis bekommt. Die fiktiven Situationen liefern die konkreten Vorstellungen, mit deren Hilfe man über die Bedeutung des Gleichnisses nachdenken und reden kann. Für Mt 18,22 ff. benötige ich zwei Rahmengeschichten: Bei der ersten bildet die kürzere Form des Gleichnisses (bis V. 33) die Pointe, bei der zweiten seine vorliegende Form mit der Gerichtsdrohung.

Verbindet man Gleichnisse mit einer fiktiven Situation, so bekommt die Auslegung unvermeidlich einen allegorischen Zug, was sich auch an den Texten beobachten lässt, in denen die Evangelisten ein Gleichnis durch eine Situationsangabe oder eine Deutung ergänzt haben. Erzählt jemand jüdischen Hörern ein Gleichnis von einem König, so setzen sie diesen ohne weiteres (allegorisch) mit Gott gleich. Es liegt darum nahe, in unserem Text das Größenverhältnis der beiden Schuldsummen ebenfalls allegorisch zu deuten: Die Millionenschuld des ersten Knechts steht in krassem Gegensatz zur kleinen Summe, die der zweite Knecht dem ersten bezahlen sollte. Daraus ergibt sich allegorisch ein Sündenverständnis, nach welchem die eine große Sünde gegenüber Gott unvergleichlich schwerer wiegt als die vielen großen und kleinen Verfehlungen, die wir uns unseren Mitmenschen gegenüber zuschulden kommen lassen. So wurde das Gleichnis, unter dem Einfluss der paulinischen Sündenlehre, in der Vergangenheit verstanden. Die zu dieser Auslegung passende Rahmengeschichte müsste von einem Menschen mit diesem Sündenverständnis erzählen. Die Parabel würde ihn an das erinnern, was ihm schon klar ist, oder ihm aufdecken, was für ihn eigentlich selbstverständlich sein sollte: „Was meine Mitmenschen mir Böses antun, ist eine Lappalie im Vergleich zu dem, was ich Gott gegenüber verschuldet habe."

An dieser Stelle wird mir klar, wie mein Sündenverständnis sich von dem der Tradition gelöst hat. Ich kann ihren massiven Anthropomorphismus nicht mehr teilen. Das Argument mit dem Größenvergleich der Schuldsummen leuchtet mir nicht ein. Ich kann mir nach dem, was ich aus der Gerichtspredigt Jesu in Mt

25,31 ff. gelernt habe, nicht vorstellen, dass nach Gottes Urteil die Schuld eines Menschen, der religiös indifferent gelebt hat, aber mit dem leidenden Nächsten barmherzig war, unvergleichlich schwerer wiegt als die Schuld eines Sadisten, der Menschen zu Tode gequält hat. Atheismus, Auflehnung gegen Gott und blasphemische Äußerungen sind zu oft indirekte Folgen einer mit Fanatismus praktizierten christlichen Erziehung, als dass ich in ihnen den Gipfel der menschlichen Bosheit sehen könnte. Und dies sind nicht bloß meine persönlichen Probleme, sondern auch die vieler Zeitgenossen.

Darum muss die Rahmengeschichte, wenn sie zum Nachdenken über Vergebung helfen soll, anders vorgehen: Sie erzählt von einem Menschen, dem es aus verständlichen Gründen schwer fällt, einem Mitmenschen zu vergeben und ihn nicht zu hassen. Der Hörer der Geschichte kommt dadurch in die Lage, dass er über die Schuld eines anderen (oder vielleicht über sein Nicht-Können) urteilen muss. Gelingt es der Geschichte, Verständnis für den Konflikt und mitfühlende Teilnahme zu wecken, so ist nur noch ein kleiner Schritt von diesem Mitempfinden zum ahnenden Erkennen der grenzenlosen Güte Gottes gegenüber uns fehlbaren und schwachen Menschen. Indem wir einen Menschen verstehen, der von Rachewünschen überschwemmt wird, und mit ihm unter seiner Unfähigkeit zum Vergeben leiden, wird in einem andern Sinn der Schluss vom Kleineren auf das Größere möglich: Um wie viel größer ist dann die barmherzige Liebe Gottes, der uns in unserem Versagen und unserem Nichtkönnen versteht und erträgt.

Bedenke ich ferner, wie zäh das Wurzelgeflecht des Hasses in der Seele eines Menschen sein kann und wie hoch die Erwartung ist, dass es unter Christen keinen Hass geben dürfe, dann verstehe ich, warum viele Christen in der Vergangenheit und heute den Hinweis auf die große Barmherzigkeit Gottes, die das erste Thema der Parabel war, für ungenügend halten, warum sie das Bild von der Güte Gottes durch die Drohung mit seinem Gericht ergänzen zu müssen glauben. Ich kann mir auch vorstellen, wie die Angst vor der Hölle auf einen Christenmenschen wirkt, der durch die Botschaft von der Barmherzigkeit Gottes nicht zur Vergebungsbereitschaft bewegt wurde.

Wenn es schwierig wird, seinem Nächsten zu vergeben

An diesem Morgen trug Chlois ihren Sohn wie immer, wenn die Sonne schien, auf dem Rücken vor die Tür und setzte ihn sanft auf den Boden. Dort spielte er dann mit Sand und Steinchen und sie konnte von ihrem Arbeitsplatz aus nach ihm sehen. Sein Gewicht war spürbar geworden. Früher war er leichter gewesen. Was wird geschehen, wenn er mit zunehmendem Alter für sie zu schwer wird? Wer nimmt ihn dann aus dem Bett? Wer trägt ihn an den Tisch? Wer hilft ihm, seine Notdurft zu verrichten?

Wie eine Fliege um die Lampe, so kreisten ihre Gedanken wieder einmal unaufhörlich um die Zukunft ihres gelähmten Sohnes. Was geschieht mit Bias, wenn sie nicht mehr für ihn da sein kann? Ihrem

Bruder, bei dem sie wohnte, war der Krüppel zuwider. Dessen Kinder hänselten ihn nur und warfen Steinchen gegen ihn, bis er weinte. Sie würden sich später weigern, auch nur den kleinsten Finger für ihn zu rühren. Chlois war dem Bruder gewiss dankbar, dass er ihr seinerzeit, nach dem Tod ihres Mannes, die Hütte, die an sein Gehöft angebaut war, zum Wohnen überlassen hatte. Hier hatte sie die Töpferscheibe aus der Werkstatt ihres Mannes aufgestellt. Mit ihr hatte sie seither den Lebensunterhalt für sie beide verdient.

Damals, als sie hier einzogen, war Bias ein unternehmungslustiger Fünfjähriger gewesen. Er ging jeden Tag auf Entdeckungsreisen in seiner neuen Umgebung. Die Mutter musste ihm erst beibringen, sich nur so weit zu entfernen, dass sie ihn noch sehen oder hören konnte.

Wenn Chlois mit ihren Gedanken in die Vergangenheit zurückschweifte, stellte sich unweigerlich die Erinnerung an den grässlichen Unfall ein: Wie sie die vier Fuß hohe Amphora für einen Kunden in der Stadt Ephesus fertig stellte, wie sie im Dorf vergeblich nach jemandem suchte, der den Krug bei seinem nächsten Gang in die Stadt mitnähme, wie ihr nichts anderes übrig blieb, als die Ware selbst hinzubringen. Für Bias war der zweistündige Weg nach Ephesus zu weit. Sie bat das Mädchen Glykeia, das verständig und gewissenhaft aussah, auf den Jungen aufzupassen. Aber beim Ballspiel mit den Freundinnen vergaß sie das schnell. Der Junge kletterte in den Mauern des Ruinenhauses im Unterdorf herum und fiel von drei Klaftern Höhe auf den steinigen Fußboden. Eine Frau aus dem Unterdorf sah ihn liegen und nahm ihn zu sich nach Hause. Als Chlois zurückkam, fand sie weder das Kind, noch die Hüterin. Sie fragte sich durch, bis sie dann im Unterdorf die Stube betrat, in der ihr Sohn auf einem Schaffell auf dem Boden lag. Er konnte nicht mehr gehen und stehen, nicht einmal seine Knie beugen und die Zehen krümmen. Der Schmerz der Mutter und ihr Zorn auf die unfähige Hüterin waren maßlos.

Jetzt begann die lange Reihe der Enttäuschungen mit den Ärzten. Chlois verkaufte ihren Brautschmuck und ging, mit dem lahmen Kind auf dem Rücken, in die Stadt zu den Heilkundigen, von denen man ihr rühmend erzählt hatte. Jeder, den sie aufsuchte, machte ihr zuerst Hoffnung. Der Eine versuchte dies, der Zweite etwas anderes. Keiner konnte die Lähmung auch nur mildern.

Bis heute hatte sie sich noch nicht mit dem Gedanken abgefunden, dass Bias sein ganzes Leben lang gelähmt bleiben müsse. Vor kurzem hatte man ihr von dem neuen Heilgott Christus erzählt und von Zusammenkünften einer Gemeinde von Gläubigen in der Stadt Ephesus. Bei diesen Versammlungen seien Heilungswunder geschehen, hieß es. Sie fand heraus, wann und wo die Zusammenkünfte waren, nahm Bias auf den Rücken und wanderte die zwei Stunden in die Stadt. In der Versammlung wurde sie herzlich aufgenommen. Die Ältesten der Gemeinde legten im Gottesdienst dem Jungen die Hände auf den Kopf und auf die Beine und beteten. Eine Heilwirkung blieb aus. Doch diesmal war sie nicht so enttäuscht wie bei den Ärzten. Sie ging ein zweites und drittes Mal in die Versammlung. Was sie dort hörte, beeindruckte sie. Sie begann an Christus zu glauben und wollte nach seinen Weisungen leben. Sie lernte das Vaterunser und betete es zu Hause. Wenn sie sprach „Dein Wille geschehe wie im Himmel, so auf Erden", war ihr, als ob ihre Hoffnung neuen Auftrieb bekomme. Im Himmel gab es gewiss keine gelähmten Kinder. Wenn der gütige Wille des himmlischen Vaters auf Erden geschehen soll wie im Himmel, bedeutete das doch, dass auf Erden alle Wesen so heil und gesund werden sollen wie die Engel im Himmel. Galt das nicht auch für ihren Bias?

Nach einiger Zeit wurden sie und ihr Sohn getauft. Jetzt gehörten sie ganz zur Gemeinde Christi. Aber Chlois sagte es den Ältesten, dass sie nicht regelmäßig am Gottesdienst teilnehmen könne. Es sei ihr nicht möglich, jeden Sonntag den Weg zu Fuß mit dem Kind zu machen. Das hörte Akton, ein Mitglied der Gemeinde. Er war bereit, sie, wenn er Zeit hatte, mit einem Maulesel zu holen. So brach er denn jeweils am Sonntag in aller Frühe in der Stadt auf, ritt auf seinem Maulesel zum Dorf, in dem Chlois wohnte, und nahm ein zweites Reittier mit. Chlois konnte aufsitzen. Akton hob das Kind zu ihr empor und setzte es vor sie auf den Rücken des Tiers, so dass die Mutter es gut halten konnte. Den Rückweg machte sie dann mit dem Kind auf dem Rücken zu Fuß, wenn nicht ein anderer Mitchrist sie mit seinem Reittier heimbegleitete.

Akton war Gewürzhändler. Er kaufte seine Waren auf den großen Märkten in Pergamon und Byzanz ein. So war er oft tagelang auf Reisen. Wenn er Chlois am Sonntag nicht zum Gottesdienst holen konnte, blieb sie mit ihrem Sohn daheim.

An einem Sonntag stand Akton wieder vor der Hütte und wollte sie zum Gottesdienst mitnehmen. Aber sie lehnte ab: „Ich bin keine rechte Christin. Es ist nicht gut, wenn ich weiter an den Versammlungen der Gemeinde teilnehme."

Akton wollte genauer wissen, was für sie am Christsein schwierig sei. Nach anfänglichem Zögern erzählte sie, was ihr Mühe bereitete: An jenem Tag, an dem der Unfall von Bias geschehen war, hatte sie schwere Flüche gegen die nachlässige Hüterin ausgesprochen. „Die Götter mögen sie mit Aussatz und eitrigen Beulen schlagen! Sie mögen ihren Schoß unfruchtbar machen!" Jedesmal, wenn sie nachher dem Mädchen begegnete, hatte sie ausgespuckt und die Fluchworte wiederholt. Als sie zum Glauben an Christus gekommen war, hatte sie das Ausspucken und die Fluchworte unterlassen. Es war ihr klargeworden, dass der Hass gegen Glykeia Sünde war. Sie gab sich Mühe, ihn zu überwinden und liebende Gefühle gegen das Mädchen zu hegen. Doch der Hass und die Rachewünsche waren stärker. Sie wurzelten tief in der Seele und ließen sich nicht ausrotten. Sie wucherten weiter, breiteten sich aus und hatten bald schon den Glauben überdeckt. Wenn sie täglich das Vaterunser betete, blieb sie bei der fünften Bitte stecken. Sprach sie die Worte aus „wie auch wir vergeben unsern Schuldnern", so klagte sie sich nachher an, sie habe im Gebet den Vater im Himmel angelogen. Ließ sie diesen Satz weg, hatte sie ein schlechtes Gewissen. Betete sie an einem Tag überhaupt nicht, um Gott nicht anzulügen, so machte sie sich erst recht Vorwürfe, dass sie ihm ungehorsam war.

Akton hörte, was Chlois erzählte, mit Verständnis an und wollte ihr helfen. Er erzählte, wie es *ihm* mit dieser Bitte des Vaterunsers gehe: „Ich überlege mir bei dieser Bitte, wie oft ich Gott betrübe und wie ich darauf angewiesen bin, dass er mir vergibt. Dann wird es mir leicht, anderen zu vergeben. Wenn ich z. B. mit meinem heidnischen Nachbarn über den Gartenzaun hinweg plaudere, kann er es selten lassen, über meinen Glauben an Christus zu spötteln. Er habe gehört, dass wir Christen einen Esel anbeten, so sagt er dann. Oder: dass an unseren Zusammenkünften Männer und Frauen sich küssen und Unzucht miteinander treiben. Wenn mich solche Worte schmerzen, denke ich an Christus, der viel größere Schmerzen leiden musste, um meine Sünden zu tilgen. So werde ich immer wieder bereit, meinem Nachbarn zu vergeben und ihm freundlich zu antworten."

Auf Chlois machte dieses Bekenntnis keinen Eindruck: „Wenn der Hass gegen Glykeia in mir hochkommt, habe ich auch schon an meine eigenen Sünden gedacht und an die Vergebung, die Gott mir schenkt, aber der Hass war immer wieder stärker."

Da fiel Akton ein Gleichnis ein, das er einmal in einem Gottesdienst gehört hatte. Dieses Gleichnis würde Chlois gewiss helfen, dachte er: „Das Himmelreich ist gleich einem König, der mit seinen hohen Beamten abrechnen wollte. Als man bei einem alles zusammengezählt hatte, was er dem König schuldig war, kam man auf die Summe von 10 Gold-Talenten." Und Akton fügte hinzu: „Das ist so viel Geld, dass ich mir nicht einmal im Traum vorstellen kann, je so viel zu besitzen. – Weil der hohe Beamte zahlungsunfähig war, wollte der König ihn und seine Familie in die Schuldsklaverei verkaufen. Aber der Mann fiel vor ihm in die Knie und bat ihn: Habe Geduld mit mir. Ich will mich noch einmal gewaltig anstrengen und sparen und dir dann in Raten alles zurückzahlen. Der König wusste, dass ihm das nicht möglich sein würde, und war großzügig mit ihm und erklärte: Ich streiche die ganze Schuld durch. Du brauchst nichts zurückzuzahlen. Der Beamte dankte hocherfreut und verließ den königlichen Palast. Vor dem Portal traf er zufällig einen Kollegen, der ihm 100 Silberstücke schuldig war. Er ging auf ihn zu und herrschte ihn an: Du bist mir schon lange 100 Silberstücke schuldig. Ich verlange, dass du das Geld sofort zurückzahlst. Der Kollege begann, sich zu entschuldigen und um einen Aufschub zu bitten, weil er gerade knapp an Bargeld sei. Da packte ihn der andere und schrie ihn an: Ich will das Geld sofort zurück! Weil aber der andere nicht zahlen konnte, ließ er die Polizei rufen und ihn ins Gefängnis abführen. – Einige Höflinge waren Zeugen dieses Vorfalls. Sie ärgerten sich über den Beamten, weil sie wussten, dass der König ihm kurz vorher eine ganz große Schuld erlassen hatte. Sie erzählten dem König, was geschehen war. Der ließ den Beamten noch einmal zu sich rufen und herrschte ihn an: Du miserabler Kerl. Ich habe dir deine ganze riesige Schuld erlassen, weil du mich angefleht hast. Hättest du nicht auch mit deinem Kollegen Erbarmen haben müssen, so wie ich mit dir Erbarmen hatte?"

Das war das Gleichnis, das Akton erzählte, und er fügte hinzu: „Die Frage am Schluss des Gleichnisses hat mir Eindruck gemacht, als ich es damals hörte. Mir kam in den Sinn, wie unendlich reich mich Gott beschenkt hat. Er vergibt mir nicht nur täglich meine Sünden. Er hat auch mein Geschäft gesegnet und hat mich und meine Waren auf den weiten Reisen bisher vor Räubern und vor Unwetter bewahrt. Die Frage des Königs erinnerte mich, wie kleinlich ich mich bisher gegenüber meinem jüngsten Knecht verhalten habe. Ich hatte ihn für die niedrigen Arbeiten im Magazin gekauft. Er musste Gewürze aus den großen Säcken in die kleinen Krüge umpacken, die Gefäße waschen und das Lager reinhalten. Aber er ist dumm und ungeschickt. Immer wieder verschüttet er kostbare Gewürze aus Indien. Einmal ließ er einen Krug mit teurem Ingwer-Öl zu Boden fallen, und das Öl war nicht mehr zu gebrauchen. Dieser Sklave hat mich mit seiner Unachtsamkeit schon viel Geld gekostet. Oft war ich zornig über ihn und habe ihn geschlagen. Aber als ich das Gleichnis gehört habe, merkte ich, dass ich nicht so heftig mit ihm sein darf. Wenn Gott mir so viel Gutes schenkt, muss ich mit den Fehlern dieses Knechts nachsichtig sein."

Wieder war Chlois von dem, was Akton sagte, nicht überzeugt: „Das Gleichnis mag für dich passen. Du bist reich. Dir hat Gott viele Güter geschenkt. Ich bin arm und habe ein lahmes Kind. Und Glykeia hat uns beiden ein Leid zugefügt, das nicht wiedergutzumachen ist. Ich weiß, dass ich für meine Sünden Vergebung nötig habe. Aber ich habe Gott nicht so viel Böses angetan, dass ich diesem Beamten gleiche, dem die hohe Schuld geschenkt wurde. Vielleicht ist der himmlische Vater mir bisher auch noch etwas schuldig geblieben."

Das Gespräch mit Akton hatte Chlois nicht von ihrem Hass befreit, aber es war ihr leichter ums Herz. Sie spürte, dass Akton es gut mit ihr meinte. So leistete sie seiner Ermahnung, jetzt mit ihm zum Gottesdienst aufzubrechen, Folge. Sie bestieg das Reittier. Er gab ihr das Kind in die Arme. Im Gespräch unterwegs ließ sie sich von ihm überzeugen, dass es gut wäre, mit einem der Gemeindeältesten über ihre Schwierigkeiten mit der fünften Bitte im Vaterunser zu sprechen.

Das tat sie gleich nach dem Gottesdienst. Der Älteste hörte sich ihren Bericht an und sagte: „Es gibt ein Gleichnis des Herrn, das dir den rechten Weg zeigt."

Und dann erzählte er ihr, mit etwas anderen Worten, das Gleichnis vom barmherzigen König, wie sie es von Akton gehört hatte: vom hohen Beamten mit der Riesenschuld, vom Schuldenerlass, vom Gespräch des Beamten mit einem Kollegen wegen einer kleinen Schuld, von dessen Verhaftung und schließlich vom zweiten Gespräch des Königs mit dem Schuldner. Das Gleichnis, wie der Älteste es erzählte, hatte einen anderen Schluss, von dem Akton nichts gesagt hatte, als er es vor dem Aufbruch zum Gottesdienst erzählt hatte. Vielleicht hatte Akton seinerzeit das Gleichnis ohne diesen Schluss gehört. Vielleicht fand er auch, er passe nicht zu Chlois. Der Schluss lautete: „In seinem Zorn übergab der König diesen Schuldner den Folterknechten, bis er die ganze Schuld bezahlt hätte. Ebenso wird der himmlische Vater jeden von euch behandeln, der seinem Bruder nicht von ganzem Herzen vergibt."

Chlois erschrak über diesen Schluss: „Ich habe dieses Gleichnis auch schon gehört, aber der Schluss mit den Folterknechten fehlte."

Der Älteste antwortete: „Wenn die Barmherzigkeit, mit der dir Gott deine vielen Sünden vergibt, dich nicht bereit macht, deinen Mitmenschen zu vergeben, dann muss die Angst vor seinem Gericht dich dazu bringen."

Dann betete der Älteste mit Chlois und entließ sie.

Von da an stellte sich bei ihr die Angst vor der göttlichen Strafe ein, sobald die Hassgefühle gegen Glykeia in ihr hochkamen. Erblickte sie das Mädchen auf einer Dorfgasse, begann Chlois zu zittern. Sie dachte an die himmlischen Folterknechte, denen Gott sie übergeben würde, wenn sie weiterhin den Rachewünschen in sich Raum gebe. So gelang es ihr meistens, mit dem Hass fertig zu werden. Sie konnte die fünfte Bitte des Vaterunsers wieder sprechen und war gewiss, dass sie ihrer Schuldnerin Glykeia vergeben habe.

Freilich, seitdem sie die Hassgefühle mit Gottes Hilfe unterdrücken konnte, lief ihre Arbeit an der Töpferscheibe nicht mehr wie früher. Sie hatte häufig Mühe, die Töpfe und Krüge rund zu bekommen. Ihre Finger drückten nicht mehr gleichmäßig und genau in der Waagrechten auf den Ton. Oft wurden die Rundungen unregelmäßig und bekamen Ausbuchtungen oder der obere Rand war schief. Sie musste den Ton zusammendrücken und von vorn anfangen. Damals, als sie das Gleichnis mit seinem Schluss nicht kannte, fiel es ihr leichter, die runde Form herauszubekommen. Aber solche Hindernisse bei der Arbeit nahm sie in Kauf. Sie fand, das sei immer noch besser, als einen Menschen hassen zu müssen.

Zur Einführung der Erzählung im Gottesdienst oder in einer Erwachsenengruppe

Nach Konflikten bleiben oft noch Reste. Der Anlass für die Auseinandersetzung ist hier erst in zweiter Linie beachtenswert. Da ist einem Menschen schuldhaft Unheil zugefügt und dadurch sein gutes Recht verletzt und sein Leben beeinträchtigt worden. Das Opfer klagt Wiedergutmachung ein, erwartet Einsicht von dem, der Schuld hat, und appelliert deshalb auch an diese Einsicht. Dahinter steht die Hoffnung, der Täter werde sich mit dem Opfer identifizieren können und ihm Recht einräumen und gutmachen, was falsch gelaufen war. Solange Hoffnung auf Einsicht besteht, wird darum geworben. Ist darauf keine Hoffnung mehr, verändert sich die Form der Auseinandersetzung. Es geht dann um Bestrafung, ja um den Sieg über den anderen. Kommt Hass dazu, zielt alles nur noch auf die Vernichtung des Gegners. Hilft das Zuckerbrot nicht weiter, soll die Peitsche wirken.

In der Erzählung vom barmherzigen König und dem unbarmherzigen Knecht geht es um eine weitere Dimension in solchen Auseinandersetzungen, um Vergebung. Als Täter bin ich auf sie angewiesen. Vom Opfer meiner Tat kann sie gewährt werden. Weil ich von meiner Schuldfähigkeit weiß, weiß ich um mein Angewiesensein. Erst recht, wenn meine Schuld nicht wiedergutzumachen ist wie in diesem Gleichnis. Und die Geschichte hat längst gelehrt, dass das auch zwischen Völkern gilt.

Liedvorschläge

– Fürchte dich nicht (ML 1/B 126)
– Ins Wasser fällt ein Stein (EG Bayern, 645)
– Meine engen Grenzen (ML 2/B 153)
– Wo Menschen sich vergessen (ML 2/B 225)

K. H.

144

Das Magnifikat

Lk 1,39–56

Zwei Gründe sprechen dagegen, dass ich mich auf diesen Text einlasse: Ich bin keine Frau und kein Katholik. Als Mann kann ich nur ungenügend nachfühlen, was eine schwangere Frau erlebt. Als Nicht-Katholik kann ich die Verehrung der Gottesmutter, die in diesem Text anklingt, nur beschränkt in meinem Glaubensleben mitempfinden.

Trotz dieser Bedenken habe ich mich phantasierend mit der Geschichte von Maria und Elisabeth auseinandergesetzt. Mich interessiert, dass das Magnifikat, dieser Psalm, mit dem die Geschichte schließt, im Lauf der christlichen Jahrhunderte unzählige Male gebetet und gesungen wurde, ohne dass bemerkt wurde, wie politisch subversiv und revolutionär einzelne seiner Aussagen sind. Luther hat den Text geliebt und ihn mehrmals ausgelegt, weil in ihm so eindrücklich von der Heilstat Gottes zu unserer Erlösung und von der einzig möglichen Antwort des Menschen darauf geredet wird. Für Katholiken war und ist der Text wichtig als Zeugnis für die Verehrung der Jungfrau Maria, die schon in der Zeit der Apostel einsetzte. Im Magnifikat konnte die Kirche mit den Worten der Mutter des Erlösers Gott, den Herrn, preisen.

Die Sätze, die eine radikale Umwälzung der jetzigen politischen und ökonomischen Verhältnisse ankündigen, wurden nicht als anstößig empfunden, weil sie spirituell oder endzeitlich gedeutet wurden. Dass die auf dem Thron Sitzenden heruntergestoßen und die Demütigen erhöht werden, verstand man als innerseelischen Vorgang: In Christus werden die Selbstgerechten verworfen und die geistlich Armen begnadigt. Oder man sah in diesen Sätzen Weissagungen: Im Jenseits, nach dem Tod, oder am Jüngsten Gericht werden die Mächtigen gestürzt und die Unterdrückten befreit werden. Mit diesen Deutungen wurde vermieden, bei dem Text an die jeweils gegenwärtigen sozialen Verhältnisse zu denken. Der Mächtige konnte es in der Kirche unbesorgt hören, dass Gott die Mächtigen vom Thron stoße. Sein Thron wackelte deswegen nicht. Der Reiche hatte keine Angst um sein Bankguthaben, wenn in der Kirche davon gesungen wurde, dass die Reichen leer ausgehen.

Erst in der Gegenwart sind Befreiungstheologen und feministische Theologinnen auf die Frage gestoßen, ob diese Sätze wörtlich zu verstehen sind, ob sie etwas mit den jetzigen Machthabern und den heute hungernden Menschen zu tun haben. Das gesellschaftskritische Bewusstsein unserer Zeit war nötig und zudem die Erkenntnis, dass sich christliche Hoffnung nicht bloß auf das Jenseits oder auf die ferne Zukunft nach dem Letzten Tag bezieht, sondern dass sie auch das Heilshandeln Gottes in der Gegenwart einschließt. Durch diese Voraussetzungen veränderte sich das Verständnis des Magnifikats. Damit kam man wohl auch dem ursprünglichen Sinn seiner Aussagen näher. Der Text enthält viele Zitate aus Psalmen, die in jüdischen Gruppen vor Christus gebetet wurden. Das waren Gruppen, in denen man auf das baldige Kommen Gottes zum Gericht und zur Verwirklichung seines Königreichs auf Erden hoffte. Von Gottes Eingreifen erwartete man die grundlegende Umwälzung der politischen Herrschaftsverhältnisse und die

Befreiung der Armen aus ihren Nöten. Unter den Juden, die auf die nahe Endzeit hofften, gab es solche, die die totale Wendung allein von Gott erwarteten. Sie selber hatten dabei nur die Aufgabe, um das Kommen des Reiches zu beten und darauf zu warten. Andere hingegen glaubten, dass sie selber sich am Heilswirken Gottes beteiligen müssten. Wenn Gott die Mächtigen vom Thron stürzen wollte, waren sie verpflichtet, als Widerstandskämpfer gegen die ungerechten Unterdrücker und Tyrannen mit Waffen vorzugehen.

Wenn das Magnifikat solche Sätze aus dem jüdischen Kontext zitiert, wird klar, dass auch im jungen Christentum die Hoffnung auf das Hereinbrechen von Gottes Reich und die Umwälzung der Verhältnisse lebendig war, freilich nur in ihrer apolitischen Form. Die Christen warteten und beteten darum, dass die Engel Gottes bald den bösen Drachen töten und die Weltstadt Babylon – Rom anzünden würden. Sie griffen nicht selber zu den Waffen und betätigten sich nicht als Brandstifter. Doch eine spirituelle Deutung des Psalms lag ihnen fern. Sie hofften darauf, dass ihre materiellen Lebensbedingungen sich grundlegend verändern würden, und zwar bald, nicht erst im Jenseits, nicht erst nach Jahrtausenden.

Wenn im heutigen Südamerika Slumbewohner einer Basisgemeinde diesen Psalm beten, fällt es ihnen nicht ein, Begriffe wie „die Mächtigen", „die Reichen" zu vergeistigen. Sie denken an die Industriebosse, von deren Renditedenken ihr Leben abhängig ist, und hoffen darauf, dass Gott sie bald von ihnen und ihrer Ausbeutung befreien werde. Das Magnifikat ist für sie ein politisches Lied. Offen ist die Frage, wie bei ihnen die Hoffnung auf das baldige Eingreifen Gottes mit politischen Aktivitäten zusammenhängt. Friedliche Mittel wie Demonstrationen und Streiks anzuwenden, ist für sie selbstverständlich. Umstritten ist, ob in bestimmten Situationen revolutionäre Gewalt für Christen zu verantworten ist.

Das Magnifikat wird dadurch zu einem Kampflied in einem Befreiungsprozess. Dabei hat sich das Marienbild verändert. Aus der demütigen, gehorsamen Magd ist ein Symbol der Auflehnung gegen das Unrecht geworden: die Madonna, die als Streikführerin vorangeht, die Gottesmutter, die den Weg zur Freiheit weist.

Wie muss ich die Geschichte von Maria und Elisabeth erzählen, damit heutige Hörer etwas von diesem Sinn des Magnifikats, von seiner subversiven Kritik an ungerechten Verhältnissen und seinem Ruf zur Hoffnung auf eine neue Welt, verstehen? Das war die Ausgangsfrage für den Versuch, mich in das Erleben der handelnden Personen hineinzuversetzen. Bei den Frauen war dies schwierig in dem, was ihr Frausein betrifft; was sie als Menschen erfahren haben, war mir eher zugänglich. Zudem war es nötig, noch eine in der biblischen Vorlage nicht genannte Person auftreten zu lassen.

Ein revolutionäres Lied in der Weihnachtsgeschichte

An diesem Tag mussten die Bewohner von Nazareth und der anderen Dörfer in der Umgebung der festlichen Parade beiwohnen. Männer und Frauen, Mütter mit Säuglingen und Kinder stellten sich auf beiden Seiten der Straße nach Tiberias auf. Jedem Dorf war ein Abschnitt der Straße zugewiesen. Die Dorfältesten sorgten dafür, dass keiner daheim blieb. Die römische Legion, die die bisherige ablöste, sollte empfangen werden. Der Weber Arach schloss die Werkstatt zu und wanderte mit seiner Magd Mirjam, die später Maria hieß, zum Aufmarsch der Truppen. Viele ärgerten sich über die Unterbrechung der Arbeit. Der Landesherr hatte es befohlen. Mirjam überlegte, wie sie den Verlust des Taglohns wieder einbringen könnte. In einem halben Jahr würde sie mehr Geld brauchen.

Auf der anderen Seite des Abschnitts, auf dem die Leute von Nazareth aufgestellt waren, stand das Holzpodium für die Ehrengäste: zuoberst der goldverzierte Thron für den kaiserlichen Statthalter, zu beiden Seiten, etwas niedriger, die Sessel für die hohen Offiziere, für König Herodes und seine Familie. Neben Mirjam standen Männer aus dem Dorf, unter ihnen ihr Vetter Jannai. Sie sprachen leise davon, wie sie das Podium, wenn alle Gäste darauf Platz genommen hätten, von unten her anzünden könnten. Phantastische Pläne wurden entwickelt. Einer warnte: „Das ist alles Unsinn. Wir bringen so etwas nie fertig, ohne dass die römischen Wächter es sogleich bemerken. Die würden die Täter und alle, die in der Nähe stehen, sofort gefangen nehmen und nachher an diesem Straßenrand kreuzigen."

Ein anderer stimmte zu: „Erst wenn der Befreier da ist, den der Herr verheißen hat, können wir so etwas wagen. Dann wird's gelingen."

Mirjam verfiel in trübselige Gedanken. Das Land Israel war von grausamen Feinden besetzt. Die bisherigen Versuche, sie aus dem Land zu treiben, waren misslungen. Als Judas, der Galiläer, sie mit seiner Schar bekämpfte, hatten sie ihn mit ihrer Übermacht besiegt. Mirjams beide Brüder waren auch unter den Toten. Zur Strafe wurden die Kornfelder abgebrannt, rings um die Dörfer, in denen Anhänger von Judas gefunden worden waren. Seither wuchs das Korn nicht mehr recht. Der Hunger war ins Land gezogen. Neue Widerstandsgruppen hatten sich gesammelt. Unter ihnen war die Bande, zu der Mirjams Vetter Jannai gehörte.

Mirjam fand, dass es eine schlechte Zeit war für das Kind, das in ihrem Bauch heranwuchs. Ein neuer Krieg gegen die fremden Herren drohte. Arach redete davon, dass er bald ihre Arbeit nicht mehr benötige, weil sich seine Tücher so schlecht verkauften.

Jetzt trafen der Statthalter und die Ehrengäste ein, hoch zu Pferd die einen, andere in Sänften getragen. Sie nahmen ihre Plätze auf der Tribüne ein. Ein Sklave hielt einen Sonnenschirm über das Haupt des Statthalters, ein anderer kniete vor ihm und schwenkte das Räucherfass, in dem duftende Kräuter verbrannt wurden. Der Statthalter verachtete das gewöhnliche Volk. Er hasste den Arme-Leute-Geruch, nicht ein Hauch davon sollte an seine Nase dringen. Die Tribüne war von der Leibwache des Statthalters umschlossen. Kein jüdischer Freiheitskämpfer wäre in die Nähe des Holzgerüsts gekommen.

Der Aufmarsch der Legion begann: die Vorreiter, dann, umgeben von Schwerbewaffneten, der Legionsadler, nach ihm, in Hundertschaften geordnet, die Reiter mit ihren Pferden, die Schwerbewaffneten mit Speer und Langschild, dann die Leichtbewaffneten mit Rundschild, Pfeil, Bogen und Schleuder. Jede Hundertschaft von ihrem Centurio angeführt, der – in einen weißen oder purpurnen Mantel gehüllt – einen Rebstock in der Hand trug, als Zeichen seiner Würde.

Die Juden auf beiden Seiten der Straße schauten dem Vorbeimarsch schweigend zu. Aus ihren Gesichtern sprachen Hass gegen die Feinde des Landes, Angst vor ihrer militärischen Kraft, ein wenig auch Bewunderung für die glänzenden Waffen. Sie harrten bis zum Ende des Vorbeimarsches aus. Sie wollten sich nicht eine Buße durch die Dorfältesten zuziehen. Zudem kam am Schluss noch etwas, das für das Ausharren entschädigte: Hinter der letzten Hundertschaft rollten Ochsenkarren daher, beladen mit Körben, bis zum Rand mit Brotlaiben gefüllt. Auf den Karren standen Legionäre und warfen Brote links und rechts in die Menge. Wer im Auffangen geschickt war, hatte bald mehrere im Arm. Als der letzte Wagen vorbei war, ging's ans Verteilen. Die Kleinen und Langsamen bekamen vom Überfluss der anderen. Wenige kehrten ohne Brot ins Dorf zurück. Die anderen waren zufrieden, dass der Hunger in den nächsten Tagen nicht mehr Gast am Esstisch war. Doch es war ein Geschenk der Feinde, das sie angenommen hatten. Das ärgerte sie.

Mirjam fühlte auf dem Heimweg diese Schmach für Israel. Sie hatten sich von denen, die sie ständig demütigten, etwas schenken lassen. Israel war aber nicht Knecht der Römer, sondern Knecht des Herrn. Der Herr wird doch seinen Knecht nicht vergessen! Er wird sich seiner erbarmen. Dem Stammvater Abraham hatte er versprochen: „Ich will dich segnen und du sollst ein Segen sein für viele. Durch dich sollen alle Völker der Erde Segen empfangen! Diese Verheißung war noch nicht erfüllt. Der versprochene Retter war noch nicht gekommen, durch den die Völker gesegnet werden sollten. Seit die Römer herrschten, lag Israel am Boden. Die Gläubigen warteten auf den Befreier, der ihnen versprochen war.

Doch die Zeit der Befreiung war vielleicht schon nahe. Was hatte die Engelerscheinung, die ihr zuteil geworden war, denn anderes zu bedeuten? Einen Sohn solle sie bekommen, so war ihr gesagt worden.

148

Der werde König sein über Israel. Das hieß doch, dass ihr Kind erwählt war, um Israel zu befreien.

Noch eine andere Geburt war angekündigt: Durch einen Brief wusste Mirjam von ihrer Verwandten Elisabeth im fernen Judäa. Sie war in hohem Alter schwanger geworden. Ihr Ehemann, ein Priester, hatte während des Dienstes im Tempel ebenfalls einen Engel geschaut, der ihm das Ereignis ankündigte. Gott hatte wunderbar an Elisabeth gehandelt. Wie damals an der kinderlosen Sarah, die im Alter einer Großmutter noch schwanger wurde. Wie damals an Hanna, die lange unfruchtbar war. Sarahs Sohn und Hannas Sohn – durch beide hat Gott sein Volk gesegnet. Auch Elisabeths Sohn wird zum Segen für Israel werden.

Mirjam dachte an den Psalm, den Hanna damals, nach der Geburt ihres Sohnes gesungen hatte, ein Lied voller Jubel über den Herrn und sein Wirken, das die Welt umgestaltet: „Der Herr macht arm und macht reich. Er erniedrigt und er erhöht. Den Schwachen hebt er empor aus dem Staub und erhöht den Armen, der im Schmutz liegt. Er gibt ihm seinen Sitz bei den Edlen, einen Ehrenplatz weist er ihm zu. Die Satten verdingen sich um Brot, doch die Hungrigen können feiern für immer ...“ Mirjam sann über die Worte dieses Liedes nach. „Er erhöht den Armen, der im Schmutz liegt." Im Vertrauen auf diese Worte schmeckte die Schande nicht mehr so bitter, die sie bei der Austeilung der Brote empfunden hatte. Das war auch ein Wort gegen die Angst vor der Zukunft. Selbst wenn sie ihr Kind ohne den Schutz eines Ehemanns zur Welt bringen musste, in der Hand des Herrn, der die Hungrigen sättigt, war sie gut aufgehoben.

Als sie am anderen Tag ihre Arbeit beendet hatte, bezahlte Arach den Taglohn und erklärte: „Du brauchst morgen nicht mehr zu kommen. Mein Geschäft rentiert sich nicht mehr, wenn ich noch eine Taglöhnerin bezahlen muss. Komm in ein paar Wochen vorbei und frag, ob wieder Arbeit für dich da ist."

Das war ein Schlag für Mirjam. Wovon sollte sie ohne den Verdienst leben? Wovon die Ausgaben für das Kind bestreiten? Die Sorgen ließen sie nicht schlafen. Dann erinnerte sie sich an den Brief ihrer Verwandten Elisabeth aus Judäa. Sie könnte den Weg zu ihr unter die Füße nehmen, anstatt arbeitslos herumzusitzen. Drei Tage müsste sie wandern bis ins judäische Gebirge, wo Elisabeth wohnte. Vielleicht wüsste sie einen Rat, wohin Mirjam für die Geburt und die Zeit danach gehen könnte.

Am Morgen packte Mirjam das Nötige zusammen und brach auf. Unterwegs kam sie an Äckern vorbei, auf denen Hirse und Gerste standen. Man sah große runde Flächen, auf denen kein Halm wuchs. Der Ackerboden hatte sich von den Bränden noch nicht erholt. In den Dörfern kam sie an verlassenen Häusern vorbei. Die Bewohner waren in die Städte gezogen, um Brot und Arbeit zu suchen. In den Städten, die Mirjam durchwanderte, saßen an den Toren Bettler, auch Frauen und Kinder. Sie streckten ihr die leere Hand entgegen. Auf den Straßen begegneten ihr Karawanen mit hochbeladenen Kamelen, Ochsenkarren, die dickgefüllte Säcke und Kisten transportierten, auch Reiter auf reich geschmückten Sätteln, umgeben von bewaffneten Dienern. Das waren die, die unter der Römerherrschaft das große Geschäft machten und reich wurden.

Am dritten Tag war sie auf dem einsamen Weg von Jericho hinauf ins Gebirge Judäas. Sie hörte Schritte hinter sich und blickte sich um. Welche Überraschung! Es war ihr Vetter Jannai, der Freiheitskämpfer. Er grüßte sie freundlich: „Ich erkannte dich schon von weitem. Hast du auch in Judäa oben zu tun? Dann können wir ja zusammen gehen."

Mirjam war froh, den unheimlichen Weg nicht allein gehen zu müssen. Sie wanderten schweigend nebeneinander. Mirjam wagte nicht, den Vetter nach seinem Tun zu fragen. Sie wusste, dass das Treiben der Bande, zu der er gehörte, verboten war. Käme eine römische Wache vorbei und würde den Mann neben ihr als Freiheitskämpfer erkennen, würden sie beide sofort gefangen genommen und getötet werden. Jannai hatte bemerkt, dass Mirjam schwanger war. Aber er fand für diese Sache kein angemessenes Wort. So schwiegen sie, bis sie in das Dorf kamen, in dem Elisabeth wohnte. Vor dem Hause wollte Jannai sich verabschieden, blieb dann aber stehen, als erwarte er noch etwas für ihn Wichtiges.

Auch ich weiß, dass ich das, was in dieser Geschichte jetzt noch folgte, eigentlich mit anderen Mitteln erzählen müsste, vielleicht in Bildern und Musik. Die beiden Frauen, die sich an der Tür des Hauses begrüßten, waren nicht wie die Menschen, die wir aus dem Alltag kennen. Sie redeten, was Gottes Geist ihnen eingab. Sie schauten mit den inneren Augen durch die Grenzen von Raum und Zeit hindurch. Die alte Elisabeth und Maria, die vorher Mirjam genannt wurde, spielten die Rollen, die in einem himmlischen Drehbuch für sie vorgesehen waren.

Sie begrüßten sich und hielten sich lange umarmt. Elisabeth spürte, wie das Kind in ihrem Leib sich heftig bewegte, und verstand, dass es damit den kommenden Befreier im Leib Marias freudig begrüßte. Sie sah voraus, wie durch Marias Kind alle Menschen gesegnet würden.

Und die Menschen würden deswegen sie, die Mutter des Befreiers, ehren. Ihr wurde bewusst, wie wichtig es war, dass Maria dem Wort des Engels geglaubt hatte. Darum sprach sie: „Du bist gesegnet unter allen Müttern der Erde. Gesegnet ist das Kind in deinem Leib. Wer bin ich, dass die Mutter meines Herrn zu mir kommt? Als ich dich sah, da hüpfte das Kind in meinem Leib vor Freude über dich und deinen Sohn. Selig bist du, dass du geglaubt hast, was der Herr dir sagen ließ."

Da wurde Maria klar, was es bedeutete, dass sie, ein armes Webermädchen, auserwählt war, Mutter des Befreiers zu werden. Ihr Blick in die Zukunft zeigte ihr, wie ihr Sohn die Unterdrückten befreien, wie er die Schmach Israels abwenden würde, wie kommende Geschlechter sie, die Mutter, ehren würden. Erfüllt vom Geist sang sie den Psalm, den später unzählige Menschen auf der ganzen Erde gebetet und gesungen haben:

„Meine Seele preist die Größe des Herrn,
und mein Geist jubelt über Gott, meinen Retter.
Denn auf die Niedrigkeit seiner Magd hat er geschaut.
Siehe, von nun an preisen mich selig alle Geschlechter.
Denn der Mächtige hat Großes an mir getan,
und sein Name ist heilig.
Er erbarmt sich von Geschlecht zu Geschlecht
über alle, die ihn fürchten.
Er vollbringt mit seinem Arm machtvolle Taten:
Er zerstreut, die im Herzen voll Hochmut sind;
er stürzt die Mächtigen vom Thron
und erhöht die Niedrigen.
Die Hungrigen beschenkt er mit seinen Gaben
und lässt die Reichen leer ausgehen.
Er nimmt sich seines Knechtes Israel an
und denkt an sein Erbarmen,
das er unseren Vätern verheißen hat,
Abraham und seinen Nachkommen auf ewig."

Gespannt hatte Jannai auf Mirjam gelauscht und Wort für Wort ihres Psalms in sich aufgenommen wie ein Verdurstender Wasser, das ihm gereicht wird.

„Das ist unser Lied! Endlich eine gerechte Welt! Jawohl, er stürzt die Mächtigen vom Thron und erhöht die Niedrigen, und wir helfen ihm dabei."

Jannai hatte zu sich selber gesprochen, als er sich umdrehte und ohne Gruß wegging. Die Frauen hörten seine Worte nicht.

Am übernächsten Tag aber erfuhren sie, was in den Dörfern Judäas von Mund zu Mund weitergegeben wurde: Ein reicher Kaufmann, der aus Persien unterwegs nach Jerusalem war, sei überfallen, samt seinen drei Leibwächtern getötet und ausgeplündert worden. Einen halben Tag später hätten unbekannte Männer jedem Bettler in Jerusalem die ausgestreckten hohlen Hände mit Gold- und Silbermünzen gefüllt, auch solchen aus Persien. Die beiden Frauen haben sich, wie ich annehme, nicht gefragt, ob der Überfall auf den Kaufmann irgendwie mit dem Psalm Marias zusammenhänge.

Zur Einführung im Gottesdienst, in Gruppen mit Jugendlichen und/oder Erwachsenen

Das Magnifikat in der Fassung von Jacques Berthier, Taizé, singen und musizieren. Sie findet sich in nahezu allen Regionalteilen des Evangelischen Gesangbuchs.

Beide Melodiefassungen, wenn nicht bekannt, zunächst einstimmig einüben. Kanonfassung erst dann einführen, wenn die Gruppe sicher ist. Zunächst Kanon I für sich, dann Kanon II für sich. In einem weiteren Schritt Kanon I vierstimmig und Melodiefassung II einstimmig dazu. Schließlich beide Kanons zusammen (achtstimmig).

Wenn mehrstimmiges Singen die Gruppe überfordert, hat es sich bewährt, die Melodiefassung I einstimmig oder nur soweit möglich als Kanon zu singen und Kanon II als Begleitung durch eine einzelne sichere Singstimme (Sopran) oder ein Melodie-Instrument (Flöte) hinzuzunehmen. Eine Akkordbegleitung (Gitarre) hilft ungeübten Gruppen, die Tonhöhe zu halten.

R. St.

Das Damaskus-Erlebnis von Paulus

Apg 9,1–25

Dreimal, je wieder mit kleinen Variationen, erzählt Lukas von der Christus-Erscheinung, die Paulus auf dem Weg nach Damaskus zuteil wurde, das eine Mal (Apg 9), als sei er Augenzeuge gewesen und habe selber gehört, was der Herr zu Paulus und Hananias sprach, zweimal in der Form eines Ich-Berichts von Paulus (Apg 22,3 ff. und 26,9 ff.). In der letzten dieser Versionen wird hervorgehoben, dass Paulus mit dieser Erscheinung zum Weltmissionar für Christus berufen wurde. Von dem, was der Christ Hananias nach der ersten Version an Paulus getan hat, steht hier nichts. Durch die Wiederholungen zeigt Lukas, wie wichtig ihm diese Geschichte ist.

Auch in der Christenheit ist sie bis heute beliebt. Die Künstler im Barockzeitalter haben sie oft gemalt und sie meistens noch durch Reittiere für Paulus und seine Gefährten ausgeschmückt. Im Pietismus wurde sie hoch geschätzt als Muster für eine plötzliche Bekehrung. Doch dieser Begriff ist hier missverständlich. Paulus war vorher kein Ungläubiger. Er wurde nicht durch einen Eingriff von oben zu Gott bekehrt. Sein Glaube an den Gott Israels hat sich durch dieses Erlebnis nicht gewandelt.

In den Briefen von Paulus finden wir nur Andeutungen über diese entscheidende Erfahrung, einmal in einem Nebensatz: „Als aber Gott,... mir in seiner Güte seinen Sohn offenbarte, damit ich ihn unter den Heiden verkündige…" (Gal 1,15 f.). Bei seiner Liste der Auferstehungszeugen, in der er am Schluss sich selber nennt, denkt er auch an dieses Ereignis: „Als Letztem von allen erschien er auch mir, gleichsam als einer Fehlgeburt" (1. Kor 15,8). Er hat Jesus als den Lebendigen, den von Gott Verherrlichten, geschaut. Das hieß für ihn: Jesus war nicht ein Irrlehrer, wie er bisher angenommen hatte, sondern der von Gott zu seinem Sohn eingesetzte Herr. Zugleich empfing er von Jesus die Berufung, sein Zeuge unter den Völkern zu sein. Von Anfang an verstand er diese Aufgabe in dem Sinn, dass die Heiden, die seine Botschaft annehmen würden, in das Gottesvolk eingegliedert werden, ohne auf das ganze mosaische Gesetz verpflichtet zu sein.

Für Lukas war an dieser Geschichte anderes wichtig: Das wunderbare Eingreifen des himmlischen Christus hatte aus einem Verfolger der Gemeinde Christi den wichtigsten Zeugen für Christus unter den Völkern gemacht. Das war wie ein Beweis für die Wahrheit des Glaubens. An manchen Einzelheiten sieht man, dass Lukas eine Geschichte erzählt, die durch das Weitererzählen umgeformt wurde. Dass z. B. Paulus mit Vollmachten des Hohenpriesters ausgestattet war, um in Damaskus die Christen gefangen zu nehmen und zur Aburteilung nach Jerusalem zu bringen, ist unwahrscheinlich. Die hohepriesteriche Jurisdiktion reichte lange nicht so weit. Nur innerhalb einer Synagogengemeinde hatte deren Leitung eine Strafgewalt gegen Irrlehrer (Geißelung, Bann, Exkommunikation).

Welches Gewicht haben die Differenzen zwischen der Darstellung von Lukas und dem, was wir von Paulus selber über seine Berufung wissen? Eines ist gewiss: Paulus wäre mit der ersten Version von Lukas nicht einverstanden gewesen. In ihr spielt der Christ Hananias eine wichtige Rolle als Vermittler des Auftrags an Paulus. Er selber aber betont ausdrücklich, dass Christus ihn direkt, ohne menschliche Vermittlung berufen hat („Als Gott mir seinen Sohn offenbarte, da zog ich keinen Menschen zu Rate" Gal 1,15 f.). Lukas erwähnt auch nicht, dass Paulus durch diese Christus-Erscheinung wie die anderen aus dem Zwölferkreis, zum Apostelamt berufen ist. Paulus selber aber legt großen Wert auf diese Stellung. Beide Differenzen haben für unser heutiges Verständnis kein besonderes Gewicht.

Ein anderer Unterschied gibt mir zu denken: Für Lukas ist die Idee der Gewaltanwendung gegen die andere Glaubensweise massiver geworden. Paulus erwähnt zwar auch, dass er „die Gemeinde Gottes verfolgt habe" (z. B. Gal 1,13 und 23, Phil 3,6). Aber damit sind wohl nur die obengenannten Strafen des Synagogengerichts gemeint, keine Todesurteile. Es ist nicht anzunehmen, dass nach der Hinrichtung von Stephanus, an der Paulus nach dem Bericht von Lukas nicht direkt beteiligt war, noch weitere Christen durch die Tätigkeit von Paulus den Märtyrertod erleiden mussten. Für Lukas hingegen bedeutet „verfolgen" so viel, wie die Ermordung des Andersgläubigen anstreben. Er beschreibt das Tun von Paulus als Verfolger mit dem Satz „Er wütete immer noch mit Drohung und Mord gegen die Jünger des Herrn" (Apg 9,1). Und über die Juden in Damaskus berichtet er, dass sie wenige Tage nach der Ankunft von Paulus den Plan fassten, diesen Apostaten umzubringen. In der Sicht von Lukas, etwa fünfzig Jahre nach dem Damaskus-Erlebnis, ist der Streit über den Glauben zwischen Juden und Christen zu einem Krieg eskaliert. Er rechnet damit, dass die Juden Führer der christlichen Gemeinde umbringen wollen.

Das war damals, als die Christen gegenüber den Juden noch eine kleine Minderheit waren, vielleicht eher Ausdruck von Angst vor einem einflussreichen Gegner. Aber nur wenige Jahrhunderte später wurde das Christentum Staatsreligon. Wieder nach einigen Jahrhunderten war die Verbindung von Christentum und Staatsgewalt so eng geworden, dass die Kirchenführer die christlichen Fürsten Europas zu Kriegen gegen alle Feinde des Glaubens auffordern konnten. Es gab damals in den Städten immer noch kleine Gruppen von Juden, die sich weigerten, an Jesus, den Gottessohn, zu glauben. So begannen die christlichen Kreuzzüge jeweils mit einem Massenmord an den Juden. Die Geschichte der Feindschaft zwischen Juden und Christen ging weiter bis zur Ermordung von einigen Millionen Juden in unserem Jahrhundert. Es wäre falsch, für diese tragische Entwicklung des Christentums bestimmten Menschen (z. B. Paulus) als Sündenbock anzuklagen. Es geht um eine gemeinsame Schuld, die hauptsächlich bei uns Christen liegt. Der Streit zwischen den beiden Glaubensweisen hat seine Wurzeln im Neuen Testament, u. a. in dem, was Lukas über das Damaskus-Erlebnis erzählt. Darum habe ich versucht, gerade diese Geschichte für heute neu zu erzählen, doch nicht wie viele christliche Erzähler in einseitiger Parteinahme für die christliche Seite. Den Hintergrund meiner Geschichte bildet die Klage über die unzähligen Juden, die in der Vergangenheit durch die Hand von Christen – oft mit Berufung auf den Glauben an Christus – umgebracht wurden.

Wie Juden und Christen sich fremd geworden sind

Die beiden müssen gute Bekannte gewesen sein, Hananias und Judas, der an der Geraden Straße wohnte. Sonst hätte doch Hananias, wie mein Gewährsmann schreibt, nicht ohne Weiteres das Haus von Judas betreten können, um dort einen Gast zu besuchen. Die beiden waren Mitglieder der Synagogengemeinde von Damaskus. Doch die war in zwei sich bekämpfende Parteien gespalten. Hananias gehörte zu den Jesus-Leuten, Judas zur Mehrheit der übrigen Juden.

Nach jedem Sabbatgebet in der Synagoge ging das Wortgefecht los. Die Stimmen der Streitenden wurden laut und lauter. Was die einen als Wahrheit behaupteten, verneinten die anderen heftig. Was jene als ihren Glauben bezeugten, verwarfen diese.

„Jesus, der vom Tod auferweckt wurde, ist der verheißene Christus", sagten die einen. Dagegen die anderen: „Die kommende Welt ist noch nicht angebrochen. Wir Juden sind nicht von der Fremdherrschaft befreit. Noch sitzen draußen vor der Tür der Blinde und der Lahme, unsere Brüder, und betteln."

„Aber Jesus von Nazareth hat Lahme und Blinde geheilt".

„Das tun andere fromme Lehrer auch, aber sie heilen nur einzelne Kranke. In der kommenden Welt werden alle gesund und die Toten werden erwachen und wiederbelebt werden."

„Jesus ist aber auferstanden und hat den Tod überwunden. Der Herr hat ihn zum Christus eingesetzt. Seine Jünger haben ihn gesehen."

„Das sind Phantasien von Schülern, die den Tod ihres Meister nicht annehmen können."

„Nein, die Kraft des Herrn hat ihn auferweckt und ihr wollt das nicht zugeben."

„Das ist nicht wahr. Wir bleiben unserem Glauben treu. Der Herr, unser Gott, ist einzig. Ihr macht ein solches Wesen aus eurem Jesus, dass ihr nicht mehr mit ganzem Herzen *ihn* lieben könnt."

So ging der Streit weiter, bis die Ersten müde wurden und nach Hause gingen.

Judas und Hananias hätten sich außerhalb der Synagoge aus dem Wege gehen müssen. Aber sie besuchten einander oft. Sie waren, so stelle ich mir vor, durch die gleiche Liebhaberei miteinander verbunden. Sie sammelten alte Münzen.

Hananias hatte von einem Händler zwei Bronze-Münzen gekauft. Fünfer mit der halb geöffneten Blüte, dem Anker und der Aufschrift „Alexander Jannaios"... Sie waren vor zweihundert Jahren im Umlauf gewesen und in beiden Sammlungen noch nicht vorhanden. Hananias brachte Judas die eine und erhielt dafür den Zweier mit dem siebenarmigen Leuchter und dem Schaubrottisch auf der Rückseite aus der Zeit des Antigonus, der vor siebzig Jahren König und Hoherpriester gewesen war. Diese Münze besaß Hananias bisher nicht. Beide waren mit dem Tausch zufrieden. Von Fragen des Glaubens redeten sie nicht.

In dieser Zeit kamen Jesus-Leute aus Jerusalem und ließen sich in Damaskus nieder. Sie erzählten, wie der Streit wegen Jesus die Synagogengemeinden der Hauptstadt entzweie. Ein Jesus-Anhänger namens Stephanus habe so scharf gegen die anderen geredet, dass seine Worte für diese eine Gotteslästerung waren. Sie hätten ihn verklagt. Er sei zum Tod verurteilt und draußen vor der Stadt gesteinigt worden. Sie wussten von einem Studenten namens Saulus, der sich mit Eifer bemühte, Jesus-Leute von ihrem Glauben abzubringen. Er verwickle sie in ein Streitgespräch und treibe sie aus seiner Kenntnis der heiligen Schriften in die Enge. Manche gäben ihm schließlich Recht und würden den Glauben an Jesus, den Christus, verwerfen.

Der Streit in Damaskus wurde heftiger, als man vernahm, dass Saulus seine Tätigkeit in diese Stadt verlegen wollte. Würde es auch hier so weit kommen, dass einer für seine Überzeugung mit dem Leben bezahlen müsste?

Beim nächsten Zusammensein der beiden Münzsammler brachte Judas gegen seine sonstige Gewohnheit etwas zur Sprache, das den Glaubensstreit betraf: „Mein Freund in Jerusalem ist mit dem Studenten Saul verwandt. Er hat mir geschrieben und mich um Gastfreundschaft für seinen Neffen gebeten. Du wirst verstehen, dass ich dieser Bitte nachkommen muss. An der Beziehung zwischen uns beiden ändert sich nichts."

Hananias war einverstanden.

Nach zwei Tagen am späten Abend standen zwei Männer vor der Haustür von Juda. Zwischen ihnen ein Dritter, von beiden unter den Achseln gestützt, beinahe getragen. Er sah krank aus. Einer der Begleiter redete den Hausherrn an: „Bist du nicht Judas, der an der Geraden Straße wohnt? Wir bringen hier Saulus von Tarsus, den Gast, der bei dir angemeldet ist. Es muss ihm unterwegs etwas Schreckliches geschehen sein. Wir waren zu dritt in der Mittagshitze unterwegs, noch eine Stunde von Damaskus entfernt. Da plötzlich schrie er auf, fiel auf die Knie, bedeckte mit den Händen die Augen, als ob er von einem grellen Licht geblendet wäre, und rief: „Herr, wer bist du?" Dann erbleichte er und sank ohnmächtig zu Boden. Wir dachten zuerst an einen Hitzschlag und bemühten uns um ihn, bis er endlich wieder zu sich kam. Er wollte nicht sagen, was ihm widerfahren war. Er klagte nur, seine Augen seien blind geworden. Wir nahmen ihn in unsere Mitte. Er war wie gelähmt und konnte sich fast nicht mehr fortbewegen. So sind wir erst jetzt hier angekommen."

Judas sprach den Segensgruß und bat die beiden, seinen Gast in das Zimmer zu führen, das für ihn bereitet war. Er brachte ihm dann Wasser zum Waschen, Tücher zum Abtrocknen und Öl für die Haut. Er bemerkte gleich, dass der Gast eine Sehstörung hatte. Er tastete sich an alles mit den Händen heran. Als Judas später das Essen brachte, schien Saulus ihn nicht zu bemerken. Er stand mit erhobenen Händen wie zum Gebt und sprach Worte, die Judas nicht verstand. Am anderen Morgen, als Judas wieder ins Zimmer kam, lag er auf den Knien, die Stirn am Boden. Das Essen stand unberührt auf dem Tisch. Was war mit diesem jungen Mann geschehen? Hatte ein Wüstendämon ihn überfallen? War durch die Begenung mit einem Himmelsboten ein Gottesschrecken in ihn gefahren? Auch am nächstenTag nahm Saulus weder Speise noch Trank zu sich und schwieg beharrlich.

Die Juden in Damaskus aber redeten schon am Abend dieses Tages alle über ihn, die Jesus-Leute ebenso wie die übrigen Juden. Wann werden die Streitgespräche gegen die Jesus-Leute beginnen, fragten sie sich, voll Angst die einen, die anderen in der Hoffnung auf den Sieg der eigenen Partei.

Auch Hananias musste ständig an Saulus denken. Es war ihm, als ob dieser Mann im Hause von Judas dringend seiner Hilfe bedürfe. Etwas in ihm drängte ihn, Saulus sogleich zu besuchen und mit ihm zu reden. Gleichzeitig wies er diesen Gedanken weit von sich. Wie konnte er so töricht sein und sich diesem grimmigen Feind der Jesus-Leute ausliefern? In seinem innerern Hin und Her behielt schließlich die Stimme „Ich muss unbedingt zu Saulus" die Oberhand. Ihm wurde klar, dass Jesus, dem er als dem Christus dienen wollte, etwas Besonderes mit Saulus vorhabe.

Als Hananias vor der Haustür vor Judas stand, wunderte der sich, dass er nicht ihn, sondern den Gast besuchen wollte. Er führte ihn zum Zimmer des Fremden. Hananias trat ein und schloss die Tür hinter sich. Nicht ganz ohne Angst begrüßte er den knienden Saulus: „Ich bin Hananias, ein Anhänger Jesu in Damaskus. Etwas in mir sagt, dass Jesus, der Christus, mich zu dir gesandt hat, weil du mich nötig hast."

„O ja, ich bin froh, dass du kommst. Ich gestehe, dass ich dich irgendwie erwartet habe." Und dann erzählte Saulus, was ihm auf dem Weg hierher Schreckliches und Wunderbares widerfahren war:

Von einem Licht, das ihn angestrahlt habe, heller als die Mittagssonne. Von einer gewaltigen Stimme, die sprach: „Was verfolgst du mich?... Ich bin Jesus, den du verfolgst." Das habe ihn wie ein Blitz getroffen bisheriges Lebenshaus sei zusammengestürzt.

„Der zu mir sprach, vom Lichtglanz umgeben, war kein anderer als der Christus! „erzählte Saulus, und Hananias hörte ihm an, dass er noch immer erschüttert war. „Die Jesus-Leute haben mit ihrem Glauben Recht. Und ich – ich habe gegen diesen Christus gestritten! Ich habe mich zutiefst schuldig gemacht."

Christus habe noch etwas zu ihm gesagt, das ihn das Wunder der Vergebung war: „Ich habe dich zu einem besonderen Dienst berufen. Du sollst mein Zeuge sein, vor den Juden und den Heiden." Nach diesen Worten habe er das Bewusstsein verloren. Als er erwachte, sei es Nacht um ihn gewesen. Seine Augen waren geblendet. Aber die Nacht empfinde er nicht als dunkel und traurig, denn er habe seinen Weg vor sich im Licht des himmlischen Christus gesehen.

Hananias war tief bewegt: Jesus, wahrhaftig auferstanden, dem Saulus erschienen! Bisher hatte Hananias gleichsam aus zweiter Hand geglaubt, weil andere ihm bezeugt hatten, dass Jesus auferstanden sei. Jetzt kannte er einen, der den Auferstandenen mit eigenen Augen gesehen, der ihn selber gehört hatte. Der Christus hatte seine Macht erwiesen und einen Feind in einen willigen Diener verwandelt. Wenn das die anderen Juden hörten, müssten sie erkennen, dass Jesus der Christus war.

Hananias sagte: „Ich will dir die Hände auflegen und darum beten, dass der Christus dich von der Blindheit heilt." Das tat er. Noch während er betete, wurden die Augen von Saulus geheilt. „Es fiel ihm wie Schuppen von den Augen", schreibt mein Gewährsmann. Die beiden lobten Gott und dankten.

Als Hananias wegging und sich vom Hausherrn verabschiedete, fragte dieser: „Hat er dich davon überzeugt, dass du mit deinem Glauben auf dem falschen Weg bist?"

„Nein, er hat eingesehen, dass er selber auf dem falschen Weg war." Judas wurde nicht recht klug aus dieser Antwort. Auch von Saulus selbst erfuhr er in den nächsten Tagen nichts Näheres. Judas stellte zwar fest, dass die Sehstörung behoben war; Saulus nahm dankbar an den Mahlzeiten des Hauses teil. Doch er redete fast nichts. Und nach den Sitten der Gastfreundschaft war es nicht üblich, einen wortkargen Gast auszufragen. Erst am darauffolgenden Sabbat, als Juden und Jesus-Leute wieder alle in der Synagoge versammelt waren, ergriff der Student aus Jerusalem das Wort – nicht zu einem Segensgruß, nicht zur

Auslegung eines verlesenen Textes, sondern zu einer feurigen Rede, in der er mit klaren Worten bezeugte, dass Jesus auferweckt und zum Christus eingesetzt worden, und dass er, Saulus, berufen sei, diesen Christen den Juden und den Heiden zu verkünden, damit vom Aufgang der Sonne bis zu ihrem Niedergang der Name des Herrn unter allen Völkern gepriesen werde.

Die Jesus-Leute waren hocherfreut und dankbar. Die Botschaft Saulus war für sei ein Sieg des Christus, an den sie glaubten. Die Juden waren verärgert und zornig. Sie hatten viel von Saulus erwartet. Die Enttäuschung war groß. Er war für sie ein Verräter der jüdischen Sache. Dass er den Namen des Herrn bei allen Heiden verkündigen wollte, löste bei ihnen den Verdacht aus, er wolle die Erwählung von Israel zum Eigentumsvolk des Herrn angreifen.

Auch Judas urteilte so. Saulus zog aus seinem Haus weg und wurde Gast von Hananias. Die Jesus-Leute versammelten sich von jetzt an in einem Privathaus als selbständige Synagogengemeinde. Sie zählten, wenn sie beisammen waren, weit mehr als zehn männliche Erwachsene. Saulus war unter ihnen und stärkte sie in ihrem Glauben.

Bald nachher ging das Gerücht um, die Juden hätten Meuchelmörder gedingt. Die sollten Saulus an den Stadttoren auflauern und ihn, wenn er die Stadt verlasse, irgendwo im Freien umbringen. Die Jesus-Leute besorgten einen Korb und ein langes Seil und ließen Saulus des Nachts die Stadtmauer hinunter. So konnte er fliehen.

Einige Zeit später besuchte Judas seinen Bekannten Hanania, um mit ihm einen Silber-Schekel aus der Zeit der Königin Alexandra Salome zu überprüfen. Als dies geschehen war, nahm Hananias das Thema auf, dem sie sonst auswichen: „Warum habt ihr eigentlich alle diesen Saulus abgelehnt? Für mich war seine Botschaft wie ein Beweis für die Wahrheit unseres Glaubens. Der himmlische Christus hat aus einem Verfolger seiner Anhänger einen Kronzeugen für seine Sache gemacht. Ist daraus nicht seine Vollmacht zu erkennen?"

„Nachdem wir so lange über euren Glauben an diesen Jesus gestritten haben, kannst du nicht erwarten, dass wir unsere Überzeugung ändern, nur weil einer der Unsrigen zu euch übergelaufen ist. Dieser Jesus müsste auch mir und anderen Juden erscheinen, wenn ich an ihn glauben sollte."

Darauf wusste Hananias keine Antwort. Ja, warum war Jesus nur Saulus und nicht auch Juda erschienen? Von da an redete Hananias, wenn er mit Judas zusammen war, nicht mehr vom Glauben an Jesus.

Erst nach gut 15 Jahren – sie waren wieder wegen ihrer Liebhaberei zusammen – durchbrach Judas diese Regel. Er hatte gehört, dass

Saulus inzwischen unter den Heiden in Korinth und in Ephesus eine große Zahl von Anhängern gewonnen hatte. Das Anwachsen der Jesus-Leute war ihm unheimlich.

„Euer Saulus hat offenbar einen Riesenerfolg mit seiner Werbung. Er bietet eben den Heiden die Beziehung zum Herrn der Welt viel zu billig an, ohne Beschneidung, ohne Sabbat, ohne die anderen Gebote. Kein Wunder, dass sie in Massen hinzuströmen. Ich sehe die Zeit kommen, in der ihr Jesus-Leute uns an Zahl übertreffen werdet. Dann wehe uns Juden! Ihr werdet uns noch zwingen, den Glauben der Väter preiszugeben."

„Das wird nie der Fall sein", wehrte Hananias ab. „Je mehr der Glaube an Jesus, den Christus, unter den Völkern verbreitet wird, desto mehr werden die Heiden erkennen, dass wir Juden das auserwählte Volk des Herrn sind."

„Ja, dazu auserwählt, mehr Schläge einzustecken als alle übrigen Völker", antwortete Judas.

Hananias hielt diese Befürchtung für unbegründet. Doch er antwortete nicht, damit kein Streitgespräch entstand. So blieben die Beziehungen zwischen den beiden gut. Sie kamen immer wieder zusammen. Jeder war dem anderen für den Ausbau seiner Münzsammlung nützlich. Aber sie vermieden es, über Fragen des Glaubens zu reden.

Zur Einführung der Erzählung im Gottesdienst oder in einer Erwachsenengruppe

Wie man sich täuschen kann. Da ist von einem Menschen bekannt, was er tut und wofür er eintritt. Man hat sogar gehört, dass er bereit war, für die Durchsetzung seiner Meinung andere zu verfolgen. Sein Absolutheitsanspruch verschafft ihm Parteigänger, und weil er mit Macht gepaart ist, bewirkt er Angst bei seinen Gegnern. Und dann geschieht etwas Unerklärliches und erweist den bisherigen Standort als falsch. Er verlässt ihn und begibt sich auf die Gegenseite. Klare Fronten geraten durcheinander. Die Seiten sind getauscht. Seine bisherigen Anhänger sind enttäuscht. Sie müssen damit fertig werden, dass sie in ihrer Parteinahme einer Täuschung aufgesessen sind. Die Wirklichkeit muss neu gesehen werden und verlangt eine geänderte Einstellung.

Zwei Sätze gehen mir durch den Kopf. Der eine: „Und willst du nicht mein Bruder sein, so schlag ich dir den Schädel ein." Der andere: „Oft waren Konvertiten die schlimmsten Verfechter der neuen Sache." Es scheint zu allen Zeiten etwas Schweres gewesen zu sein, Gesinnungswechsel als Bereicherung zu erleben. Nach all dem, was Christen Juden angetan haben, nach allen aus Glaubensgründen gewirkten Trennungen ist es wohl Zeit, dass Menschen verschiedener Religionen und Theologien entdecken, welche Werte sie verbinden und was sie gemeinsam tun können, um den Rest an Lebensmöglichkeiten auf dieser Erde nicht zu verspielen.

Liedvorschläge

– Entdeck bei dir, entdeck bei mir (ML 1/B 89)
– Mir ist ein Licht aufgegangen (EG Bayern, 639)
– Uns muss erst noch ein Licht augehen (VLs/…; der Text läßt sich auch auf
  EG 27 singen).

K. H.

Verwendungsmöglichkeiten zu den Erzählungen

Seite	Erzählung / Text	Gottesdienst	Konfirmandenunterricht	Religionsunter. ev./kath. (LP Gymn. Bad.-Württb.)	Gemeindearbeit
8	Jakobs Traum – weitererzählt (1. Mose 28, 10–22) *Der Weg zum Himmel ist offen*	14. nach Trinitatis (V)		(ev.) Kl. 6 LPE 6.2 W: *Geschwistergeschichten* LPE 6.3.2 W: *Angst* Kl. 7 LPE 7.6.2 W: *Nachgeben oder sich durchsetzen?*	*Bibelseminar:* Zum Verständnis mythologischer Stoffe Zur Gottesfrage
13	Die Berufung des Mose (2. Mose 3,1–4,17) *Die Geschichte vom Dornbusch und die Palästinenser*	Letzter nach Epiphanias (III)	UE zur Gottesfrage. UE Vaterunser (zur ersten Bitte), vgl. ku-praxis 30, S. 50 ff. (M 4). UE Taufe/Konfirmation: Wer bin ich ? – Was traue ich mir zu? – Was wird mir zugetraut?	(ev.) Kl. 5 LPE 5.3 W: *Erzählung von der Berufung des Mose* Kl. 10 LPE 10.1 W: *Zur Unverfügbarkeit Gottes (2. Mose 3,1–14)* Kl. 12/13: LPE 12/13.4 P: *Gottesglaube – Atheismus, Aspekt: Biblische Gotteserfahrungen (2. Mose 3)* (kath.) Kl. 8 LPE 3.3: *Entwicklung zum biblischen Monotheismus (2. Mose 3,14)* Kl. 12/13 LPE 1: *Gottesglaube – Atheismus, 1.2 Gott der Geschichte*	*Seminar:* Erwählung Israels. Wie hat Gott den Juden das Land Israel gegeben?

Seite	Erzählung / Text	Gottesdienst	Konfirmandenunterricht	Religionsunterr. ev./kath. (LP Gymn. Bad.-Württb.)	Gemeindearbeit
22	Frauen um David. (1. Sam, 2. Sam, 1. Kön 1–2) *Beachten, was im Schatten ist* Michal Abigail Batseba			(ev.) Kl. 5, *Biblische Erzähleinheit: David* Kl. 11 LPE 11.5: *Frauen in der Bibel* kath.: Kl. 5 LPE 3.2: *David* (zu 2. Sam 11–12)	*Frauengruppe:* Abend zum Thema „Die Frau in seinem Schatten…". Seminar „Frauen der Bibel" oder „Haremsfrauen"
41	Elias Wallfahrt zum heiligen Berg (1. Kön 19,1–18) *Religiöser Fanatismus – von Gott befohlen?*	Okuli (VI)	UE zur Gottesfrage. ku-praxis 31, S. 27: Pantomime/Szenenfolge	(ev.) Kl. 8 LPE 8.2 W: *Gott ist anders* (Elia, 1. Kön 19)	*Bibelseminar:* Propheten (Religiöser Fanatismus)
53	Der zerschmetterte Krug (Jer 19,1–20,6) *Ein Glaube, der sich kaum erschüttern lässt*			(ev.) Kl. 9 LPE 9.2.2. W: *Der Prophet Jeremia*	*Bibelseminar:* Propheten (Gegner der Propheten)

Seite	Erzählung / Text	Gottesdienst	Konfirmandenunterricht	Religionsunterr. ev./kath. (LP Gymn. Bad.-Württb.)	Gemeindearbeit
64	Jeremia und Hananja (Jer 27–28) *Es ist schwierig, zwischen wahren und falschen Propheten zu unterscheiden*			(ev.) Kl. 9 LPE 9.2.2 W: *Der Prophet Jeremia* (Jer 27–28)	*Bibelseminar:* Propheten (Gegner der Propheten)
76	Zwei Briefe Jeremias nach Babel (Jer 29) *Für die Feinde beten?*	21. nach Trinitatis (IV)		(ev.) Kl. 9 LPE 9.2.2 W: *Der Prophet Jeremia* (Jer 29). Kl. 10 LPE 10.2 W: *An den Wassern von Babylon – Exilsgeschichten*	*Bibelseminar:* Propheten. Feindesliebe im AT
89	Jeremia in Ägypten (Jer 43,8–44,30) *Frauen widersprechen dem Propheten*			(ev.) Kl. 9 LPE 9.2.2 W: *Der Prophet Jeremia*	*Bibelseminar:* Propheten. Der richtende Gott – Theodizee
96	Zwei Legenden aus dem Buch Daniel (Dan 3 + 5) *Und wenn es das Leben kostet*				*Bibelseminar:* Legenden – historisch-kritisch gelesen

Seite	Erzählung / Text	Gottesdienst	Konfirmandenunterricht	Religionsunterr. ev./kath. (LP Gymn. Bad.-Württb.)	Gemeindearbeit
105	Die Versuchung Jesu (Mt 4,1–11) *Die Verantwortung nimmt uns niemand ab*	Invokavit (I)	Vaterunser (zur sechsten Bitte), vgl. ku-praxis 30, S. 50 ff. (M 9).	(kath.) Kl. 9 LPE 4.2: *Umgang mit Existenzängsten – das Beispiel Jesu*	*Frauengruppe:* Wie versucht uns der Teufel?
111	Die Berufung des Matthäus (Mt 9,9–23) *Wie Matthäus seine Karriere aufgab*	3. vor der Passionszeit – LXX (V)	UE Abendmahl: Mahlgemeinschaft mit outcasts, vgl. ku-praxis 27, S. 35 und S. 44 f. UE Vaterunser (zur fünften Bitte), vgl. ku-praxis 30, S. 50 ff. (M 8). ku-praxis 20, S. 55 f.		*Bibelseminar:* Berufungsgeschichten – Die Jünger Jesu. Bekehrung – Umwandlung des Lebens durch Christus
119	Der sinkende Petrus (Mt 14,22–33) *Jesus sagte: Komm!*	4. nach Epiphanias (III)	Petrus und Jesus – Geschichte einer Freundschaft. KU-Einheit in Materialheft 46/47 (aku Kassel/Beratungsstelle für Gestaltung, Ffm). ku-praxis 29, S. 21	(ev.) Kl. 7 LPE 7.4.1 P: *Menschen folgen Jesus nach* (u. a. Petrus). Kl. 8 LPE 8.4 W: *Und sie wunderten sich*	*Bibelseminar:* Petrus. Verständnis von mythologischen Stoffen
125	Die kanaanäische Frau (Mt 15,21–28) *Jesus lernt von einer Frau*	17. nach Trinitatis (I)	ku-praxis 27, S. 34. ku-praxis 22, S. 31 ff. (Erzählvorlage für LE 4, S. 46 bzw. LM 6, S. 51 f.)	(ev.) Kl. 6 LPE 6.3.1 P: *Du hörst mein Weinen* LPE 6.7 W: *Fremde brauchen Schutz – Gelebte Solidarität*	*Frauengruppe/ Bibelseminar:* Heilungsgeschichten – Dämonenaustreibungen

Seite	Erzählung / Text	Gottesdienst	Konfirmandenunterricht	Religionsunterr. ev./kath. (LP Gymn. Bad.-Württb.)	Gemeindearbeit
135	Das Gleichnis vom barmherzigen König und vom unbarmherzigen Knecht (Mt 18,21–35) *Wenn es schwierig wird, seinem Nächsten zu vergeben*	22. nach Trinitatis (II)		(ev.) Kl. 6 LPE 6.4 P: *Gleichnisse – Fenster zu Gottes neuer Welt* kath.: Kl. 12/13 LPE 4: *Christliche Anthropologie 4.4: Schuldvergebung*	*Bibelseminar:* Gleichnisse mit Textvarianten
145	Das Magnifikat (Lk 1,39–50) *Ein revolutionäres Lied in der Weihnachtsgeschichte*	4. Advent (I)	UE Advent/Weihnachten	Schulgottesdienst. (kath.) Kl. 5 LPE 4.1: *Sehnsucht nach Frieden, Hoffnung auf einen Retter*	*Frauengruppe:* Die andere Seite der Maria
153	Das Damaskus-Erlebnis von Paulus (Apg 9,1–25) *Wie Juden und Christen sich fremd geworden sind*	4. nach Epiphanias (III)		(ev.) Kl. 7 LPE 7.4.2 W: *Paulus aus Tarsus – ein Mensch lernt dazu* (kath.) Kl. 6 LPE 1.3: *Neue Einsichten durch Gottes Geist – Paulus vom Geist erleuchtet*	*Bibelseminar:* Paulus. Der Beginn der christlichen Judenfeindschaft

R. St.

Zum Verständnis des Glaubens und zur Freude der Kinder

Ein Nachwort von Gottfried Adam

Ich freue mich, dass Walter Neidhart sich durch Rainer Starck und mich hat bewegen lassen, eine weitere Folge von Erzählungen herauszubringen. Dass diese Sammlung zeitlich gesehen im Umkreis des 80. Geburtstages des Autors erscheint, ist ein glückliches Zusammentreffen.

Die vorliegende Sammlung ist Anlass, darüber nachzudenken, was die Religionspädagogik dem praktischen Erzähler und Erzähltheoretiker Walter Neidhart verdankt. Dabei soll keine umfassende Analyse und Interpretation seiner Position mit allen Facetten vorgelegt werden, sondern ich möchte auf einige zentrale Punkte hinweisen.

1. Einführendes

Von Person und Werk Walter Neidharts sind in seiner Zeit als Universitätsprofessor für Praktische Theologie an der Theologischen Fakultät in Basel vielfältige Anstöße ausgegangen. Dabei haben einerseits die Impulse im Blick auf die Konfirmandenarbeit und Konfirmation sowie andererseits die Beiträge zur Frage des Erzählens die größte Wirkung nach außen erzielt und zweifellos die Praxis nachhaltig beeinflusst.

Die Veröffentlichung „Konfirmandenunterricht in der Volkskirche" (Zürich 1964) hat „Epoche" gemacht und sich für die Neuorientierung in der Frage des Konfirmandenunterrichts in den siebziger und achtziger Jahren als weiterführend erwiesen. In der Schriftenreihe „KU-Praxis" (Gütersloh 1973ff.), zu deren Herausgeberkreis Walter Neidhart von der ersten Stunde an gehörte, hat er durch eine größere Zahl von Beiträgen aktiv mitgearbeitet. In der Reformphase der siebziger Jahre und für die Neuorientierung gehörte er zu jenen Theoretikern der Konfirmandenarbeit im deutschsprachigen Raum, auf dessen Voten man genau achtete.

Was die Frage des Erzählens betrifft, so stellt das „Erzählbuch zur Bibel" die entscheidende Veröffentlichung dar. Sie erschien genau in der Mitte der siebziger Jahre zum ersten Mal. Inzwischen kam im Jahre 1990 eine 6. Auflage heraus. Allein diese Zahl von Auflagen ist ein Indiz dafür, dass das Buch auf breites Interesse gestoßen ist. Die Veröffentlichung wurde seinerzeit in Verbindung mit Hans Eggenberger und unter Mitarbeit einer Reihe von weiteren Erzählautoren herausgebracht. Das „Erzählbuch zur Bibel" beginnt mit folgenden aufschlussreichen Worten:

„Die Verfasser dieses Buches sind der Meinung, dass man im Religionsunterricht und im Kindergottesdienst immer noch biblische Geschichten erzählen kann, ja dass das Erzählen besondere Möglichkeiten bietet, die dem Interesse der Kinder an der Bibel und dem Ziel des Unterrichts, wie man auch immer es definieren mag, zugute kommen. Die Verfasser vertreten keine einheitliche Theologie, aber sie sind sich darin einig, dass biblische Geschichten, recht erzählt, viel zum Verständnis des Glaubens und zur Freude der Kinder am Unterricht und am Kindergottesdienst beitragen. ‚Recht erzählen' meint: beachten, welche theologischen Aussagen durch die Elemente des Erzählens gemacht werden und wie Erzählungen zu gestalten sind, damit sie optimal auf die Hörer wirken."[1]

Damit sind entscheidende Anliegen bezeichnet: (1) Recht erzählte biblische Geschichten tragen zum einen viel zum Verständnis des Glaubens und zum andern viel zur Freude der Kinder[2] bei. (2) Die Aussage „recht erzählen" bezieht sich zum einen darauf, wie die Erzählungen gestaltet werden und zielt zum andern darauf, welche theologischen Aussagen durch die jeweilige Erzählung gemacht werden. – Walter Neidhart konkretisiert diese Anliegen mit seinem Entwurf „Vom Erzählen biblischer Geschichten" (I, S. 15–113), in dem er eine Gesamttheorie des Erzählens unter Einschluss von Darlegungen über „Die Erzählkunst und ihre Regeln" vorlegt. Bei diesem ersten Band sind vor allem Kinder und Schüler sowie die grundlegenden didaktischen und methodischen Fragen des Erzählens im Blick. Die Erzählbeispiele sind dementsprechend auch primär auf Schüler und Schülerinnen ausgerichtet.

Die beiden Folgebände („Erzählbuch zur Bibel. Bd. 2"[3] sowie die vorliegende „Nachlese") richten sich mit ihren Nach- und Weitererzählungen an Erwachsene. Dies ist dadurch bedingt, dass Anfragen einzelner Personen sowie von Redakteuren von religionspädagogischen Zeitschriften und von Leitern von Pfarrer- und Religionslehrer-

---

1 Erzählbuch zur Bibel. Theorie und Beispiele. Hrsg. von W. Neidhart/H. Eggenberger, Lahr u.a. 1975. Ab der 5. Aufl. 1987 als Bd. 1 bezeichnet. Abk.: I.
2 Es ist häufiger von der Freude, die das Erzählen den Kindern (z.B. I, S. 9, 17, 24, 28, 39), aber auch den Erzählenden (z.B. I, S. 77) bereiten soll, die Rede.
3 Erzählbuch zur Bibel. Bd. 2. Geschichten und Texte für unsere Zeit weiter-erzählt, Lahr u.a. 1989. Abk.: II.

konferenzen Anlass für die jeweiligen Ausarbeitungen waren. Walter Neidhart wollte mit dem zweiten Band das Versprechen des ersten Bandes einlösen, dass auch schwierige Bibeltexte durch fantasierendes Nacherzählen für heutige Hörerinnen und Hörer verständlich zu machen sind.

Von daher treten vor allem die Frage nach den theologischen Aussagen bei schwierigen Texten und das Verhältnis von biblischem Text und theologischer Intention der Erzählung in den Mittelpunkt des Interesses. Dementsprechend heißt es oben im Vorwort zum vorliegenden Band: „Doch zum Verständnis meiner Weitererzählungen ist die genaue Kenntnis ihrer biblischen Vorlage wichtiger als das Lesen meiner Einleitungen." Ähnlich war schon im zweiten Band darauf hingewiesen worden: „Noch einmal: Weil die Nacherzählungen Versuche sind, durch fantasierendes Nacherleben mit dem biblischen Erzähler ins Gespräch zu kommen, werden sie für den Hörer erst sinnvoll, wenn er den biblischen Text kennt" (II, S. 9).

Der vorliegende Band bietet (wie bereits zuvor Bd. II) jeweils längere Einführungen zu den Erzählungen. Hier werden sachliche Informationen geboten. Spannender ist dabei aber, dass man in die Werkstatt des Erzählers schauen und theologische und erzählerische Entscheidungsprozesse mitverfolgen kann.

2. „Wiederentdecker des Erzählens"

Ende der sechziger, Anfang der siebziger Jahre stand man dem Erzählen in einer Reihe von Fachwissenschaften und ihren jeweiligen Fachdidaktiken kritisch, ja skeptisch bis ablehnend gegenüber. Erzählen lulle ein, es verdumme die Adressatinnen und Adressaten, es lähme die Eigeninitiative – so oder ähnlich war im vielstimmigen Chor zu vernehmen. Die „Zweite Aufklärung" schien für das Erzählen keinen Raum mehr zu lassen. Im Zuge der Vorherrschaft einer an Rationalität und Logik orientierten Wissenschaftssprache, sowie aufgrund der Wissenschaftsorientierung schulpädagogischer Überlegungen, wie sie etwa in Theodor Wilhelms „Theorie der Schule" (Stuttgart 2. Aufl. 1969) greifbar ist, musste die Sprachform des Erzählens als Relikt einer vergangenen Epoche erscheinen, deren Absterben in der Schule nur noch eine Frage der Zeit zu sein schien. In diesem Zusammenhang geriet auch das Erzählen im Religionsunterricht „unter Druck". Erzählen wurde seit Ende der sechziger Jahre mehr und mehr suspekt und zunehmend aus dem Religionsunterricht verdrängt.

Als der erste Band des Erzählbuches zur Bibel erschien, war es mithin ein unzeitgemäßes Buch, das quer zu den herrschenden Trends in der Gesellschaft und in den Wissenschaften, aber auch in Theologie und Religionspädagogik lag. Dies ist angesichts der gegenwärtigen Situation, wo das Erzählen in erfreulicher Weise wieder stark aufgewertet worden ist, in Erinnerung zu rufen, um die Bedeutung Walter Neidharts recht würdigen zu können. Er hat seinerzeit das Erzählen in seiner positiven Bedeutung herausgestellt und darauf aufmerksam gemacht, dass Menschen nicht nur kognitiv anzusprechen sind, sondern dass auch affektive und emotionale Momente für Lernprozesse wesentlich sind.

„Weil das Erzählen eine Aussageform ist, die vom Hörer stärker mit dem Gefühl und mit der Fantasie als mit dem Intellekt aufgenommen wird, muss der Erzähler selbst die Geschichte nicht bloß intellektuell, sondern mit Gefühl und Fantasie mitleben... Der Erzähler muss den äußeren Verlauf der Geschichte mit den inneren Augen sehen, mit ihren Personen mitleben und deren Rollen gedanklich ausprobieren. Nur wenn er ein Stück weit sich selber mit den handelnden Personen identifiziert, nur wenn er ihnen ein Stück von seinem eigenen Erleben verleiht, werden sie für den Hörer lebendige Personen." (I, S. 37).

Es ist nicht zuletzt ein Verdienst Walter Neidharts, dass das Erzählen in Schule und Kirche im Laufe der Jahre wieder jenen Platz zurückgewonnen hat, der ihm von daher zukommt, dass Erzählen eine notwendige Sprachform des Glaubens darstellt, auf die man nicht verzichten kann[4]. So wie das Argument und das Gebet als Sprachformen des Glaubens ihren notwendigen Ort haben, so hat auch das Erzählen seinen unersetzlichen Ort.

Der Zürcher praktische Theologe Werner Kramer hat auf dem Hintergrund der beschriebenen Entwicklung Walter Neidhart als „Wiederentdecker des Erzählens"[5] bezeichnet. Dieser Würdigung kann ich mich anschließen, denn er ist neben Dietrich Steinwede und Ingo Baldermann gewiss jener Religionspädagoge gewesen, der in den letzten zwei Jahrzehnten am meisten dazu beigetragen hat, dass das Erzählen biblischer Geschichten in der evangelischen Religionspädagogik wieder „salonfähig" geworden ist und theoretisch reflektiert wurde.

---

4 Vgl. dazu G. Adam, Erzählen – eine notwendige Sprachform des Glaubens, in: E. Becker/Ch.T. Scheilke (Hrsg.), Aneignung und Vermittlung. FS Klaus Goßmann, Gütersloh 1995, S. 231–238.

5 W. Kramer, Walter Neidhart: Erzähler – Erzähldidaktiker – narrativer Theologe. Wiederentdecker des Erzählens, in: RL. Zeitschrift für Religionsunterricht und Lebenskunde 19, 1990, H. 2, S. 7 f.

3. Biblisches Erzählen als die spielerische Betätigung der Fantasie

Neben den beiden zuvor genannten Religionspädagogen hat Walter Neidhart einerseits sehr viel zu der wachsenden Erkenntnis beigetragen, dass man Erzählen lernen kann, und dass andererseits das nötige „know-how" dafür vermittelt. In meiner Lehrtätigkeit an der Julius-Maximilians-Universität zu Würzburg habe ich das „Erzählbuch zur Bibel" Anfang der achtziger Jahre für mich noch einmal neu entdeckt. Ich führte dort regelmäßig Seminare zum Erzählen mit den Studierenden für die Lehrämter an Grund-, Haupt- und Sonderschulen durch. Dabei waren die Ausführungen „Vom Erzählen biblischer Texte" (I, S. 15–113) neben Dietrich Steinwedes „Werkstatt Erzählen"[6] jeweils Basistext für alle Seminarteilnehmer. Die Beschäftigung mit den Ausführungen Neidharts erwies sich als ausgesprochen hilfreich im Hinblick darauf, dass die Studierenden zu einer eigenen Erzählposition finden konnten.

Im Vergleich von Dietrich Steinwedes Erzählkonzept und seiner Orientierung an der Texttreue und Walter Neidharts Erzählkonzept mit seiner Orientierung an der Fantasiearbeit wurden Gemeinsamkeiten und Unterschiedlichkeiten der Erzählprofile deutlich und die Konsequenzen bestimmter Grundentscheidungen für die Erzählpraxis erkennbar.

So ist etwa das sprachliche Handwerkszeug für gutes Erzählen bei beiden Erzählkonzepten nicht strittig. (Zum Beispiel: dass man kurze Hauptsätze verwendet, dass man Adjektive sparsam verwendet, dass man vornehmlich Verben benutzt, dass direkte statt indirekter Rede bevorzugt wird usw.)

Das besondere Profil des Neidhartschen Konzeptes kommt bei der Frage nach der Sicht des biblischen Textes und bei Rolle und Stellenwert des Erzählers heraus. Walter Neidhart geht davon aus, dass sich Kinder mit den Personen einer Erzählung sehr stark identifizieren, sich in ihre Situation hineinversetzen können. Der Zuhörer soll nun mit den Rollen der biblischen Geschichte fantasiemäßig spielen. Biblische Geschichten werden so zu „ein(em) Rollenangebot, das der Hörer in spielerischer Identifikation übernehmen oder ablehnen kann" (I, S. 28). – Das bedeutet im Hinblick auf die Person des Erzählers, dass er nicht nur Nach-Erzähler ist, sondern der Erzähler muss mit der Geschichte so verantwortlich umgehen, dass sich der Zuhörer und die Zuhörerin besser mit dem Helden einer biblischen Geschichte identifi-

---

6 Anleitungen zum Erzählen biblischer Geschichten (Kindergottesdienst heute 5), Münster 1975.

171

zieren können und dass sich bei ihnen ein fantasiemäßiges Nacherleben für die Zuhörerin und den Zuhörer einstellen können. Es ist ja in der Tat so, dass dort, wo wir Geschichten erzählen, es zu einem Wechselverhältnis zwischen Erzähler und Zuhörer kommt, dass eine Gesprächskultur entwickelt wird, bei der Gefühle geäußert werden und daher auch „aufarbeitbar" sind, dass die Fähigkeit zur Rezeption geübt und das Hinhören auf die eigene Intuition entwickelt wird.

Für Walter Neidhart wird bei diesem Vorgang die biblische Erzählung zur Vorlage. „Ich trete als Erzähler für meine Schüler an die Stelle des biblischen Erzählers" (I, S. 31). Der heutige Erzähler ist also voll verantwortlich dafür, was er erzählt. Das schließt ein, dass gegebenenfalls auch eine biblische Geschichte zu verändern ist. „Ich habe die Freiheit, eine biblische Geschichte fantasiemäßig so umzuformen, dass sie die für meine Hörer optimale Gestalt erhält" (I, S. 39). Eine biblische Geschichte kann also erweitert, ergänzt, gegebenenfalls sogar entsprechend der Glaubens- und Wahrheitserkenntnis des heutigen Erzählers verändert werden. Dies Verfahren kann bis zum Widerspruch gegen Aussagen von biblischen Texten führen, wie das im vorliegenden Band an einer Reihe von Beispielen zu studieren ist. Hier ist zweifellos ein Punkt angesprochen, an dem manche Leser Walter Neidhart nicht folgen werden wollen bzw. können. Es ist auch innerhalb der Diskussion um das Erzählen durchaus ein strittiger Punkt.

Freilich darf man in dieser Frage nicht aus den Augen verlieren, dass solcher Widerspruch gegen biblische Aussagen weder leichtfertig noch mit dem Anspruch auf absolute Geltung angemeldet wird. „Meine Version ist nicht die wahre oder gar die einzig wahre. Sie ist nur diejenige Version, die meinem jetzigen Glaubensverständis entspricht und die ich mit Überzeugung erzählen kann" (II, S. 9). Es geht Walter Neidhart dabei um die Frage, ob seine „Version der biblischen Geschichte Anregungen für eine sinnvolle eigene Geschichte" (s.o. Vorwort) des Hörers bzw. Lesers bietet.

4. Der Weg der Ausarbeitung einer Nacherzählung

Bisweilen bin ich dem Missverständnis begegnet, dass dem fantasiemäßigen Erzählen ein hohes Maß an Beliebigkeit anhafte. Schaut man genau hin, so zeigt sich für die Ausarbeitung einer Nacherzählung indes eine deutlich strukturierte Folge von Schritten[7]:

---

7 Zum folgenden siehe W. Neidhart, Biblisches Phantasieerzählen, in: G. Urbach (Hrsg.), Biblische Geschichten Kindern erzählen (GTB 640), Gütersloh 1981, S. 70.

– Ich kläre zuerst, was die biblische Geschichte für mich selbst, für meinen Glauben bedeutet. Inwiefern ist das Glaubensverständnis des biblischen Autors für mich verpflichtend, vorbildlich, anregend, problematisch? Nur wenn ich die Geschichte als für mich sinnvoll und wichtig bejahen kann, bin ich in der Lage sie so nachzuerzählen, dass die Hörerinnen und Hörer davon beeindruckt werden.

– Ich frage danach, warum die biblische Geschichte für meine Hörerinnen und Hörer bedeutungsvoll und wichtig ist. Was will ich ihnen damit sagen? Wo sind Verstehensschwierigkeiten zu vermuten? Welche Möglichkeiten bietet die Geschichte zum Miterleben?

– Im dritten Schritt stelle ich mir vor: die handelnden Personen, den Raum, in dem sie gelebt haben, die Umstände, die für ihre Erfahrungen bedeutsam sind. Ich höre, was die Personen miteinander reden. Ich gliedere den Ablauf in Szenen. Ich nehme fantasiemäßig Anteil an ihrem Gefühlsleben. Dabei probiere ich nebeneinander verschiedene Erzählideen aus.

– Aus dem Material, das auf diese Weise gewonnen wurde, wähle ich nun aus, was meiner Erzählabsicht entspricht und was die Geschichte spannend macht.

(a) „Was mir an der Geschichte theologisch wichtig erscheint, muss eindrücklich werden. Ich wähle Material aus, das mich am besten diesem Ziel näher bringt.

(b) Die Geschichte muss durchgehend spannend sein. Ich sichte das Material anhand der Frage, ob es mir hilft, die Spannung zu verwirklichen und durchzuhalten" (I, S. 49).

– Im letzten Schritt schreibe ich den Verlauf der Nacherzählung entweder wörtlich nieder oder ich erstelle ein Manuskript in Stichworten.

Ich denke, hier ist ersichtlich, das biblisches Fantasieerzählen durchaus eine methodisch kontrollierte Verfahrensweise darstellt. Die Frage theologischer Entscheidungen ist freilich nicht durch ein methodisches Verfahren zu lösen. Im Übrigen gilt: Erzählen ist mehr als eine Methode.

5. Erzählen – eine grundlegende Weise menschlicher Kommunikation

Hören wir dazu noch einmal auf Walter Neidhart: „Die Erzählung... handelt von dem, was für ihre Hörer wahr ist, unabhängig davon, ob das Ereignis, von dem erzählt wird, stattgefunden hat und unabhängig davon, wie weit der urprüngliche Ort der Geschichte vom Wohnort des Hörers ist... Ich möchte nicht informieren, sondern erzählen. Ich will auch weitererzählen, im Doppelsinn des Wortes: zeitlich, indem ich mich in einer für heutige Menschen verständlichen Weise an der durch Jahrhunderte vor sich gehenden Überlieferung von biblischen Geschichten beteilige, und inhaltlich, indem ich mich mit meiner Fantasie in die handelnden Personen einfühle und indem ich ihre Erfahrungen von meinem Glaubensverständnis her beleuchte. Dadurch sollen die Hörer zum Nachdenken motiviert werden und sich fragen, was an dieser Geschichte für sie wahr sein könnte" (II, S. 12).

Ich habe nicht zuletzt von Walter Neidhart gelernt, dass wir es uns gar nicht leisten können, auf das mündliche Erzählen, sein lebendiges Spiel und seine lebendigen Verwandlungskräfte für Erzähler und Zuhörer zu verzichten. Unser Leben würde erheblich ärmer, wenn wir uns nur noch auf die technischen Vermittler (wie Kassetten und Fernsehen) verlassen würden und das eigene authentische Erzählen dem Vergessen anheim geben würden.

Der Vorgang des Erzählens umschließt das Erzählen in seinen einzelnen Wörtern und in den gesamten Geschichten, die gesammelte Zuwendung des Erzählers zu den Hörerinnen und Hörern, das intensive Zuhören und das „Miterzählen" der Zuhörenden, insofern der Erzähler bereits bei der Vorbereitung fragt, was dieser bestimmten Hörergruppe mit dieser Geschichte gesagt werden soll.

Im Vorgang des Erzählens liegen vielfältige Möglichkeiten – als da sind: die Erkenntnis seiner selbst, das Sich-Finden, die Stiftung von Beziehungen, das Verarbeiten von Enttäuschungen, die Möglichkeit von Veränderung und Umkehr, Anlässe für neuen Lebensmut, das Stiften von neuer Hoffnung.

Ich breche ab. Mit meinen Überlegungen wollte ich Walter Neidhart danken für seinen Beitrag zu Theorie und Praxis des Erzählens. Ich denke, er ist ein Ansporn, die Bemühung um diese Aufgaben religionspädagogisch nicht aus dem Auge zu verlieren, damit das Erzählen weiterhin beiträgt zum Verständnis des Glaubens und zur Freude der Kinder, Jugendlichen und Erwachsenen.

Walter Neidhart, 1917 geboren, übernahm nach Beendigung seines Theologiestudiums 1941 eine Pfarrstelle in einer Vorortgemeinde von Basel. Von 1953 bis 1967 war er als Beauftragter für den kirchlichen Religionsunterricht an den Schulen von Basel verantwortlich für die Aus- und Weiterbildung der Lehrer und Lehrerinnen. Anschließend lehrte er zwanzig Jahre lang als Dozent für Praktische Theologie an der Universität Basel.

Neben seinen Anstößen zu einer Neuorientierung der Konfirmandenarbeit gehört das Wiederentdecken des biblischen Erzählens zu seinen großen Verdiensten. Er entwickelte ein der heutigen Zeit angemessenes Konzept zum Erzählen biblischer Geschichten und trug in zahlreichen Seminaren und Veröffentlichungen dazu bei, dass die Bedeutung des Erzählens als einer spezifischen Form der Glaubensvermittlung wieder anerkannt wurde.

Biblische Texte und Themen für Kinder spannend erzählt

Erzählbuch zur Bibel 1

Theorie und Beispiele. Über 40 Beispiele für das Erzählen biblischer Geschichten und Themen
bei Kindern von 6–12 in Schule und Kindergottesdienst.

Herausgegeben von Walter Neidhart und Hans Eggenberger

384 Seiten, kartoniert

Kaufmann/Patmos/TVZ

Dieses Arbeitsbuch bietet praktische Hinweise und viele Beispiele, wie man biblische Texte und
Themen in spannenden und kindgemäßen Geschichten den Kindern nahe bringen kann. Es
zeigt, wie Informationen über die biblische Umwelt, über Entstehung biblischer Texte und theologische Aussagen in solche Geschichten eingekleidet werden können.

Erzählbuch zur Bibel 2

Geschichten und Texte für unsere Zeit weiter-erzählt. Von Walter Neidhart.

312 Seiten, gebunden

Kaufmann/Patmos/TVZ

Im vorliegenden Buch geht es um Problemgeschichten aus AT und NT, die vielen heutigen Lesern
unverständlich oder gar anstößig erscheinen. In seinen Einführungen zu den Geschichten zeigt
der Autor, wie man sich solchen Texten nähern und sie spannend und lebensnah nacherzählen
kann. Wer eine Geschichte erzählen will, muss von ihr beeindruckt sein. Folgerichtig sind diese
Geschichten nicht ausdrücklich für Kinder geschrieben, sondern Beispiele für den erwachsenen
Nacherzähler, der sie dann jeweils dem Alter seiner jungen Zuhörer anpassen muss.

Erzählbuch zur Bibel 3

Geschichten und Texte für unsere Zeit neu erzählt. Von Walter Neidhart.
Mit didaktischen Hinweisen von Rainer Starck und Klaus Hahn
und einem Nachwort von Gottfried Adam

176 Seiten, kartoniert

Kaufmann/TVZ

Seit dem Erscheinen des 2. Bandes „Erzählbuch zur Bibel" (1989) hat der Autor noch weitere
Nacherzählungen von biblischen Geschichten verfasst. Die Mehrzahl wurde in das vorliegende
Buch aufgenommen, das als „Nachlese" verstanden sein will.

Jeder Geschichte stehen theologische Gedanken zum Text voraus. Im Anschluss an jede Nacherzählung – und das ist das Besondere an Band 3 – folgen Hinweise zu den Einsatzmöglichkei-
ten im Gottesdienst, Gemeindegruppen, Konfirmandenunterricht und Schule.